学前儿童
美术教育与指导

全彩慕课版

李紫阳 王燕 ◎ 主编
赵珂珂 高静 杨立超 ◎ 副主编

人民邮电出版社
北 京

图书在版编目（CIP）数据

学前儿童美术教育与指导：全彩慕课版 / 李紫阳，
王燕主编. -- 北京：人民邮电出版社，2022.5
学前教育专业新形态系列教材
ISBN 978-7-115-58796-1

Ⅰ．①学… Ⅱ．①李… ②王… Ⅲ．①学前教育－美
术教育－教材 Ⅳ．①G613.6

中国版本图书馆CIP数据核字(2022)第038642号

内 容 提 要

本书共 7 个单元。第一单元为学前儿童美术教育概述，第二单元阐述了学前儿童美术教育的组织
与指导等学前儿童美术教育的基本问题；第三单元至第五单元结合各类案例与分析，详细讲述了学前
儿童美术欣赏、绘画、手工活动的设计与实施，理论与案例相结合，便于读者理解和掌握；第六单元
结合不同类型的美术活动，切合幼儿园教育实际，详细介绍了以美术活动为中心的学前儿童主题活动
设计与实施，为读者提高学前儿童美术教育质量提供了参考；第七单元根据学前儿童美术教育活动的
具体开展情况，主要介绍了学前儿童美术行为观察与记录的相关内容，为读者进行教育反思、专业发
展提供了路径。全书每个单元前有学习目标和学习建议，后有拓展阅读，部分单元还有活动案例与分
析，便于读者使用与操作。

本书既可作为高等院校学前教育专业的教材，也可作为幼儿园教师、早教机构教师的培训教材，
还可作为学前儿童家长和学前教育研究人员的参考用书。

♦ 主　　编　李紫阳　王　燕
　　副 主 编　赵珂珂　高　静　杨立超
　　责任编辑　连震月
　　责任印制　王　郁　彭志环

♦ 人民邮电出版社出版发行　　北京市丰台区成寿寺路 11 号
　　邮编　100164　　电子邮件　315@ptpress.com.cn
　　网址　https://www.ptpress.com.cn
　　中国电影出版社印刷厂印刷

♦ 开本：787×1092　1/16
　　印张：11.75　　　　　　　　　2022 年 5 月第 1 版
　　字数：298 千字　　　　　　　2022 年 5 月北京第 1 次印刷

定价：59.80 元

读者服务热线：(010)81055256　印装质量热线：(010)81055316
反盗版热线：(010)81055315
广告经营许可证：京东市监广登字 20170147 号

前　言

　　《学前儿童美术教育与指导》作为学前教育专业的必修课程用书，贯彻《幼儿园工作规程》和《幼儿园教育指导纲要（试行）》精神，围绕当前我国学前教育改革和发展的需要，结合学前儿童美术教育的最新理念和方法，既有理论阐述，又有实践案例，注重发展创新思维，便于提高和增强读者的理论水平与实践技能。

　　本书以从事学前儿童美术教育工作所需要的教育观念、基本理论和专业技能为核心来构建内容体系，涵盖学前儿童美术教育的概述、组织与指导，学前儿童欣赏、绘画、手工等3类教育活动的设计与实施，以美术活动为中心的学前儿童主题活动设计与实施，以及对学前儿童美术行为进行观察与记录的方法等内容。每个单元前有学习目标和学习建议，引导读者抓住学习重点；后有拓展内容，帮助读者复习巩固相关知识，提升学习效果。另外，本书配套了慕课视频，读者用手机扫描封面二维码，即可随时随地学习学前儿童美术教育的相关知识。

　　本书由李紫阳、王燕担任主编，由赵珂珂、高静、杨立超担任副主编，刘国磊、张博、杨超、白利锋也参与了本书的编写。

　　本书在编写过程中参考了大量国内外文献，引用了许多学前儿童美术教育的典型案例和图片，在此向所有被参阅资料的作者致以衷心的感谢。同时，感谢同行和朋友们的关心、支持和帮助。

　　尽管我们在本书的编写过程中尽了最大的努力，但由于水平有限，书中难免存在不妥之处，希望广大读者批评指正，以便我们进一步完善本书。

编者

2022年1月

目　录

第一单元

学前儿童美术教育概述

【学习目标】

1. 了解美术和学前儿童美术的概念。

2. 理解学前儿童美术教育的主要任务。

【学习建议】

学前儿童美术教育是学前艺术教育领域的基本内容之一，也是对学前儿童实施美育的主要途径之一。本单元主要阐述学前儿童美术教育相关的基本概念及其主要任务。初次学习本课程的学生可以参考以下建议。

1. 熟读本单元内容，结合课外资料，深入理解并掌握学前儿童美术教育相关的基本概念和内容。

2. 结合学前儿童的身心发展规律，理解学前儿童美术教育的主要任务。

3. 认识学前儿童美术教育的使命和任务，了解学前儿童美术教育的意义和价值，注意将理论与实践相结合，开发学前儿童艺术方面的潜能。

第一节　学前儿童美术教育相关的基本概念

一、何为"美术"

"美术"一词源于古罗马的拉丁文"art"，既指狭义的"美术"，又指广泛的"艺术"。其原义是指相对于"自然造化"的"人工技艺"，泛指各种用手工制作的艺术品，以及文学、音乐、戏剧等，还包括魔术、制衣、栽培、医学等。"美术"作为一种专门概念，产生于 17 世纪的欧洲，亦称"造型艺术"，是创作者根据自己对周围环境的感知和认识，运用一定的物质材料，如颜料、纸张、泥土、画布等创作可视的平面或立体的视觉形象，以反映自然和社会生活，表达创作者的思想观念和感情的一种艺术活动。在我国，"美术"一词被广泛传播和使用是在"五四运动"时期。"美术"作为一种活动，由于历史留存资料的局限性，其起源已很难考证，但是仍有许多学者对此进行了不懈的探索，总结了各学派的主张和观点，主要有以下几种。

（一）模仿说

模仿说始于古希腊哲学家，其认为美术起源于人类对自然的模仿。

（二）游戏说

游戏说认为美术是"自由地游戏的产物"，持这种观点的代表人物是美国著名美学家席勒和英国学者斯宾塞。这种观点认为游戏是过剩精力的产物，但是当人们不再满足于通过游戏来发泄过剩精力，并把这种游戏和人的形象相联系时，美术的萌芽就产生了。

（三）表现说

表现说认为美术起源于人类表现和交流情感的需要，情感表现是美术最主要的功能，也是美术发生最主要的动因。持这种观点的代表人物主要有英国诗人雪莱、俄国文学家托尔斯泰等。

（四）劳动说

劳动说认为美术起源于劳动的需要，持这种观点的代表人物是沃拉斯切克和毕歇尔。

尽管关于美术的起源众说纷纭，但是美术的发展在人类历史的发展过程中可见一斑。在原始社会时期，美术具有很强的实用色彩，美术作品表现为与生活息息相关的石器、岩画、饰品等。

15～17 世纪的欧洲，社会分工进一步精细化，美术也朝着多元化的方向发展。美术作品除了反映现实生活外，还衍生出反映创作者思想和情感世界的纯美术作品，由此产生了新古典主义、浪漫主义、现实主义、行为艺术等各种流派。进入 20 世纪以后，美术呈现出流派众多、缤纷多彩的局面，美术技艺和表达趋于成熟化、现代化和风格化，如强调单纯化和平面化的野兽派，以布拉克和毕加索为代表的立体派，注重表现主观精神和内在情感的表现主义画派，等等。20 世纪后期又出现了超现实主义画派、波普主义等各种美术流派。

二、美术作品的特点

在人类历史的发展过程中，美术逐渐从一般意义上的艺术概念范畴中脱离出来，成为一门独立的艺术门类，它有着与其他艺术类型不同的独特性。概括起来，美术作品具有以下几种特征。

（一）静态性

美术在反映客观现实时是在动与静的交叉点上，抓住客观事物发展变化的某一瞬间的形象，将其用艺术语言和物质形象固定下来，所以，美术作品是以静态的形式呈现并表现对象的。

（二）表现性

美术作品是表现创作者主观情感、意趣、观念的造型艺术，有着丰富的内在意蕴和情感。

（三）审美性

美术作品呈现出来的造型是具有审美意义的，能带给人美的体验，这是美术作品最本质、最重要的特征。

（四）直观性

美术是艺术家借助一定的物质材料，塑造出欣赏者可以直接感受到的艺术形象的过程，它最终体现为具体可感的美术作品。

三、学前儿童美术

学前儿童美术专指 3～6 岁学前儿童所从事的造型艺术活动，包括美术造型活动和美术欣赏活动，它是学前儿童情感、思想和对周围环境认识的反映。

学前儿童美术应该涵盖学前儿童与美术之间所发生的一切关系，一般包括以下几个方面的内容。

（一）学前儿童对美术环境的思考和领悟

学前儿童从出生开始就会对周围环境进行主动的感知与探索，这种对美的初步感悟是学前儿童视觉艺术领悟与认识的开端。学前儿童从出生开始就会无意或有意地对周围环境产生感知，如玩具的造型、色彩，家具的颜色，自然景物的形态与色彩等都会成为其审美经验的积累。在此基础上，学前儿童会发展出自己的审美思维，如草是绿色的、月亮是黄色的、我喜欢彩色的积木等。这种审美思维的发展是学前儿童进行美术活动的基础。

（二）学前儿童对美术材料的操作过程

学前儿童对美术材料的操作是其进行美术造型活动的开端。学前儿童对美术材料的操作具有明显的游戏特征。学前儿童使用彩纸、彩泥等做出自己感兴趣的造型，这个过程是他们满足好奇心的过程，是自由的、开心的过程。在这个过程中，学前儿童的美术知识不断积累，美术创造技巧也开始发展。

（三）学前儿童美术创作是学前儿童自我表现的过程

在美术创作过程中，学前儿童会用美术材料创造性地表现自己的生活经验，这实质上是其借助美术语言来表达自己对周围世界的认识、情感和思想的过程。这种表达和表现是符合学前儿童身心发展特征的、是其喜欢的表达方式，既满足了他们的表达诉求，又促进了他们与周围世界的沟通和交流。学前儿童美术在学前儿童身心发展过程中具有重要的作用。其作用主要表现在以下几个方面。

1. 学前儿童美术是学前儿童认识和把握世界的一种方式

美术以感性的、直觉的、整体的艺术方式反映社会生活，这也正是学前儿童感知和认识世界的主要方法。例如，学前儿童在对待小动物的时候会认为它们与自己一样，会开心和烦恼，会有表情；他们会用各种形似物体做象征性游戏等。学前儿童在生活中通过这种方式观察周围环境，积累生活经验，并用艺术的形式——美术作品，将自己的感知和认识表现出来。

2. 学前儿童美术是学前儿童心理活动的外显反映

学前儿童的美术创作活动总是依照其身心发展规律进行的，且学前儿童的美术创作活动与其整体智慧发展呈现出对应性的关系。根据皮亚杰认知发展阶段理论，儿童绘画能力可划分成不同的发展阶段。罗恩菲尔德将儿童绘画能力描述为涂鸦期（2～4岁）、前图式期（4～7岁）、图式期（7～9岁）、写实萌芽期（9～11岁）、拟写实阶段（11～15岁）、青少年艺术阶段（15～17岁）。不同阶段的儿童绘画能力的发展总是以儿童的认知能力发展为基础的。

3. 学前儿童美术是学前儿童表达情感与进行交流的重要方式

当代著名美学家苏珊·朗格在其著作《情感与形式》中提出了"艺术是人类情感符号的创造"的观点，而艺术这种情感符号的意义在学前儿童身上体现得最为显著。低龄学前儿童以语言为中心的符号系统发展尚不完善，无法用语言符号熟练地表达和交流，只能借助其他形式来表现自己，美术就是其中一种形式。学前儿童的涂鸦便是其心声的吐露。随着儿童直觉形象思维能力的发展，学前儿童绘画转向了象征性绘画阶段。此阶段的学前儿童对绘画表现出极大的热情，经常用绘画作品记录自己的生活所见。学前儿童美术具有语言功能，对学前儿童来说，美术是更早、更有效地表达自己的手段。

第二节　学前儿童美术教育的主要任务

《幼儿园工作规程》（以下简称《规程》）对幼儿园教育任务的规定是"贯彻国家的教育方针，按照保育与教育相结合的原则，遵循幼儿身心发展特点和规律，实施德、智、体、美等方面全面发展的教育，促进幼儿身心和谐发展。"其中，对于美育的具体目标表述为"培养幼儿初步感受美和表现美的情趣和能力"。2001年颁布的《幼儿园教育指导纲要（试行）》[以下简称《纲要（试行）》]将幼儿园教育划分为健康、语言、社会、科学、艺术等五大领域，并阐述了幼儿全面发展教育的具体目标，其中艺术领域的具体目标阐述为："能初步感受并喜爱环境、生活和艺术中的美；喜欢参加艺术活动，并能大胆地表现自己的情感和体验；能用自己喜欢的方式进行艺术表现活动。"学前儿童美术教育是幼儿园艺术教育的基本形式之一，因此学前儿童美术教育要以幼儿园艺术教育目标和原则为根本指导。根据《规程》和《纲要（试行）》的规定，学前儿童美术教育应该完成以下几项任务。

一、使学前儿童喜爱美术活动，保持对美术活动的兴趣

幼儿园艺术教育活动的目的之一是使学前儿童喜欢参加艺术活动。学前儿童参加美术活动的最直接动力是兴趣。兴趣也是学前儿童维持活动的内在动力，它能使其积极主动地投身美术活动。只有能够调动兴趣和积极性的美术活动才能对学前儿童产生影响，从而促进其发展。

在美术教育活动中，教师想要激发学前儿童的兴趣，首要任务是了解其感兴趣的点。那么，学前儿童到底对什么样的美术活动感兴趣呢？首先，能引起学前儿童兴趣的美术活动是具有新奇的美术活动工具、材料和表现手法的活动。学前儿童天生具有探索的欲望和能力，总是想要接触、尝试和探索新奇的美术活动工具、材料和表现手法。其次，具有自由、宽松的操作空间的美术活动更能激发学前儿童的兴趣。对于某种材料、工具，学前儿童总是愿意按照自己的愿望和方式去操作和表达，教师不宜过度干涉学前儿童的自主操作探究行为，应尽量减少对其的限制和要求。最后，游戏化、生活化的美术活动更能激发学前儿童的兴趣。游戏是最适合学前儿童，也是学前儿童最喜欢的活动方式。在游戏过程中，学前儿童的天性可以得到最大限度的释放，能够产生愉快的情绪。教师如果能将美术活动以游戏的形式或游戏的口吻呈现，一定能受到学前儿童的欢迎。

二、丰富学前儿童美术实践经验，使其建立初步的审美意识

审美意识是人在审美活动中对审美对象的能动反映。审美意识包括审美的感知、感受、趣味、理想、标准等方面，它是审美能力的一种表现形式。

审美意识的培养有其独特的规律，必须和审美能力的增强相结合。审美意识和审美能力从属于同一事物的不同角度。审美意识是一种观念性的存在，而审美能力是一种心理功能，但是二者结合为一体，共同存在于具体的审美活动中。参加美术活动可以培养学前儿童的审美意识，可以一边发展其感受力、创造力、表现力与理解力，一边助其养成良好的审美价值判断。

美术教育是帮助学前儿童建立初步的审美意识的重要途径。教师应鼓励学前儿童多参加美术活动，让其参与和接触尽可能多的美术类型，欣赏古今中外的美术作品，开阔其审美视野。在满足个体美术活动需要的基础上，在学前儿童个体能动的美术创造和表现活动中，教师应根据学前儿童的实际

需要对美术技能进行适当的指导，帮助其积累更多的审美经验，使其审美趣味范围和品位得到扩大和提高。

三、发挥美术教育的情感功能，促进学前儿童健全人格的形成

学前儿童美术是学前儿童表达情感与进行交流的工具。不会说话的婴幼儿就懂得用"涂鸦"来表达自己的心情，随着年龄的增长和心理发展的成熟，学前儿童逐渐开始进行有意识地涂鸦和绘画，美术活动成为其释放情绪和情感的重要方式，因而学前儿童美术教育具有情感教育的功能。美术文化的学习，可以加强学前儿童情感的体验，加深其对文化和历史的认识，加深其对艺术的社会作用的认识，促进其情感、态度、价值观的发展，真正起到培养学前儿童人文精神的作用。

在学前儿童美术教育活动中，教师应该允许学前儿童用自己喜欢的方式进行美术表现活动，使美术活动更适应学前儿童的能力和发展水平；让他们结合自己的生活进行创造性的美术活动，满足他们兴趣爱好的需要；给他们提供各种美术活动的工具和材料，任由其选择和运用。

拓展阅读

把握美术教育核心内涵——情感与创造

学前儿童美术教育活动是教师指导下的学前儿童的造型活动，它包含3个层次，即学前儿童对美术形式的思考、领悟，学前儿童对美术材料的操作，以及学前儿童的创造过程和作品。这3个层次的活动分别指明学前儿童美术教育活动是一种满足学前儿童感受美的需要的情感教育活动，是一种教师指导下的学前儿童所进行的操作活动，是一种以培养学前儿童创造能力为核心的创造教育活动。其中，美术教育最核心的意义是情感教育和创造教育。

美术从它形成那天起就注入了人类情感，美术教育使情感价值得到了最大限度的发挥。人类在最基本的物质需求得到满足之后，就会有更高级的精神需求，而美术所具有的情感价值就是人类生活不可或缺的精神因素。美术教育中的美感教育对完善人格的建立具有重要影响。美国著名美术教育家罗恩菲尔德在他的《创造与心智的成长》一书中曾指出："赫伯•里德把美感教育称为'意识、智慧和判断所依赖的教育'，只有这种感觉与外在的世界达成和谐关系时，才能建立起统整的人格，如果没有这种统整作用，我们不但会产生心理学家所熟悉的心理不平衡，更严重的是教条的或武断的思想系统会把逻辑或智慧的模式硬加在有机的生命上，而不顾人心。这种客观环境感觉的调整，可能是美感教育最重要的机能。"也就是说，美感教育在达成提升人的精神境界的目的的同时，还可以促进人的智慧能力的增长，使学前儿童获得精神世界与外部环境之间的平衡。另外，《纲要（试行）》中指出："艺术是实施美育的主要途径，应充分发挥艺术的情感教育功能。"因此，在美术教育过程中，教师要引导学前儿童运用感觉器官来欣赏各种美术作品，从而使学前儿童获得对形式美的把握，完善学前儿童的审美心理结构，增强其审美的感受能力和创造能力，从而促进学前儿童的身心健康和协调发展。

创造是人的本质的存在方式，是人生之意义所在。强调人的创造性的培养是当代教育目标的重要特点，美术教育亦是如此。在美术教育过程中，贯彻创造性培养的目标既是美术教育的要求，也是学前儿童发展的内在要求。《3—6岁儿童学习与发展指南》（以下简称《指南》）在规定艺术领域的目标时明确指出，艺术教育的目标分为"感受与欣赏、表现与创造"两个方面，要求学前儿童具有初步的艺术表现能力和创造能力。另外，罗恩菲尔德说："在艺术教育里，艺术只是一种达到目标的方法，而不是一个目标；艺术教育的目标是使人在创造过程中变得更富创造力，而不管这种创造力施用于何

处。假如孩子长大了，他通过美感经验获得较高的创造力，并将之应用于生活和职业，那么艺术教育的一个重要目标就已达成。"培养创造力是艺术教育的目的之一，美术教育是实现创造力培养的重要途径。培养学前儿童的创造意识和创造力，可以使之形成良好的环境适应和改造能力，更好地适应外界社会。

教师在对学前儿童进行美术教育的过程中要牢牢把握美术教育的深刻内涵，充分理解美术教育的内在要求，尤其是充分理解学前儿童情感和创造性培养的本质和要求。

第二单元

学前儿童美术教育的组织与指导

【学习目标】

1. 掌握学前儿童美术教育的特点与类型，能够制订简单的美术教育课程学习计划。
2. 理解学前儿童美术教育的基本原则。
3. 掌握学前儿童美术教育的组织方法。

【学习建议】

学前儿童美术教育旨在丰富学前儿童的情感，培养其初步感受美、表现美的情趣和能力，是其全面发展教育的重要组成部分，是促进其心理及整体素质发展的良好途径。本单元主要阐述学前儿童美术教育的特点与类型、基本原则、组织形式与组织方法。学习者可以参考以下学习建议。

1. 熟读本单元内容，结合课外资料，深入理解并掌握学前儿童美术教育的基本原则。
2. 结合学前儿童的身心发展规律，理解学前儿童美术教育的组织形式与组织方法。

第一节　学前儿童美术教育的特点与类型

教师根据学前儿童的身心发展特点，有目的、有计划地借助美术手段，对学前儿童的造型艺术活动进行适宜地干预和指导，并利用美的事物和丰富的审美活动来培养学前儿童感受美、表现美的情趣和能力的过程就是学前儿童美术教育。

关于美术教育含义的界定，一般认为有两种倾向——美术教育本质论和美术教育工具论。美术教育本质论立足于美术本身，认为美术教育要以美术为本，注重学前儿童对美术知识和美术技能的学习，实现美术学科自身的价值。而美术教育工具论则着眼于教育，强调美术教育要以学前儿童为本，美术只是实现其一般发展的媒介和手段，认为美术教育要尊重学前儿童与生俱来的美术创作潜能，让学前儿童自由表现，不要过分强调美术知识和美术技能的掌握，要以学前儿童的和谐发展为最终目标。这两种关于美术教育内涵的认识均有其合理性与片面性，教师在理解学前儿童美术教育内涵的过程中要注意全面把握。学前儿童美术教育是教师对学前儿童美术知识和美术技能进行适宜指导的、实现其身心全面和谐发展的教育，对美术知识和美术技能的把握是学前儿童学会美术表达的前提和基础，而学会美术表达又是学前儿童获得和谐发展的前提。

一、学前儿童美术教育的特点

在全面把握学前儿童美术教育内涵的基础上，教师要正确把握学前儿童美术教育的基本特点。学前儿童美术教育具有美术教育的一般特点，即审美性、主体性、发展性，但是由于学前儿童身心发展的特殊性，学前儿童美术教育还具有以下特点。

（一）学前儿童美术教育具有游戏性

基本的美术造型活动，如剪一张窗花、画一幅人像、做一朵纸花等，对学前儿童来说其游戏性大于审美性。另外，学前儿童美术教育可以通过游戏的形式来进行，这既符合学前儿童的兴趣，也是其喜欢的形式。

（二）学前儿童美术教育具有情感性

美术活动伴随着学前儿童的情感体验，这既是学前儿童参与活动的原动力，也是教师在美术教育过程中要把握的最终目标之一。在进行美术活动时，教师要重视学前儿童心理环境的营造，让学前儿童在充满感情色彩的环境中进行活动，还要注重在活动过程中让学前儿童通过美术作品来表达其情感。

（三）学前儿童美术教育具有整合性

学前儿童美术教育的内容非常丰富，并不局限于美术学科，还可以整合幼儿园课程中的许多内容，这些内容既可以来源于日常生活，也可以来源于大自然。

二、学前儿童美术教育的类型

学前儿童美术教育包括绘画教育、手工教育和美术欣赏教育三大类。

（一）绘画教育的内容

学前儿童绘画教育活动是教师引导学前儿童使用各种笔、纸等绘画工具和材料，运用线条、造型、色彩、构图等艺术语言创造出视觉形象，从而表达创作者思想情感的一种教学活动。绘画教育是学前儿童美术教育的主要内容，它以特有的可视形象和色彩，典型地表现出大自然和社会生活的美，以其鲜明的形象和强烈的感染力加深学前儿童对周围世界的认识，激发学前儿童的审美观念和创造智慧。

1. 学前儿童绘画能力的发展阶段

学前儿童绘画能力的发展与其心理发展具有一定的对应性，呈现出明显的阶段性特征。许多心理学家都对学前儿童的绘画心理阶段特征做了研究，如法国儿童绘画研究者吕凯在研究大量儿童绘画作品的基础上，将儿童绘画能力分成 4 个阶段即偶然的写实阶段（涂鸦期）、不完全的写实阶段、知的写实阶段、视的写实阶段；心理学家柏特则将儿童绘画能力分为 7 个时期即涂鸦（2 ~ 3 岁）、画线（4 岁）、记叙的象征期（5 ~ 6 岁）、记叙的写实期（7 ~ 8 岁）、视觉的写实期（9 ~ 10 岁）、压抑时期（11 ~ 14 岁）、艺术的复活期（15 岁）；美国心理学家罗恩菲尔德将儿童绘画能力分为 6 个阶段，即涂鸦期（2 ~ 4 岁）、前图式期（4 ~ 7 岁）、图式期（7 ~ 9 岁）、写实萌芽期（9 ~ 11 岁）、拟写实阶段（11 ~ 15 岁）、青少年艺术阶段（15 ~ 17 岁）等。通过对各位学者研究成果的分析和整理，目前我们一般将学前儿童绘画能力分为 3 个时期。

（1）涂鸦期（1.5 ~ 3 岁）

在此阶段，学前儿童的绘画表现为紊乱而不规则的线条，这些线条没有任何意义，这是学前儿童本能的、无意识的活动，是个体最初的绘画活动。

（2）象征期（3 ~ 5 岁）

随着有意注意和自我意识的发展，学前儿童画出的画面表现的往往是其想象中的事物。学前儿童意识到主体和客体之间存在某种关系，试图以符号来表达其简单的想法。但由于知觉的不完善且缺乏综合概括能力，学前儿童的心理符号是受直觉控制的，因此，其绘画是凭主观直觉印象描绘物体的粗略形象，以象征性的、不完全的外形轮廓来表现瞬间的、不明确的情感和意图。象征期是涂鸦期到图式期的过渡阶段。

（3）图式期（5 ~ 6.5 岁）

这一时期，学前儿童在以自我为中心的前提下，表现自己的经验，构成自己独特的图式画。此时学前儿童的绘画内容较为丰富，轮廓清楚，能表现物体的基本特征；色彩鲜明，能表现物体的固有色；但其所画图式还是简略的，物体之间缺乏正确的比例关系、空间关系，构图几乎是拼凑而成。

2. 学前儿童绘画教育的主要内容

根据学前儿童绘画的特点和要求，学前儿童绘画教育的内容主要包括以下几个方面。

（1）绘画工具和材料的使用方法

学前儿童常用的绘画工具和材料有水彩颜料、水粉颜料、蜡笔、水彩笔、宣纸、彩色铅笔等，不同的绘画工具和材料有不同的属性和使用方法。学习绘画工具和材料的使用方法是绘画教育的基础，教师应该予以注意。

（2）绘画的形式语言

学前儿童需要掌握绘画的基本形式语言，即线条、形状、色彩和构图。绘画的基本形式语言是绘画的表现手段，教师对学前儿童进行绘画形式语言教育是保证其顺利进行绘画活动，形成绘画作品的前提。

（3）绘画的题材

题材是构成绘画作品内容的基本材料，是绘画作品内容的基础。教师要明确告诉学前儿童绘画可以从什么地方取材，即可以画什么。儿童绘画常用的题材有自然景物（如花草树木）、人物（如爸爸、妈妈）、卡通形象、蔬菜水果、建筑物等。

（4）良好的绘画习惯

教师要培养学前儿童认真、专注、保持整洁等良好的绘画习惯。

（二）手工教育的内容

手工教育活动是教师引导学前儿童直接用双手或通过操作简单的工具，对各种具有可变性的物质材料进行加工、改造，制作出平面或立体的艺术造型的一种教育活动。

1. 学前儿童手工能力的发展阶段

学前儿童手工能力的发展与绘画能力的发展历程大致相同，也呈现出明显的阶段性特点。学前儿童手工能力的发展大致会经历 3 个阶段。

（1）无目的的活动期

这一时期学前儿童的手工活动没有明确的表现意图，只是一种纯粹的玩耍活动。2 岁左右的学前儿童开始初步尝试手工活动，但由于手部肌肉群发育还不够成熟，加之认知能力发展也有限，其手工活动并没有明确的目的，其也不能理解手工工具和材料的性质，因此无法正确使用手工工具和材料。

（2）基本形状期

这个阶段的学前儿童由无目的的动作发展到了有意图的尝试，开始具有先想好再做的基本能力。4～5 岁的学前儿童的直觉越来越敏感，其能觉察到的物体也越来越多，并开始注意物体的细节，会进行比较，对动作的结果更加注意，希望做出来的东西和真的一样。同时在此阶段，学前儿童的手指精细动作也得到发展，其塑造的形象也丰富和复杂起来。

（3）样式化期

这一时期，学前儿童不仅喜欢使用各种工具和材料，其熟练程度也大大提高。5 岁以后的学前儿童手部肌肉群有了较大发展，手眼协调能力和表现欲望也逐渐增强。在泥塑活动中，学前儿童能搓出各种弯曲、盘旋的棒状物，还能借助一定的工具制作出有细节的物象造型。在纸的运用方面，学前儿童在成人的辅导下，可以进行剪纸、折纸等活动。8岁以后，儿童的手工表现的精细化程度进一步提高，兴趣范围进一步扩展。

2. 学前儿童手工教育的主要内容

根据学前儿童手工能力的发展与要求，学前儿童手工教育的内容主要包括以下几个方面。

（1）手工工具和材料的使用方法

学前儿童在手工制作过程中所需要用到的工具和材料包括剪刀、小刀、胶水、牙签、沙子、小石子、毛线、火柴棒、树枝、花瓣、纸盒、瓶子、面团、橡皮泥等。教师要告诉学前儿童不同工具和材料的属性和使用方法。

（2）手工制作的技法

学前儿童手工制作的基本技法包括串联、粘贴、剪、撕、染、编织、拼插、塑等。教师要以直观的方法引导学前儿童掌握制作手工作品的基本技法，训练其手眼协调性，以保证其顺利进行手工活动。

（3）丰富手工制作的题材

手工活动的结果以作品的方式呈现，手工题材即手工作品的形态。学前儿童常见的手工题材包括贺卡、玩具、装饰品、游戏道具等。

（4）养成良好的手工习惯

教师要培养学前儿童安全、卫生、保持整洁等良好的手工习惯。

（三）美术欣赏教育的内容

学前儿童美术欣赏活动是一种审美活动，是教师引导学前儿童认识和欣赏美术作品、自然景物及周围环境，使其感受其中蕴藏的美，激发其审美情趣的一种活动。美术欣赏教育是学前儿童美术教育的组成部分之一，与绘画教育、手工教育共同组成了完整的学前儿童美术教育体系。

1. 学前儿童美术欣赏能力的发展阶段

学前儿童的审美能力与其感知觉发展直接相关。按照学前儿童心理发展水平，其审美能力的发展可以分为以下几个阶段。

（1）未分化期（0~2岁）

此阶段，学前儿童的一般感知能力与审美感知能力还未分化。对他们来说，艺术品与一般刺激物无异，此时的艺术品只能促进学前儿童一般感知能力的发展。

（2）符号的认识期（2~7岁）

此阶段，学前儿童的感知能力开始出现分化，此时是学前儿童审美感知能力发展最复杂、最有特点的阶段。在这一时期，学前儿童可以初步感知作品的内容，即对作品的画面进行感知，也开始初步发展理解作品意义的能力。另外，在这一阶段，学前儿童还表现出对一些美术作品的明显偏爱，他们喜欢有着鲜艳、明亮色彩的美术作品，喜欢能表现自己熟悉的事物的作品。在审美评价上，作品画得像不像、绘画技巧、作品的形式特征、对作品的熟悉程度等是这一阶段的学前儿童审美评价的主要出发点。

（3）"写实主义"期（7~9岁）

这一时期的儿童在对一幅表现现实的美术作品进行评价时，往往会以这幅美术作品在多大程度上反映出其所感知的现实为标准，即以"像"或"不像"来进行评价。同时，此阶段的儿童的艺术偏爱是僵化的，他们习惯于用物体的固有色进行色彩表现，否则会认为该美术作品是错误的。

（4）审美感受期（9～13岁）

9岁以后，儿童的"写实主义"特征就自然地分解了。在这个时期，儿童对艺术风格的敏感性提高了，出现了新的审美能力。例如，小学五六年级的儿童能够以画面线条的质量所表达的内容为分类标准将美术作品分类。此阶段的儿童开始理解美术作品的美学特征，并开始关注美术作品的线条生成、色彩搭配、透视画法、明暗等其他效果，也会开始表现出对特定艺术家与艺术作品的偏爱倾向。

2. 学前儿童美术欣赏教育的主要内容

根据学前儿童美术欣赏能力发展的特点和要求，学前儿童美术欣赏教育的内容主要包括以下3个方面。

（1）欣赏内容的选择

学前儿童美术欣赏以一定的美术作品为欣赏对象，学前儿童美术欣赏的对象主要包括绘画作品、工艺作品、雕塑、建筑、日常生活物品等。教师在对学前儿童进行美术欣赏教育的过程中，一定要根据不同年龄阶段的学前儿童的特点选择适合的欣赏对象。例如，教师应主要为2～3岁的学前儿童提供具有鲜明色彩和简单造型的物品和美术作品；主要为3～4岁的学前儿童提供与日常生活经验有关的、其能理解的成人或同伴的作品以及生活用品、玩具、节日装饰、环境布置等；主要为5～6岁的学前儿童提供具有主题意义的绘画、工艺、建筑等作品。

（2）美术欣赏技巧

美术欣赏教育活动是教师引导学前儿童欣赏一定对象，使其感受其中蕴藏的美的教育活动。对学前儿童来讲，"美"是一个抽象的概念，教师引导学前儿童掌握从哪些方面去欣赏美，就是培养其美术欣赏技巧。不同年龄段的学前儿童的注意、感知、理解水平不同，所以教师要有针对性地对其进行引导。小班阶段，教师应主要引导学前儿童欣赏作品的形象美；中班阶段，教师应主要引导学前儿童分析作品的形式美，即作品的线条、构图、形状和色彩等；大班阶段，教师应主要引导学前儿童对作品的主题意义进行深入理解，掌握美术作品反映现实生活和人的思想感情的要旨。表2-1所示为幼儿园中班美术教育课程学习计划示例。

表2-1　幼儿园中班美术教育课程学习计划示例

幼儿园中班绘画活动计划	
指导思想	学前儿童美术教育活动是满足学前儿童感受美的情感教育活动，其最终目标是培养学前儿童的创造力、想象力、思维能力和情感表达能力。幼儿园绘画活动的内容来源于学前儿童的日常生活，包括周围人物、动物、植物、建筑、有趣的玩具等。通过参加绘画活动，学前儿童可以很好地表达自己
目标要求	1. 愿意参加绘画活动，体验绘画活动的快乐，对绘画活动感兴趣并能主动完成绘画作品。 2. 认识画棒、水彩笔、纸等绘画工具和材料，掌握其基本使用方法，会以正确的握笔方法和作画姿态进行绘画。 3. 学习画线（如直线、曲线、折线等）和简单的形状（如圆形、方形等），并用其表现生活中熟悉的简单的物体。 4. 认识红、黄、蓝、绿、白、黑、橙等颜色并能选用多种颜色作画，对所使用的颜色感兴趣。 5. 学会正确的涂色方法

续表

	幼儿园中班绘画活动计划	
组织 要点	1. 注重学前儿童艺术思维能力的培养，教师的作用在于激发其感受美、表现美的潜能。 2. 注重学前儿童自身实践操作能力的培养，使其在轻松愉快的环境中思考、发现。 3. 注重学前儿童构图技能的培训，使其充分体现自我创造能力。 4. 注重学前儿童美术兴趣的培养，培养学前儿童的动手能力和参与兴趣。 5. 在绘画活动中，多采用演示、实践和激励的教学方法	
活动 内容	2 月份 第一周：太阳、月亮、云朵。 第二周：苹果、梨、西瓜。 第三周：小花、小草、柳树。 第四周：春天来了（涂色），折纸（雨伞）。 3 月份 第一周：小房子、高楼、宝塔。 第二周：汽车、轮船、火车。 第三周：床、桌子、椅子。 第四周：我的家（涂色），剪纸（窗花）。 4 月份 第一周：狮子、老虎、小熊。 第二周：七星瓢虫、蝴蝶、蜜蜂。 第三周：小鸡、小鸭、小鹅。 第四周：动物世界（涂色），折纸（兔子）。 5 月份 第一周：帽子、上衣、裙子。 第二周：大耳朵图图、小男孩、小女孩。 第三周：娃娃笑脸、哭脸。 第四周：最可爱的人（涂色），折纸（小衣服）	

（3）良好的欣赏习惯

欣赏美术作品可以培养学前儿童集中注意力的习惯，增强其用语言、动作、表情表达自己的审美感受的能力。

第二节　学前儿童美术教育的基本原则

学前儿童美术教育原则是根据学前儿童美术教育的目的、美术学科本身的特点和学前儿童身心发展规律制定的，是整个学前儿童美术教学过程中必须遵循的基本要求和指导原理。教育原则是教学实践经验的总结，它对确定教学方案、教育目标、教育内容，选择教学方法和运用教学组织形式具有指导作用。正确地贯彻各项教育原则，是提高教学活动质量，促进学前儿童身心获得积极健康发展的重要保证。学前儿童美术教育的基本原则主要有审美性原则、发展性原则、兴趣性原则、创造性原则、活动性原则、主体性原则、直观性原则等。

一、审美性原则

审美性原则是由美术学科的性质、学前儿童美术教育的审美性质所决定的，是指教师在学前儿童美术教学中，无论是活动目标的制订、活动内容的选择，还是活动的实施都应注意审美性，即教学目标应以学前儿童审美心理结构的建构为主；教学内容应有潜在的审美价值；教学活动的实施应注意审美环境的创设，审美特征的感知、理解与创造，审美情感的陶冶等。

从美术学科本身的性质来看，美术自身具有审美、教育、认识、娱乐等功能，其中，审美功能是其最主要、最基本的特征，即创作者通过美术创作来表现和表达自己的审美意识和理想；欣赏者通过欣赏来获得美感，并满足自己的审美需要。美术的任何一种功能都要以美术的审美本质为中介，审美功能是美术其他社会功能的根本所在。美术的教育、认识和娱乐功能均始于审美欣赏。通过参加欣赏活动，人们能够认识自然、社会、历史等，受到真、善、美的熏陶而产生精神愉悦感，进而潜移默化地形成某种思想情感意识。从学前儿童身心发展特点来看，学前儿童心理发展具有极大的自我中心性，他们常常通过移情把自己的内心情感投射到客体上，使无机的世界充满活力，显示出一种审美意境。美术教育应该尊重美术的学科规律、特点并顺应学前儿童的身心发展特点，对其进行审美教育。

为了贯彻审美性原则，教师要做到以下几点。

1. 为学前儿童创设充满感情色彩的审美环境

教师在日常生活和环境布置的过程中应尽量做到色彩协调、造型可爱、内容有趣，向学前儿童展示的作品要具有形式美和一定的情感色彩。另外，教师也可以结合具体的艺术活动创设与之相适应的审美环境。

2. 引导学前儿童感知对象的审美特征

教师应着重引导学前儿童欣赏对象的形、色、声和运动变化等审美特征。

3. 让学前儿童在美术活动中得到审美愉悦

审美愉悦在学前儿童审美活动中起着求和作用，是整个审美心理要素发挥作用的基础。学前儿童美术教育就是要让学前儿童在美术活动中获得审美愉悦。

二、发展性原则

每个学前儿童都是具有发展潜能的人，学前儿童美术教育也是为了实现学前儿童全面、和谐、健康地发展，所以在学前儿童美术教育过程中，教师要遵循发展性原则。学前儿童美术教育的发展性原则指教师通过美术教育使学前儿童在原有的发展水平上，得到身心和谐的、充分的和持续的发展。

学前儿童美术能力的发展呈现出由低到高的发展规律，是一个渐进的过程。例如，学前儿童绘画能力的发展，是从不讲究造型、构图和色彩的涂鸦期开始，逐渐地发展到有意识、有目的象征期，再发展到真正使用绘画的方法，有目的、有意图的图式期。作为教育者，教师要关注学前儿童美术能力发展的阶段性，用适合学前儿童兴趣需要的方式对其实施美术教育。在美术教育过程中，教师要淡化对结果的看重，转而关注学前儿童是否能自主地、创造性地从事创作活动，鼓励其持续地、主动地创作，以实现其个性化发展和美术教育的可持续发展。

为了贯彻发展性原则，教师要做到以下几点。

1. 确定学前儿童的美术最近发展区

教师应研究和掌握学前儿童美术能力发展的一般规律，承认每个学前儿童都有审美与艺术创造的潜力，在此基础上进一步确定每个学前儿童的美术最近发展区。

2. 系统设计学前儿童的美术课程

从制订美术教学方案起，教师选择的内容、方法和手段，都应以使学前儿童得到"发展"为核心思想，系统地设计学前儿童的美术课程，做到循序渐进地促进其成长和发展。

3. 尊重学前儿童的个体差异

教师要承认学前儿童的个体差异，将美术教育的目标定位于健全和完善学前儿童的人格上，根据具体需求给予其帮助、引导，促进每个学前儿童在美术活动中都能获得独特的艺术体验。

4. 正确看待学前儿童美术教育的取向

教师要处理好情感和技能的关系，坚持美术教育的可持续发展，避免功利化的美术教育取向。

案例 2.1

青花瓷

活动目标

1. 喜欢青花瓷装饰活动，能自主设计和创作花纹或图案，大胆表现自己的意图。
2. 能运用多种花纹或图案进行装饰，注意花纹或图案的规律。

活动准备

各种各样白色的瓶子、藏青色油性笔、各种青花瓷器图片喷绘、古典音乐。

活动过程

1. 导入部分。

运用图片引导学前儿童回顾上节活动欣赏的各种青花瓷花纹和图案。请学前儿童们找出自己喜欢的青花瓷，并谈谈对青花瓷花纹或图案的理解。教师注意引导学前儿童初步感受到青花瓷不同于其他工艺品或者传统装饰的独特的美。

2. 重点指导。

唤起学前儿童对青花瓷花纹或图案装饰特点的已有经验（有规律、没有规律、不同的花纹或图案）。

3. 自由创作。

（1）学前儿童自主设计青花瓷花纹或图案。

（2）教师巡回观察，引导、鼓励学前儿童设计出与众不同的花纹或图案，鼓励其运用古典花纹或图案，鼓励其创作有规律或者没有规律的花纹或图案，也可以鼓励其在范例的基础上做出自己独特的排列方式；对于迟迟不敢动笔的学前儿童，教师应认真倾听其想法，允许其模仿和借鉴范例，鼓励其大胆落笔，帮助其树立自信心。

4. 欣赏展示作品。

（1）各个学前儿童针对自己的作品向其他小朋友分享自己的创作意图，能看到别人的作品优秀的地方，也能表达自己的欣赏意见。

（2）教师点评，对有独特性的作品进行赏析，对没有完成作品的学前儿童给予鼓励。

活动评析

这个活动是以中国特有的工艺品——青花瓷为主要教育内容的，青花瓷有它自身的艺术规定性，要想将青花瓷引入幼儿园美术教育活动中并不是很容易。这个活动很好地把握了学前儿童美术教育的特征，不在青花瓷的技法上多加强调，主要是让学前儿童在青花瓷的花纹或图案上有所创设。虽然青花瓷的花纹或图案有一定的历史继承性，但是教师并没有为学前儿童设限，而是鼓励他们自由创作，充分发挥、发展自己的想象力和创造力。同时，教师还注意观察每一个学前儿童，对不敢落笔的学前儿童进行指导，关注每一个学前儿童的发展。

三、兴趣性原则

兴趣性原则是指教师在美术教育活动中要注意激发和培养学前儿童对美术活动的兴趣。

兴趣是学前儿童发展的内部动力。在幼儿园教学中，教师要注意确保组织的美术活动符合学前儿童的兴趣，所选择的内容、形式、题材等都是其感兴趣的，只有这样学前儿童才有参与的欲望，才能激发主动性。另外，在美术教育活动中，教师要注意培养学前儿童对美术活动自身的兴趣，让其喜欢、愿意并能自觉参与美术活动。

为了贯彻兴趣性原则，教师应该做到以下几点。

1. 根据学前儿童的兴趣设计活动

在设计活动时，教师要考虑所选材料、内容和方法是否适合学前儿童的需要和兴趣。

2. 鼓励学前儿童用自己喜欢的方式进行表现

在活动过程中，教师要正确对待学前儿童充满童趣的言行，不要扼杀其想法和参与的愿望。

3. 正确评价学前儿童的美术表现

教师要注意每个学前儿童兴趣的差异性，因材施教。每个学前儿童都是独特的，他们对美术的感受和表现是不同的。教师要学会观察，以欣赏的眼光关注每个学前儿童的创造过程和作品。

案例 2.2

教师组织学前儿童欣赏梵高的《向日葵》，教师一直在讲解梵高的伟大和这幅作品的创作技巧，学前儿童们一脸疑惑地盯着教师。不一会儿，有的学前儿童开始玩自己的铅笔，有的学前儿童开始左顾右盼，有的学前儿童则开始跟旁边的同伴玩耍。在类似的欣赏课程中，如果教师一直以成人的视角进行描述性讲解，则很难吸引学前儿童的兴趣。而如果教师改变方法，换成学前儿童感兴趣的方式进行讲解，则容易达到教学效果。例如，教师让学前儿童欣赏梵高的《向日葵》，可以先向学前儿童们展示梵高的画像，然后介绍他，再以角色扮演的方式，以梵高的口吻向学前儿童介绍这幅作品，并且做出一定的夸张动作，时时抓住学前儿童的兴趣点，从而保证学前儿童的学习效果。

四、创造性原则

创造性原则是指教师在美术教育活动中要充分发挥学前儿童的创造性，以学前儿童创造意识、创造力和创造个性的培养为主要目标。

每个学前儿童都有创造的潜力。学前儿童的创造力是指创造出对其个人来说全新的、前所未有的想法或作品的能力。在美术活动中，学前儿童的创造包括两类：一类是实在的可视性创造，另一类是审美心理意向创造。学前儿童的可视性创造是我们经常看到的，如学前儿童绘画作品、手工作品中出现的那些不同于成人创作的不合比例的造型、主观想象的色彩、不合逻辑的构思、随意安排的空间构图等。学前儿童的审美心理意向创造是学前儿童基于其审美需要和审美能力，在特定、具体的审美理解活动中的一种创造，既出现在学前儿童的美术创作活动中，又出现在学前儿童的美术欣赏活动中。这两类创造体现出学前儿童大胆的想象和神奇的创造力。

为了贯彻创造性原则，教师要做到以下几点。

1. 创造宽松的心理环境，激发学前儿童的创造意识和动机

一个宽松的心理环境包括信任、减少规定、充分的自由想象空间。宽松的心理环境是学前儿童发挥创造性的前提。

2. 丰富学前儿童的经验，引导其对表象进行加工创造

丰富的经验是从事艺术创造的原材料，教师在美术教育活动过程中可以有意识地为学前儿童创造积累感性经验的机会。例如，带学前儿童外出参观，为其提供有趣的、风格各异的图书、图画等。

3. 改革评价方法，鼓励学前儿童积极创造

教师要改变传统的重结果轻过程的评价观念。学前儿童美术评价应该立足于促进学前儿童发展的最终目标，既对美术创造结果（即作品）进行评价，也要对美术创造过程进行评价。

案例 2.3

在一次美术绘画活动上，教师为学前儿童提供了一幅范画：蓝蓝的天空中飘着白云，还有火红的太阳，地面上有一棵大树，树上是绿油油的叶子，还有几只小鸟停在树上休息。班里有一个学前儿童在画大树的时候将绿色的树叶涂成了红色，还把小鸟涂成了五颜六色的。教师看到了，严肃地对他说："我给的画中明明是绿色的叶子和黄色的小鸟，你怎么涂成了这种颜色？"该学前儿童看着教师严厉的表情怯生生地将叶子改涂了绿色。

在这个案例中，教师对学前儿童的自由想象加以干涉，扼杀了其创造性思维。这个教师以"听话"的标准要求自己的学生，让他们养成遵守习惯的规范，其严格要求的出发点没有问题；但是在美术教育活动中，我们说这是培养学前儿童创造力的活动，学前儿童天生具有强烈的好奇心和不受约束的想象力，自由想象是创造力很重要的方面。教师应正确判断教育的时机和方法，不要扼制学前儿童的大胆想象，而应给予鼓励。

案例 2.4

在引导学前儿童画"鱼"的时候，李老师先让学前儿童回忆了自己曾经见到过的鱼，让学前儿童畅所欲言，如说出自己在什么地方，在什么时候看到过什么样的鱼，然后跟学前儿童一起描述鱼：它生活在水里，会吐泡泡，经常游来游去，眼睛睁得大大的，游动的时候尾巴还摇来摇去，身上有鱼

鳍等。李老师引导学前儿童根据自己见过的鱼画一幅《鱼》，他们有的画了小小的金鱼，有的画了大大的鲨鱼，还有的画了形状和颜色奇特的热带鱼。李老师表扬了每一名学前儿童，说他们画得鱼太棒了，自己从来没见过这么多好看的鱼，孩子们都非常活跃和开心。

李老师没有给学前儿童提供范例，而是通过语言信息给学前儿童一定的线索，让学前儿童进行想象和创造，这给了学前儿童很大的创作空间，有利于学前儿童的自由创造。同时，李老师非常注重良好创造氛围的营造，鼓励学前儿童以愉快的情绪进行创造力的培养。

五、活动性原则

活动性原则指教师要引导学前儿童积极参与美术教育活动，在美术教育活动中发展和培养其美术能力和兴趣。

学前儿童的学习是一种活动性学习，这是由学前儿童认知发展特点决定的。根据皮亚杰认知发展阶段理论，学前儿童的认知主要处于感知运动阶段和前运算阶段，其思维方式以直觉动作和直观形象思维为主，这就决定了学前儿童的学习必须以动作和画面作为媒介。学前儿童在参与绘画活动的过程中常常会自言自语或手舞足蹈，这是他们借助语言、动作、表情等来表达自己对审美对象的感受的表现。这种自发性实践活动会转化为可以加以控制且不断反复的意识性活动。也就是说，只有在参与实践活动的过程中，学前儿童的身心才能处于一种协调统一的状态，才能积极主动地进行自我与世界的双向建构。

为了贯彻活动性原则，教师要做到以下几点。

1. 有意识地引导学前儿童运用多种感官通道参与美术活动

由于学前儿童感官发展的不成熟性，他们常常协调多种感官来帮助自己获得审美知觉。所以，在学前儿童美术教育中，教师应注意让学前儿童运用多感官通道参与美术活动，尽量让学前儿童"看看、想想、说说、画画、玩玩"。

2. 灵活采用多种教学方法，促进学前儿童多方面发展

教师要注意避免单纯的技能、技巧训练和单纯的思想内容说教。在学前儿童美术教育中，教师应该注意手、眼、脑训练的协调一致，使学前儿童得到真正的、全面和谐的发展。

案例 2.5

彩色的世界（节选）

活动目标

1. 愿意选择多种工具参与玩色活动，体验不同着色工具带来的乐趣。

2. 尝试使用多种颜色，感受色彩带来的快乐。

活动准备

1. 物质准备：装有颜料的水枪、喷壶、喷瓶、针筒若干，丝瓜布、藕节、棉棒若干，干、湿手帕 18 张，红、黄、蓝颜料盘各 3 盘。

2. 场地准备：在活动室一侧的墙上挂上白布，在活动室的地上平铺两块小一点儿的白布。

活动过程

1. 感知与体验。

教师与学前儿童一起在幼儿园的操场上找一找、看一看、摸一摸、闻一闻、说一说自己觉得美

的事物。

2. 探索与发现，创作与表现。

（1）请个别学前儿童自主选择工具进行示范，教师引导学前儿童积累经验。

（2）所有学前儿童自主选择工具进行探索、创作。在学前儿童操作时，教师巡回指导，观察学前儿童的具体操作情况，对爱清洁的学前儿童进行及时的表扬。

（3）教师引导学前儿童大胆创造，观察他们在白布上喷（印）出的不同图案。

3. 重点指导。

（1）教师引导学前儿童使用多种工具和尝试使用多种颜色。

（2）教师引导学前儿童欣赏和同伴一起创造的美，发现各种"图案"，发现颜色的变化。

4. 欣赏与评价。

请学前儿童欣赏自己和同伴一起创造的彩色的世界，请学前儿童观察画面中颜色的丰富变化，在学前儿童说出画布可以做成什么后，教师将挂在墙上的画布拉拢变成窗帘。

活动延伸：教师将活动室地上的两块画布分别制作成活动室的窗帘和桌布。

活动评析

这个活动从整体上看一直都是以学前儿童的自主操作和活动为主，教师是学前儿童学习的支持者和合作者，该活动很好地体现了活动性原则的要求。在这个活动中，教师为学前儿童提供了多种多样的工具供其自由选择，满足了每个学前儿童不同的需求。在喷涂色彩的过程中，教师还注意对学前儿童进行卫生习惯的引导。最后，教师将作品用来装饰教室，用具体行动告诉了学前儿童：生活中的美是可以自己创造的。

六、主体性原则

主体性原则指在美术教育活动中，教师要以学前儿童为中心，将其看作学习的主体，尊重他们的兴趣、需要和个体差异，使美术真正成为他们自己的行为。

教学活动是一种由教师的教和学前儿童的学组成的双边活动，其中学前儿童是学习的主体。巴纳斯曾说："学习者是系统的关键实体并占据着教育系统复合体的核心地位。"这就是说在美术教育活动中，教师要充分尊重并发掘学前儿童的主体性和能动性，使其成为教学活动的核心和主要动力。

为了贯彻主体性原则，教师要做到以下几点。

1. 重视学前儿童的活动主体地位

教师要改变传统观念，将学前儿童看作具有能动作用的、独立的个体。教师要将活动"还给"学前儿童，充分发挥其自主性、能动性，调动其积极性，使其参与到美术活动中来。

2. 关注学前儿童在活动中的状态和表现

学前儿童在活动中的状态和表现主要包括学前儿童的学习方法和思维、合作能力与品质、积极性、创造性、注意力等。在教学过程中，教师需要对学前儿童的以上方面加以关注，将其看成促进学前儿童发展的有效生成性资源。

3. 理解学前儿童的多元表现

教师要研究学前儿童的美术表达，耐心倾听其对作品的解释，发现其独特的美术表达方式、表现难点和个体的发展变化。

案例 2.6

联想画——奇妙的瓶子

活动目标

1. 通过摆弄不同的瓶子，联想瓶中可能装的物品。

2. 能够根据联想的内容，进行绘画创作。

3. 喜欢参加绘画活动，并勇于表现。

活动准备

1. 八开的纸、水彩颜料及画笔、作品展示板、各种外形不同的不透明的瓶子。

2. 熟悉神话《阿拉丁神灯》的故事内容。

活动过程

1. 学前儿童自由摆弄瓶子，猜想瓶中可能装的物品。

教师：猜一猜你拿到的瓶子里可能装的是什么？

学前儿童1：我的瓶子里装的可能是水，好像有水声。

学前儿童2：我的瓶子里装的可能是石头。

教师：如果瓶子里装的是你们想要的，会是什么？

学前儿童相互交流、讨论。

2. 教师用《阿拉丁神灯》的故事引发学前儿童联想。

（1）你们知道阿拉丁神灯里装的是什么吗？神灯打开后发生了什么？

（2）如果这些瓶子与神灯一样神奇，里面装满了各种奇妙的东西，你希望瓶子里倒出来的是什么？（鼓励学前儿童大胆联想）

3. 绘画联想，学前儿童进行创作。

（1）今天我们用联想的方法画出"神奇的瓶子"里倒出来的东西。

（2）重点观察：学前儿童作品的画面构图（瓶子可画在画面的任何位置，画出"东西从瓶口倒出来的感觉"）与画面内容（大胆想象）。

4. 分享交流。

（1）作品展示：大家猜一猜，这幅画的瓶子里装的是什么？

（2）学前儿童自由地互相点评欣赏作品，交流分享：你喜欢谁的画？为什么？

活动评析

在这个活动中，教师将活动"还给"了学前儿童，自己一直起到的是引导作用，从让学前儿童自己摆弄瓶子，到自主联想，都充分发挥了学前儿童的主体性。在这个活动中，教师主要是希望通过实物与实物联想达成培养学前儿童思维新颖性的目标。教师很好地掌握了这个活动的进度与节奏，让学前儿童在自由联想中充分地表达了自己内心的愿望和情感。

七、直观性原则

直观性原则是指在美术教育活动中，教师要为学前儿童提供具体可看、可摸、可操作的材料，让其在直接与操作材料的接触中获得直接感知的教育。

学前儿童以直观动作思维和具体形象思维为主，通过自己的双眼、双手等感觉器官感受和探索这个世界。学前儿童的所有想象都来源于日常生活，因此教师在对其进行美术教育时要注意发掘学前儿童现有生活经验的教育价值，用一些简单、通俗的话语及直观形象的教具刺激学前儿童的感官，吸引其注意，引导其进行延续性的想象。学前儿童美术教育的直观性主要包括欣赏的直观性和创作的直观性。欣赏的直观性指教师给学前儿童提供一些可感知的美的元素。创作的直观性主要指在美术活动过程中，学前儿童用来完成作品的元素和材料一定是可感知的。

为了贯彻直观性原则，教师要做到以下几点。

1. 提供直观的实物教具

教师应尽量为学前儿童提供日常生活中常见的、以日常生活经验为基础的实物教具，如玩具、家具、花草树木、小动物等。

2. 提供可感知的操作材料

教师应为学前儿童提供可感知的操作材料。对于无法用实物表现的或者已超出学前儿童生活经验的美的事物，教师可以提供图片、动画、视频、模型等直观材料，让其去感知、欣赏。

3. 提供能够积累经验的支持

在美术创作过程中，教师可以给学前儿童提供一些直观的基本元素。对学前儿童来说，他们虽然对周围的事物具有强烈的好奇心和探索欲望，但是要用美术的形式将这些事物、想象表现出来还是有困难的。教师为学前儿童提供一定的方向指导和暗示是有必要的。例如，在绘画活动中，教师有目的地给学前儿童提供一些线条和图形要素，让其自由组合进行创作。

4. 提供多元化的活动资源

教师为学前儿童提供的直观材料应多元化。学前儿童美术活动的形式包括绘画、手工等内容，教师既要为学前儿童提供直观的绘画材料，也要为其提供直观的手工素材，如纸盒、卡片、空瓶子、树叶、贝壳、石子、木板等。

案例 2.7

手工纸塑活动——小区花园

活动目标

1. 通过自由玩纸，探索纸塑的方法。

2. 尝试运用纸塑的方法搭建小区里的建筑物。

3. 能积极参与活动，大胆表现自己的想法。

活动准备

1. 学前儿童对各类建筑的外形有一定的经验积累。

2. 长方形、圆形、梯形、椭圆形底板，各色正方形、长方形、圆形纸，剪刀，油画棒，水彩笔，水粉笔，小纸盒等材料。

活动过程

1. 学前儿童自由玩纸，探索如何将纸立起来。

（1）学前儿童选择不同形状的纸，尝试通过卷、折等方法做出立体的建筑。

教师：怎样可以让一张纸立起来？怎样固定纸塑？怎样将纸变成各种建筑的形状？

（2）教师适当引导、点拨学前儿童。

2. 分组合作，师幼共"建"小区花园。

教师：你居住的小区有什么建筑？它们的外形是怎样的？你还知道什么外形的建筑？

（1）小区里除了建筑之外，还有什么？（绿化、人等）

（2）分小组讨论并用制作建筑的方法"修建"小区花园，可在纸上添加图案，刷色。

3. 重点观察。

（1）学前儿童"修建"小区花园的情况：建筑奇特的外形、色彩的搭配及绿化、人物等。

（2）学前儿童固定纸塑的各种方法。

4. 参观交流。

各小组学前儿童给各自的小区花园取一个名字，自由参观其他小组的小区花园，并介绍自己小组的小区花园。

（1）每小组由1名学前儿童介绍：小区花园中最特别的建筑是什么？最牢固的固定纸塑的方法是什么？

（2）你最喜欢哪个小区花园？为什么？你在同伴那儿学到了什么？

活动评析

这个活动是与学前儿童的生活经验相结合的，学前儿童"修建"的是他们最熟悉的小区环境，而且教师所提供的创作材料也是实际的、多元的，很好地贯彻了直观性原则。在这个活动中，教师引导学前儿童探索纸塑的方法，且创作内容与学前儿童的生活经验相结合，既尊重了学前儿童的不同表达方式，又锻炼了学前儿童的动手操作能力。

拓展阅读

学前儿童美术教育的物质环境创建和心理环境营造

学前儿童教育需要有一定的空间场所，这个空间不是随机的，而是受一定的文化、教育观念的影响所组织起来的，包括物质环境和心理环境。学前儿童美术教育作为学前儿童教育活动的重要组成部分，也是在教育空间中进行的，同样包括物质环境创建和心理环境营造两方面。

美术教育活动的物质环境创建主要包括墙面环境创设、美工区创设、美术工具和材料提供等。美术教育活动的主要目的和价值之一是培养审美能力，而良好的活动环境是培养学前儿童审美能力的重要影响因素。

在幼儿园中，墙面环境创设与美术教育活动息息相关，既是美术教育活动的实施途径，也是美术教育活动的实施结果。幼儿园墙面环境创设指影响学前儿童的发展或者受学前儿童的发展影响的任何活动室墙面事件或条件，既包括活动室墙面创设的内容、形式、色彩、材料、高度、安全等影响学前儿童发展的静态事件和条件，也包括学前儿童参与、操作等影响学前儿童发展的动态的活动室墙面或条件。幼儿园墙面环境创设是教师和学前儿童共同参与，展示学前儿童作品的过程。学前儿童通过与教师的配合操作，可以进一步总结、强化、概括和丰富自身的学习过程和经验。墙面装饰的形象、色彩、形式、空间等要素充满美感，可以给学前儿童提供绝佳的审美对象和氛围。另外，幼儿园墙面所展示的有教育意义的各种文字、符号可以对学前儿童的阅读兴趣和阅读习惯起到良好的导向作用。

美工区是幼儿园的常设活动区之一。这个空间内有学前儿童参与美术活动所需的工具和材料，学前儿童可以在这里自由地进行美术创造活动，这是培养其思维力、创造力和表现力的重要途径。美工区内的美术工具和材料也具有一定的教育意义，从材质、数量、种类、功能上来讲，它们都是学前儿童自主学习、建构经验的载体。

学前儿童美术教育的心理环境主要指美术教育活动中成人和学前儿童之间、学前儿童相互之间的人际关系所形成的环境氛围。学前儿童的人际关系是否良好，学前儿童与教师、同伴之间的互动是否积极友善，学前儿童是否处于和谐的人际交往氛围中，对学前儿童的健康成长至关重要。教师在美术教育过程中要树立正确的儿童观和教育观，尊重并爱护学前儿童，以充分的爱心、耐心和童心去对待学前儿童，建立民主的师幼关系；要以平等的态度，支持和参与学前儿童的美术创作活动，注意倾听学前儿童的心声，满足他们的兴趣和合理需要；要以宽容和理解的态度对待学前儿童的技能失误，耐心地对学前儿童加以引导，与学前儿童和谐相处。

第三节　学前儿童美术教育的组织形式与组织方法

一、学前儿童美术教育的组织形式

学前儿童教育组织形式是指为完成特定的教学任务和目的，教师和学前儿童按一定的要求组合起来进行活动的结构。学前儿童美术教育组织形式则指为了完成美术教育的教学任务和目的，教师与学前儿童按一定的要求组合起来进行活动的结构。本部分内容主要讨论学前儿童美术教育的组织形式。

（一）按照美术教育活动与其他各领域活动的组合关系划分

按照美术教育活动与其他各领域活动的组合关系，学前儿童美术教育的组织形式一般可以分为单独领域的美术教育活动、主题活动中的美术教育活动、方案活动中的美术教育活动3种类型。

1. 单独领域的美术教育活动

单独领域的美术教育活动是最早的，也是幼儿园新手教师采用最多的一种课程组织形式。它的基本形式是将美术领域的总目标层层分解为多个具体目标，再根据具体目标选择相应的活动内容，并在注意保持活动的趣味性和对学前儿童的吸引力的基础上，设计一定的活动程序。这种组织形式最大的特点是目标明确而具体，活动内容和步骤具有预设性，易于操作。

2. 主题活动中的美术教育活动

主题活动中的美术教育活动是一种基于幼儿园综合课程框架下的美术教育活动。它以主题活动的方式开展幼儿园美术教育活动，学前儿童的生活、经验、兴趣、需要为课程设计的主要依据，同时兼顾美术学科的特点和内在要求，是近年来我国幼儿园教师较多使用的一种组织形式。这种组织形式最大的特点在于在落实学前儿童美术教育的基本要求的基础上，考虑了学前儿童的兴趣和需要，充分发挥了学前儿童活动的自主性，为其提供了足够的活动空间，对教师素养的要求也较高。

3. 方案活动中的美术教育活动

方案活动中的美术教育活动是一种以学前儿童兴趣和发展取向为主的美术教育活动，也是一种基于幼儿园综合课程框架下的美术教育活动。方案活动中的美术教育活动与主题活动中的美术教育活动设计过程类似，都是先选择内容，后确定目标。

（二）从教师组织的角度划分

按照教师组织的角度，学前儿童美术教育的组织形式可以分为集体美术教育活动、分组美术教育活动和个别美术教育活动 3 种类型。

1. 集体美术教育活动

集体美术教育活动是一种由教师有计划、有目的地组织全体学前儿童进行的美术教育活动。它面向全体学前儿童，保证每一个个体在同一时间内学习相同的美术知识和美术技能，使学前儿童在与同伴互动的过程中，相互交流、启发，共享学习成果，并能体验到在集体情景中共同学习的快乐。这种组织形式可以较快地实现教学目的、教学任务，相对节省人力成本，是一种被普遍采用的组织形式。但是，这种组织形式也有无法规避的缺点，最显著的缺点就是难以顾及每个学前儿童的水平和特点，也难以保证提供足够的材料、时间和空间让每个学前儿童进行充分和自主的操作和体验。

2. 分组美术教育活动

分组美术教育活动是一种由教师将班级学前儿童划分成若干个小组，引导小组成员之间就某一主题进行信息交流、分享，以达到美术表现的目的的活动形式。这种组织形式是参与人数比较少的美术教育活动，教师比较容易照顾到每个学前儿童，对每个学前儿童进行较为细致的指导。分组美术教育活动既可以作为主要的教育活动形式，进行不同内容的教学；也可以作为集体美术教育活动的一个环节，进行相同内容的教学。

3. 个别美术教育活动

个别美术教育活动是一种由教师分别对个别学前儿童进行美术教学的组织形式。这种组织形式可以让教师充分考虑学前儿童的兴趣、能力、水平，从而进行有针对性的指导。在美术教育过程中，教师要注意个别有学习困难或者在某方面有欠缺的学前儿童，对其进行有针对性的指导，着重了解其困难的症结，使其建立起对教师的信任和亲近感。教师还可以针对学前儿童的具体问题开展有针对性的练习，帮助学前儿童建立和产生学习自信心和兴趣。

（三）从教学组织方法的角度划分

按照教学组织方法的角度，学前儿童美术教育的组织形式可以分为讲解—演示的形式和提问—讨论的形式两种类型。

1. 讲解—演示的形式

讲解—演示的形式是一种通过教师说明、解释、示范达到教学目的的组织形式，它能较快地将美术教学中的知识、技能、任务等信息传递给学前儿童。这是一种单向的美术教学组织形式，其缺点在于学前儿童不能及时有效地向教师反馈信息。这类教学组织形式一般用于教师传授美术知识、美术技能及交代任务的阶段。在具体实施时，教师要学会关注学前儿童的表现，给予其一定的等待时间，以便其及时发现信息并反馈信息。

在讲解—演示环节，教师主要的讲解语言有"我现在画（做）的是某某部分""我现在在画（做）什么""我现在应该画（做）什么"等。在具体教学情境中，教师可以灵活选用不同的讲解语言，但一般来说，以提问题的形式引导将有助于教师在学前儿童学习某项技能时与其建立有效的对话关系。

2. 提问—讨论的形式

提问—讨论的形式是一种教师结合一定的主题，通过提问引发学前儿童讨论的组织形式。它要求教师熟悉主题内涵，能及时对学前儿童的反应做出反馈或进一步的说明，从而帮助学前儿童明确美术表现的内容。运用这种形式组织美术教育活动，要求教师面对的学前儿童人数要少，否则教师很难顾及学前儿童间的个体差异。

运用这种形式组织美术教育活动时，教师要考虑学前儿童的年龄和能力水平。在小班，教师一般以提问为主；随着学前儿童年龄的增长和能力水平的提高，教师应逐渐将提问与讨论结合起来组织活动。

二、学前儿童美术教育的组织方法

学前儿童美术教育的组织方法是指教师和学前儿童在活动中，为完成教育目的所采用的具体方式和手段，它是完成美术教学任务、达成美术教学目标的重要手段。它包含两种含义：一种是指教师在组织学前儿童美术教育活动时，指导学前儿童学习的方法，即教的方法；另一种是指学前儿童在参加美术教育活动时所采用的学习方法。学前儿童美术教学的组织方法按照不同的性质可以分为语言法、直观法、实践法三大类，每个大类又包括几种不同的具体教学方法。

（一）语言法

语言法指教师以语言表达为主要手段，通过有目的地运用语言去讲解知识、交流经验、传递信息、沟通认知、组织活动，帮助学前儿童获得间接美术知识经验的一种方法。语言法主要包括讲解法、谈话法、讨论法等。

1. 讲解法

讲解法是教师运用学前儿童能理解的语言来解释和说明事物或事情的方法。在学前儿童美术教育中，有关绘画、手工材料的认识内容一般采用此种方法。

2. 谈话法

谈话法是教师根据学前儿童已有的知识经验，通过口头问答的形式，启发其积极思维的教育方法。谈话由教师提出问题和学前儿童回答问题组成，也可由学前儿童提出问题和教师回答问题组成。

3. 讨论法

讨论法是学前儿童在教师的指导下就某个问题进行讨论、交换看法、互相启发的一种教育方法。运用讨论法时，时间和形式都不是固定的，时间可长可短，形式可以多样化。

（二）直观法

直观法指教师借助于实物、教具，设计相关教育情境，将教育内容直观地展示给学前儿童，以实现教育目的的一种方法。直观法主要包括观察法、演示法、示范法等。

1. 观察法

观察法是在教师的指导下，学前儿童积极、有意识、有目的地通过视觉器官感知和认识观察事物的形状、颜色、结构，以及事物间的空间位置、相互关系等，从而在头脑中形成鲜明表象，获得感性认识的一种方法。观察法是学前儿童美术教育最基本的方法之一。

观察分为直接观察和间接观察。直接观察是教师指导学前儿童直接接触事物的观察，是一种实物观察。直接观察有助于打破学前儿童的概念画法，使其更深层次地发掘、认识事物。间接观察是教师借助一定的标本、模型、图片、示范画和多媒体等手段指导学前儿童进行观察的方法，是一种非实物观察。间接观察可以用在直接观察条件不具备的情况之下，是直接观察的补充和扩大。

2. 演示法

演示法是教师通过向学前儿童展示各种实物或直观教具，使其获得关于某一事物或现象的感性认识的方法。

在美术教育活动中，演示法的应用较为普遍。教师可以为学前儿童展现自己的绘制、制作过程，使其获得直观表象和感受，从而加深对事物的印象。在演示的同时，教师一定要配合语言讲解，让学前儿童在视觉与听觉并重的过程中进行观察和分析，激发其学习兴趣和积极性，同时增强其观察能力和思考能力。

3. 示范法

示范法是教师提供自己或学前儿童的动作、语言、声音或经过选择的图画、剪纸和典型示例，即提供模仿对象，让学前儿童进行模仿学习的一种方法。在绘画、手工教育中，此种方法运用得较多。

（三）实践法

实践法指教师为学前儿童创设一定的环境，提供充足的实物材料，让其通过自身的实践、练习活动进行学习的一种方法。实践法主要包括探索法和练习法等。

1. 探索法

探索法是指教师提供给学前儿童进行发现的活动材料，使其通过自己的探索尝试，自行发现问题和解决问题的方法。

2. 练习法

练习法是学前儿童在教师的指导下，通过操作练习，巩固知识、掌握技能的方法。学前儿童要获得美术知识与美术技能，必须反复多次地练习和操作。

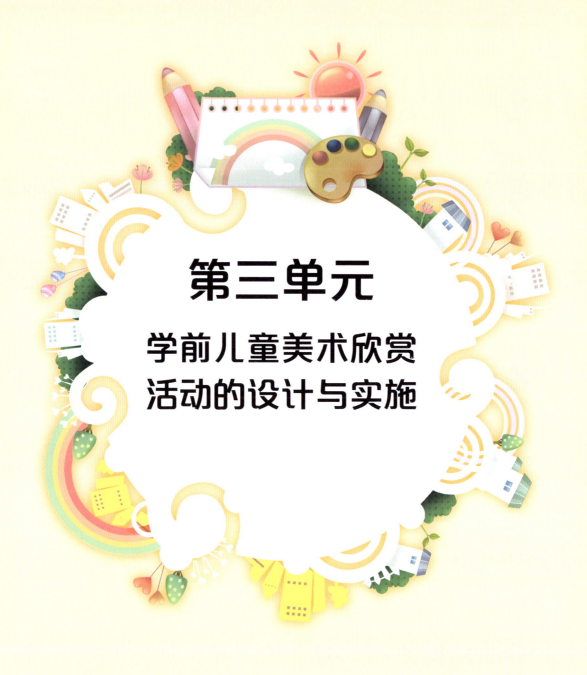

第三单元
学前儿童美术欣赏活动的设计与实施

【学习目标】

1. 明确学前儿童美术欣赏活动的物质准备和精神准备。

2. 掌握观察法、游戏练习法、提问法、比较法、讲解法、体验法等几种常见的学前儿童美术欣赏的引导方法的实施要点。

3. 掌握学前儿童美术欣赏活动的设计要求与教案撰写的注意事项。

【学习建议】

学前儿童美术欣赏活动是学前儿童美术教育活动的重要组成部分。本单元的学习重点是掌握学前儿童美术欣赏活动的设计和实施。根据内容设定，学习者可以参考以下学习建议。

1. 结合前面单元的学习，预习本单元的内容，明确本单元内容在知识结构中的位置与作用。

2. 结合参考书籍，提前了解学前儿童美术欣赏能力发展的阶段和特点，为系统学习本单元的内容做好铺垫。

3. 本单元的内容包含较为丰富的案例，学习者可结合案例进行内容学习，从而更深入地理解和运用本单元的知识。

美术欣赏活动是一种与美感相结合的教育活动，观赏者通过对美术作品的内容、造型、色彩、构图、材质、技艺、风格等因素所构成的美感的诠释、想象、体验、鉴别和评价等一系列相互联系的精神活动，正确地认识美术作品。

学前儿童美术欣赏活动犹如一把钥匙，为学前儿童打开了美术殿堂的大门，引导其进入丰富多彩的艺术世界。学前儿童美术欣赏活动可以扩大学前儿童的生活视野，丰富其知识经验。同时，学前儿童美术欣赏活动是一种感觉与理解、感情与认识相统一的精神活动，学前儿童通过对美术作品的欣赏而提高认识、受到教育，表现为一种"潜移默化"的过程。最重要的是，优秀的美术作品能激发学前儿童的情绪，能使学前儿童的情感得到愉悦和满足，从而增强学前儿童的审美能力。

第一节　学前儿童美术欣赏活动的准备

学前儿童美术欣赏是学前儿童通过对美术作品、自然景物和周围环境中美好事物的认识和欣赏，从中受到艺术的感染，并丰富艺术联想，增强对艺术美的感受能力、欣赏能力。参与学前儿童美术欣赏活动，可以使学前儿童获得精神上的愉悦和审美享受，有助于其缩短从爱美到审美的距离。因此，学前儿童美术欣赏活动对学前儿童来说有着重要的意义。

一、学前儿童美术欣赏活动的物质准备

物质准备即准备好此次美术欣赏活动所需要的各种物质材料。教师要做好充分的物质准备。首先，创设的空间设备，选用的教具、操作材料要适合美术欣赏活动，如空间桌椅的排列是否有利于学前儿童观察，美术工具和材料在数量上能否保证活动顺利进行等；其次，选用的美术工具和材料应该安全，并适合学前儿童操作。具体到美术欣赏活动中，物质准备主要包括欣赏内容的选择和学前儿童活动操作材料的选择。

（一）欣赏内容的选择

教师不能仅根据个人的欣赏趣味选择美术欣赏内容，而要根据欣赏教学的目的来确定欣赏对象的内容和形式，要为学前儿童选择形式新颖、内容丰富的美术欣赏内容。适合学前儿童的美术欣赏内容主要包括日常生活中的事物、自然环境、节日装饰、环境布置、名画、雕塑、民间艺术品、建筑艺

术等。欣赏多种多样的美的表现形式，才能开阔学前儿童的视野，丰富其美术知识，加深其热爱祖国、热爱生活的情感，增强其审美感知能力，培养其感受美、欣赏美的意识和能力。

1. 日常生活中美的欣赏

在日常生活中，美随处可见，无处不在。教师要有一双善于发现美的眼睛，具备抓住美进行审美引导和教育的能力。在日常生活中，可欣赏的东西有很多，教师可以经常组织学前儿童进行美的欣赏活动。图3-1和图3-2所示的玩偶和鲜花等都蕴涵着丰富的美感和审美因素，都是引导学前儿童发现美、欣赏美的好材料。

图3-1 玩偶　　　　　　　　　　　图3-2 鲜花

2. 周围环境中美的欣赏

（1）自然景物

美丽的自然景物是美育的主要内容，是引导学前儿童关注美、发现美、探索美、创造美的源泉。例如，随着季节的变化，通过美术欣赏教育活动，引导学前儿童感受季节美景；通过郊游活动，使学前儿童增长知识、陶冶性情的同时，对其进行欣赏美、感受美的教育，引导其欣赏自然景物（见图3-3和图3-4）的形式美及其所蕴含的生命力。教师可采用边看边讲解、停步欣赏的方法引导欣赏活动。

图3-3 绿植　　　　　　　　　　　图3-4 公园

（2）社会节日场景

学前儿童所能感受和欣赏到的节日环境：每逢元旦、春节、劳动节、儿童节、国庆节，城镇和社区都会呈现出焕然一新的节日环境；每逢幼儿园开学之际，各个幼儿园都会增添一些新的玩具，营造出欢乐、祥和、富有童趣的新环境等。除此之外，一些大城市经常会举行一些重大会议和重大活动（见图3-5和图3-6），此时，城市都会营造出节日的氛围。美丽的节日环境会为学前儿童带来新的视觉刺激，让学前儿童感受到喜庆的氛围，受到美的熏陶。

图3-5　舞龙

图3-6　世博会

3. 美术作品的欣赏

（1）名画

学前儿童可欣赏的名画主要包括水墨画、水粉画、油画、版画、年画等类型。对于不同类型的绘画作品，教师重在引导学前儿童感受其独特的艺术表现手法。每一位优秀的美术家都以娴熟的技巧、深厚的情感表达他们对生活的热爱，对社会美和自然美的感受，并形成了他们各自独有的风格，如图 3-7 和图 3-8 所示。

图3-7　赵伯驹的《凤头双鸟图》

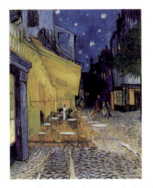
图3-8　梵高的《夜晚露天咖啡座》

（2）民间艺术作品

我国的民间艺术作品种类繁多。学前儿童欣赏民间艺术品，不仅可以使他们从中得到美的启示，培养美感，还可以激发其热爱民族文化、热爱劳动人民的情感。在幼儿园所在地，教师一般都能寻找到反映当地民族文化特色的工艺美术品，可以将其作为学前儿童美术欣赏活动的素材和资源。

① 民间剪纸主要通过剪、刻、粘等技法来表现艺术，表现手法简捷、明快，具有独特性和趣味性，深受人们的喜爱。民间剪纸题材广泛，绝大多数是日常景物和一些家喻户晓的传说，主要用于民间节庆的环境布置、器物装饰，以红色为主要色彩，主要表现喜庆吉利、辟邪消灾、夫妻恩爱、多子多福等主题和意义。民间剪纸（见图 3-9 和图 3-10）注重直观感受，选取最容易表现的角度，直接表现物象、场景、情节等。欣赏民间剪纸时，教师应选择与学前儿童生活比较贴近、造型概括简练、有一定情节和场景的作品。

② 脸谱是在戏曲和民间舞蹈中，为了表现人物身份及性格特征，在表演者面部所做的彩绘。它以夸张的造型和浓重的色彩来改变表演者的本来面目。脸谱（见图 3-11 和图 3-12）在视觉上和人

物、剧情是一致的，由于脸谱可以表现出人物爱憎分明的特点，人们常常会用狰狞的脸谱制造紧张感，用怪异的脸谱制造神秘感，用滑稽的脸谱制造幽默感，用微笑的脸谱制造欢乐感，等等。欣赏脸谱时，教师主要引导学前儿童欣赏不同脸谱的造型和色彩，感受脸谱对称、均衡的色彩和图案，同时可以与脸谱的设计、绘制和制作结合起来，进行游戏和表演活动。

图3-9　孔雀剪纸

图3-10　金鸡剪纸

图3-11　各种脸谱

图3-12　红色脸谱

③陶瓷是用以黏土为主要材料的混合物，经过成形、干燥、烧制等步骤制作而成的工艺品和日用品，包括陶器和瓷器。陶器的特点是质地粗糙且不透明，其烧制的温度低于瓷器，根据原材料所含杂质及成分的不同和烧制温度的差别，其坯体呈现灰、褐、棕等颜色。陶瓷工艺美术品（见图 3-13和图 3-14）比较常见，是学前儿童欣赏的好素材。

图3-13　陶艺瓶子

图3-14　陶艺人偶

④ 泥塑作品以无锡泥人、北京传统泥塑"兔爷"（见图 3-15）、河南淮阳"泥泥狗"（见图 3-16）等最为有名，其整体特征是形象生动、朴实，特征鲜明，充满乡土气息，深受人们的喜爱。欣赏泥塑作品时，教师应重点引导学前儿童欣赏其可爱的造型、鲜艳的色彩、稚趣的神态。教师还可以将欣赏活动和泥塑活动结合起来，让学前儿童塑造出自己喜爱的泥塑作品，自己给泥塑上色，用自己制作的泥塑玩具装饰活动室或开展游戏活动。

图3-15　泥塑"兔爷"

图3-16　"泥泥狗"

⑤ 刺绣是我国民间传统工艺之一，刺绣作品工艺精密细致，装饰性强，具有较高的欣赏价值。其中以江苏的苏绣、湖南的湘绣、四川的蜀绣、广东的粤绣最为出名，并称我国的"四大名绣"。各种刺绣作品，产地不同，风格各异。欣赏刺绣作品时，教师应选择当地的刺绣作品作为学前儿童欣赏的内容，选择贴近学前儿童生活的服饰、坐垫（见图 3-17）、鞋垫（见图 3-18）等有刺绣装饰的生活用品供学前儿童欣赏。学前儿童不但可以欣赏刺绣装饰的纹理图案、色彩搭配，还可以欣赏刺绣装饰在某生活用品上的整体艺术效果，引导学前儿童发现生活中处处都有美。

图3-17　刺绣坐垫

图3-18　刺绣鞋垫

⑥ 服饰在充分体现服装设计师的智慧和创意的同时，美化了人们的生活。在我国，各民族服饰款式多样，色彩斑斓，展现了中华民族特有的智慧和审美理想，如图 3-19 和图 3-20 所示。欣赏服饰时，教师应引导学前儿童从身边的服饰入手，欣赏它们的款式特点、花纹图案、色彩搭配、饰物配件、布料质地等。在欣赏服饰时，教师应将美丽的服饰直接呈现在学前儿童面前，可以让其摸一摸、比一比、穿一穿、戴一戴，将服饰穿在身上欣赏其整体效果，还可以让学前儿童当服饰的设计者和制作者，让其创造性地设计和制作美丽的服饰，感受服饰的美。

图3-19　蒙古族服饰

图3-20　傣族服饰

4．雕塑、建筑等立体艺术作品的欣赏

（1）雕塑

雕塑是一种造型艺术，是雕塑家用可以雕刻或塑造的材料，如金属、石、木、黏土、植物根等，经过构思、设计，用雕塑工具雕琢、刻制或堆塑而成的，有实在体积的艺术形象。雕塑是三维空间艺术中最典型的样式。欣赏雕塑作品时，教师应着重引导学前儿童体验雕塑作品形体所表现出的充沛生命力。雕塑的媒介特点就是"材质在艺术之内"，不同的材质有不同的表现，材质的光滑与粗糙、坚硬与柔软，都会引起学前儿童不同的心理反应和情绪体验。受物质材料的限制，雕塑的造型具有凝练性、概括性的特征，常用于表现最典型的动作和表情。雕塑作品示例如图 3-21 和图 3-22 所示。所以，教师要引导学前儿童感受雕塑表现的单纯性和精神内涵的丰厚性。同时，教师应注意联系周围环境，体验雕塑是如何借助周围环境增强自身的表现力，以及周围场景和文化背景又是如何赋予雕塑丰富内涵的。

图3-21　广场雕塑

图3-22　雕塑艺术品

（2）建筑

建筑不仅具有供人"住"的功能，而且具有一定的审美功能。它包含人类文化、精神生活等丰富内容，体现出各个阶段的文化特征和时代风貌，是一种实用性和艺术性相结合的立体作品，属于空间造型艺术。建筑的形式美主要通过内外空间、形体、比例、均衡、节奏、色彩、装饰、总体布局等要素构成，如图 3-23 和图 3-24 所示。建筑艺术是一种使用和审美相结合的艺术。欣赏建筑艺术时，教师应引导学前儿童了解建筑艺术所包含的丰富内容，从而认识建筑所体现出的独有的象征性、形式美、民族性和时代性。欣赏建筑活动可以和学前儿童设计建筑结构活动结合起来。

图3-23　长城

图3-24　故宫

5. 学前儿童作品的欣赏

许多学前儿童的作品构思新奇，想象丰富，色彩明快，画面生动。让学前儿童欣赏同伴的优秀作品（见图 3-25 和图 3-26），可以使他们在情感上感到亲切，心灵上便于沟通，而且由于手法相近，更容易满足和激起其欣赏美和创造美的愿望。教师引导学前儿童欣赏自己同伴的作品时，可以将欣赏和评价结合在一起，还可以将他们的日常生活和游戏活动结合在一起。

图3-25　学前儿童水粉画

图3-26　学前儿童水彩画

6. 儿童读物、动画片画面的欣赏

儿童读物、动画片是学前儿童的亲密伙伴，其中许多画面精美、有趣，表达出设计者对学前儿童的喜爱之情，反映了学前儿童美好的生活。引导学前儿童欣赏这些生动、有意义的画面（见图 3-27 和图 3-28）时，教师可以和看图讲述结合在一起，这样不仅有助于学前儿童理解画面内容、激发活动兴趣，同时还有助于其欣赏画面中的人物特征、表情，以及画面表现出来的美丽色彩、合理构图等，是增强学前儿童审美能力的重要途径。

图3-27　绘本封面

图3-28　动画形象

学前儿童美术欣赏活动主要有欣赏艺术美、自然美、生活美。不同年龄阶段的学前儿童在美术欣赏活动中有各自的欣赏内容和要求。

小班、中班的学前儿童主要是欣赏一些他们能理解的美术作品、自然景物、节日装饰、环境布置等，目的在于初步培养其审美能力。为小班、中班的学前儿童设计的欣赏课题要符合其年龄特点，他们可欣赏周围环境中的自然景色，如桃红柳绿的春之美、银装素裹的冬之美等，也可欣赏日常生活中的玩具、学习用品、节日装饰等，从而丰富其知识，培养其美感。

大班的学前儿童主要是继续欣赏他们可以理解的绘画、工艺美术作品，并且学会评价自己和同伴的作品，增强自己的审美能力。随着学前儿童认识能力的不断增强，大班的学前儿童的欣赏范围逐步扩大，而且每种类型的欣赏内容也在不断地深刻化、复杂化。教师为大班的学前儿童设计的欣赏课题在表现内容上，既可以是与其生活经验接近的美术作品，也可以是神话故事、科学幻想故事等题材的美术作品；在表现手法上，形象、构图、色彩更趋多样化。

（二）学前儿童活动操作材料的选择

学前儿童美术欣赏活动可以是纯欣赏的，也可以在欣赏之后进行创作，这要根据具体的欣赏内容而定。但欣赏后的创作与一般的美术创作稍有不同，教师既要尊重学前儿童的意愿，给予其充分的自由度，也要鼓励其把欣赏的经验结合进来，或学习、借鉴画家的作画方式和表现手法，或用自己的绘画语言描绘作品所表现、传达的情感等。

案例 3.1

欣赏活动《柏树》

活动目标

1. 欣赏作品《柏树》的画法，感受其中线条的动态美。
2. 运用具有动态美的线条进行创作。

活动准备

1. 了解柏树的外部特征，如树的叶子形状等。
2. 准备油画棒、彩色铅笔、水彩笔、水粉笔、水粉颜料、深色卡纸等。

活动过程

1. 谈话导入，师生结合图片讨论柏树的外部特征。

（1）学前儿童认真观察图片，尝试通过语言、肢体动作表达图片中的线条。

师：图片中都有什么样的线条？线条是什么样子的？

（2）老师适当引导、点拨。

2. 师生结合图片，逐一分析柏树的叶子、树枝、树干、树根等。

师：柏树的叶子是什么形状的？如何画出来呢？

（1）逐一分析柏树的叶子、树枝、树干、树根的形状及表现方法。

（2）鼓励学前儿童选择自己喜欢的绘画工具进行表现。

3. 分组尝试，大胆创作。

学前儿童自由选择喜欢的绘画工具，画出自己心中的柏树。

（1）要求学前儿童独立创作，表现出柏树的外形特征。

（2）相互欣赏，说一说自己最喜欢同伴的哪一幅作品，为什么？

活动评析

这个美术活动设计是与学前儿童的生活经验相结合的，引导学前儿童绘制常见的树。教师所提供的创作材料也是实际的、多元的。在这个活动中，学前儿童根据自己的喜好，选择绘画工具，进行绘画创作，满足了学前儿童的发展需要。

上述案例中，教师为学前儿童提供了多样化的、富有表现力的工具和材料，使其能够自由地运用工具和材料进行创作。需要注意的是，工具和材料的多样性固然重要，但不是工具和材料越多越好。提供工具和材料的原则是要有表现力，有助于学前儿童的发展。

二、学前儿童美术欣赏活动的精神准备

（一）明确学前儿童美术欣赏能力的发展特点

根据学前儿童身心发展特点，结合其美术欣赏的特点，学前儿童美术欣赏能力的发展可划分为本能直觉期和直接感知形象期两个阶段。

1. 本能直觉期（0～2岁）

0～2岁的学前儿童处于本能直觉期，其欣赏行为主要表现为对形式审美要素的直觉敏感性和注意的选择性，是纯表面的和本能直觉的。他们主要通过视、听、动的协调活动进行信息交换。研究表明，婴儿在出生后就已经对美术的两个基本要素——形与色产生了一定的审美感知能力，尽管这些最初的反应只是一些本能的直觉行为，但这些生理行为为其之后进行较高层次的美术欣赏行为做好了心理上的准备。

2. 直接感知形象期（2～7岁）

在自发的情况下，2～7岁的学前儿童对美术作品和物象内容的感知先于对美术作品或物象形式的感知。当一件美术作品呈现在2～7岁的学前儿童面前时，或当2～7岁的学前儿童置身于一个美妙的环境中时，他们首先感知到的是这件美术作品或环境中物象的内容，很少能有意识地注意到美术作品或环境中物象的形式审美特征。这一阶段的学前儿童还没有完全形成一种真正意义上的审美态度，而只是拥有一种"求实"的态度，如他们对绘画作品内容的感知欣赏只限于画面上画了什么。

通过美术教育，学前儿童逐渐能够感知美术作品（见图3-29和图3-30）在风格和物象上的某些审美特征。在线条与形状的感知方面，这一阶段的学前儿童总是喜欢把美术作品与具体的形象联系在一起。在色彩感知方面，这一阶段的学前儿童从辨认颜色、正确配对，逐步向指认和命名发展。在空间构图感知方面，这一阶段的相当一部分学前儿童已经具备了感知美术作品和物象的空间深度的能力。随着年龄的增长和教育的影响，这一阶段的学前儿童的这种能力不断发展，但在很大程度上仍然受美术作品和物象的内容的影响。在对美术作品和物象的情感表现的感知方面，如果得到有意识的引导，这一阶段的大多数学前儿童都能感知到美术作品的情感表现性，他们通常会从美术作品和物象的内容、自己的情感偏好、想象因素，以及美术作品和物象的形式特征4个方面解释它们的情感表现性。

学前儿童更喜欢感知表现熟悉事物的、令人愉快的、色彩明快的美术作品。作品的内容是否客观、真实地再现现实世界，作品的色彩是否丰富和鲜艳，是其判断该作品好坏的两个最主要的标准。由于生活经验和审美经验有限，学前儿童还不能用恰当的方式去解释许多美术作品反映的情感、内容和形式。随着经验的丰富和成人的引导，学前儿童美术欣赏会经过一个从笼统到分化，从没有标准到具有一定的标准，从以自己主观的情感偏好为主到以比较客观的分析为主的逐步发展的过程。

图3-29　米勒的《拾穗者》　　　　图3-30　徐悲鸿的《马》

（二）结合学前儿童的兴趣与经验，创设良好的欣赏环境

学前儿童美术欣赏活动是一种审美活动，教师需要了解学前儿童的各种情况。

1. 分析学前儿童的基本情况

学前儿童是学前儿童美术欣赏活动的接受者和体验者，他们在意志、性格、智力兴趣等方面存在着明显的个体差异。小班的学前儿童对作品色彩的关注度比较高，尤其喜欢回答教师对鲜艳、明亮的色彩的提问。借此机会，教师可以适时引导他们观察这些色彩在什么地方有什么差别，以及回答色彩是什么样子的等问题。教师一方面要对他们的回答给予肯定，另一方面要通过进一步的提问使他们回答得更全面，从而提高他们对美术作品艺术要素的关注度，同时培养他们认真、仔细观察作品的习惯。中班的学前儿童开始对欣赏对象的形象感兴趣，喜欢给美术作品中的形象命名，想知道美术作品中画的是什么。教师可以适时引导中班的学前儿童观察美术作品中的点、线，画面的布局和色彩的运用，调动其欣赏作品的积极性，引导其说出他们的习惯画法，作者的画法与他们的画法有什么不同，从而帮助其深入观察画面的各种创作要素。大班的学前儿童开始关注美术作品中形象的象征意义，能区分出美术作品中背景与绘画主体的区别，能感受到美术作品体现的均衡、协调、对称、独特、变化与统一等形式美。教师应着重引导其观察美术作品中色彩、线条的搭配，物体的布局，以及光线、笔触的运用，想象作者是怎样完成画面的。如此，教师就可以把学前儿童平时的创作经验揭示出来，从而帮助其打开思路。

2. 分析活动内容

教师应对引导学前儿童所欣赏的美术作品及相关内容（作品主题、类别、形式、艺术特色、创作意图等）进行深入研究，形成全面深刻的理解，然后提出明确的美术欣赏活动教育目标。

3. 择活动组织形式，创设良好的欣赏环境

美术欣赏活动组织形式多种多样，教师应根据实际情况，灵活加以选择和使用。不论选择何种组织形式，教师都应注意为学前儿童创设良好的欣赏环境，备齐欣赏活动所需的有关用具。

第二节　学前儿童美术欣赏的引导方法

一、观察法

观察法是教师指导学前儿童有目的地感知事物外形特征、获得美的体验方法，是将观察和欣赏

相结合的方法。观察指有目的、有计划地感知事物，欣赏则是在感知时对观察对象产生情感呼应，这样观察就带有了欣赏性质。观察和欣赏是发展学前儿童美术能力和培养学前儿童美感的重要方法。

受自身发展水平的限制，学前儿童在感知事物时缺乏成人具有的目的性和计划性，不能自觉地组织自己的视觉。学前儿童通常注意了整体就忽略了局部，注意了局部就忘掉了整体。有些学前儿童倾向于整体知觉，观察时表现得笼统、粗略；而另一些学前儿童倾向于局部知觉，观察时表现得琐碎、不着要点。无论哪一类学前儿童，他们感知事物都会受他们兴趣的支配，而这种兴趣可以说来自他们的童心。例如，学前儿童往往会被一些会动、形态新奇、色彩鲜艳、发光、发亮的东西吸引，并忘我地注视这些东西，甚至表现得欢欣鼓舞。这是学前儿童欣赏的起点，当事物中蕴涵的力的结构与学前儿童生命活力的特点相吻合时，该事物便能引起其情感上的呼应。在一定条件下，这种活跃起来的情感会引发学前儿童创造的愿望，促使其塑造生动的美术形象。所以说，学前儿童的观察和欣赏是幼稚的，存在局限性，但同时又是直率和主动的。因此，在学前儿童美术教育中，教师一方面要提高学前儿童观察和欣赏的水平，另一方面又要适应其欣赏水平并保护其兴趣。

教师对学前儿童观察和欣赏的指导包括3个环节：选择观察对象、指导观察、引导欣赏。这3个环节因场合不同，有时分步进行，有时同步进行。对于日常生活中的自然观察，这3个环节是同步进行的，教师可在引导欣赏的同时选择观察对象并指导学前儿童进行观察。对于采用怎样的组织形式，教师需根据本班学前儿童的能力、经验和全部课程计划做决定。

教师应选择那些学前儿童感兴趣的事物作为其观察和欣赏的对象。一般来说，学前儿童会对那些形态、动作与其内在情感结构或生命活力特点有一致性的事物感兴趣，如图3-31和图3-32所示。所选的观察和欣赏的对象对学前儿童来说不能是太陌生或太熟悉的事物，应有一定程度的新鲜感。另外，所选的观察和欣赏的对象要由简到繁。教师应引导学前儿童先观察形状简单的物体，而后过渡到观察比较复杂的组合形体；先观察物体的形色，然后过渡到观察物体的质感；先观察少量甚至单独的物体，逐步过渡到观察多个甚至众多的物体；先观察静止的物体，再观察物体的动作姿态；先观察物体之间的简单关系，渐渐观察物体之间的复杂关系。

图3-31　水墨画

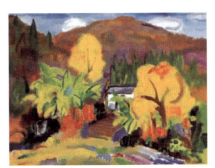

图3-32　油画

在指导观察上，教师要重点引导学前儿童把握整体与局部的关系，这包括观察对象在空间、色彩和质感方面整体与组成部分的关系。学前儿童观察时应先抓住观察对象（见图3-33）的大体形状，对它有一个整体的了解，留下一个鲜明的印象，然后分层观察各局部的细节特征，最后回到整体。经过这样的观察，观察对象的细节部分会在学前儿童的印象中格外突出。因此，教师要特别强调观察对象的整体特征，不要求学前儿童准确地把握整体与局部的关系，但要求他们做到在知觉观察对象的整体特征时觉察其细节，查看细节时不丢失整体。

图3-33　风景画

　　引导学前儿童进行美术欣赏时最重要的方法是，教师以生动的语言描述打动学前儿童的心弦。例如，欣赏大熊猫时，教师可以这样说："大熊猫浑身胖乎乎的，看上去就像一个大皮球。它的眼睛、耳朵和四肢上的毛都是黑色的，尤其是它的眼睛周围有一圈黑色的绒毛，就像戴着一副黑眼镜。它的眼睛又圆又亮，就像两颗黑色的玻璃球。它的四肢又短又粗，走起路来一摇一摆，真可爱。"此外，教师可以增加欣赏效果的活动。例如，鼓励学前儿童用声音、动作、表情模仿观察对象，听与观察对象有关的音乐、诗歌等，让学前儿童充分领略观察对象的美，并与之产生共鸣，进而萌发表现的愿望，创造出生动、富有情感的美术作品。

二、游戏练习法

　　游戏练习法是指让学前儿童在娱乐和玩耍中进行美术活动，使其在自然、轻松、愉快的氛围中饶有兴趣地反复学习和操作，在获得情感体验的同时获取知识技能。在幼儿园美术活动中，学前儿童有大量的时间在练习，也就是画和做。这是学前儿童将头脑中的艺术构思用美术的方式表现出来的实际操作过程。根据创造成分的多少，练习可以分为技能练习、模仿练习和创造练习3种类型。

（一）技能练习

　　技能练习是学前儿童运用工具进行简单技能展示的练习，如执笔、运笔、涂色、折叠、剪贴、团泥等。

（二）模仿练习

　　模仿练习是学前儿童依照范例或效仿教师的示范所做的练习。

（三）创造练习

　　创造练习是学前儿童独立构思和表现的创作活动，如意愿画、自由美术活动等。

　　以上3种练习各有不同的作用，教师应根据学前儿童的能力和美术活动内容的需要单独或综合运用，以技能练习为基础，以创造练习为目的，以模仿练习为辅助过渡手段。

　　为了让学前儿童在轻松愉快的气氛中无拘无束地进行美术活动，激发他们参与美术活动的兴趣，增强他们的美术表达能力，教师应当将练习与游戏结合起来，即引导学前儿童以游戏的方式进行练习，这对年龄小的学前儿童尤为有用。

　　对于小班的学前儿童，教师可以将表现的技能和游戏的动作结合起来，让他们玩玩画画，玩玩做做。例如，仿照成人绕线团的动作练习画圆圈，像"小工人那样搓啊搓，搓出小香肠"。对于中、大班的学前儿童，其美术活动的游戏形式较小班应要复杂些，教师可将美术活动的目的和任务同游戏结合起来，如在学习画人物时，请他们给爸爸妈妈画像；请他们做开商店游戏用的商品等。这些具有游戏目的的美术活动，能极大地提高学前儿童参与美术活动的积极性和创造性，有助于其取得良好的美术表现效果。

案例 3.2

欣赏活动《有趣的漫画》

活动目标

1. 通过欣赏漫画，了解漫画夸张、幽默、变形的特点。

2. 根据自己的脸部特征，尝试用简单的线条画有趣的头像。

3. 在欣赏创作中体验漫画的幽默、有趣。

活动准备

1. 准备漫画图片、小镜子、水彩笔。

2. 学前儿童已观看过刘翔的田径比赛节目，知道刘翔是我国著名的跨栏运动员。

活动过程

1. "以猜猜他是谁"的游戏导入，激发学前儿童的兴趣。

（1）教师引导：今天老师给大家带来了一张画像，请你们来猜一猜他是谁？

（2）教师出示图片，请学前儿童猜一猜。学前儿童根据日常经验做出回答。

（3）教师引导：刘翔叔叔是我国非常有名的田径运动员，那张图片跟你们平时看到的刘翔叔叔的图片有什么不一样的地方呢？我看见有小朋友一直在笑，你们为什么笑呢？

（4）教师引导学前儿童观察比较漫画中的刘翔与正常图片中的刘翔的区别，并请其大胆地说出自己的发现。

（5）教师结合学前儿童的回答，总结漫画的特点：这张画中的刘翔叔叔虽然跟我们平时见到的不太一样，但看起来还是很像刘翔叔叔。这种奇特的画叫作漫画，漫画就是用简练而且夸张、有趣的方法来画我们周围的人和物。而且，我们看了漫画之后，多会大笑，很开心。

2. 教师接着出示几幅漫画，请学前儿童讨论，说一说画面中的人物形象。以此让学前儿童进一步理解漫画的特征。

3. 师幼游戏。

（1）教师引导：老师给每一位小朋友一面小镜子，请小朋友看看镜子里的自己，想想如果把镜子里的自己也用漫画的形式画出来，应该怎么画呢？

（2）学前儿童相互讨论。

（3）教师以给自己画头像为例，演示、讲解漫画的画法。

4. 以"猜猜他是谁"的游戏，点评学前儿童作品，总结漫画的表现方法。

教师将学前儿童画的漫画头像收集在一起，让学前儿童以抢答的方式说出画中是谁，以此帮助学前儿童掌握漫画的特征，也进一步感受漫画的趣味。

活动评析

在整个活动中，教师用游戏贯穿始终，以"猜猜他是谁"导入，引出了漫画这一主题，通过对比欣赏，师幼共同总结出漫画的特点；再用"照镜子"的方式，激发学前儿童参与创作的兴趣。在整个过程中，教师的问题也紧扣主题，层次分明，能充分调动学前儿童参与美术活动的积极性。

三、提问法

提问法是指教师根据学前儿童已有的知识经验，向其提出问题，引导其思考或讨论，并通过适宜的互动，使其获得新知识。教师根据画面的内容，提出一些开放性问题，引导学前儿童观察画面。在运用提问法时，教师不仅要注意提出合适的问题，还必须重视学前儿童的回答，鼓励其说出与别人不同的感受。提问是一门艺术，也是一种技巧。在引导学前儿童进行美术创作时，教师提问的内容应抓住关键，启发思维，激活经验，这样学前儿童才能在教师的提问中受到启发与激励，才能创造出丰富的艺术形象。

（一）抓住关键点提问

根据美术作品的特点和构成，教师提问的关键内容一般可以分为 3 类。第一类是美术作品的形式分析，包括美术作品的造型、色彩、构图等。例如，欣赏青花瓷盘的颜色特征、花纹排列等。第二类是美术作品内容的分析，包括艺术家的意图、美术作品中的情节等。例如，欣赏作品《辞行出征的战士》时，教师可提问："这幅作品画的什么人？"第三类是对美术作品的联想。例如，欣赏名画《盲女》时，教师可提问："画面中的人是谁？她们坐在这里干什么？""盲人姐姐能感受到周围美丽的景色吗？从哪里可以看出来？""你们对这幅画有什么感受？"教师在引导学前儿童对其进行欣赏前，应对美术作品有一个比较全面深入的了解，只有把握了欣赏对象的突出艺术特点，才能抓住其关键点进行提问，才能有效增强学前儿童的审美能力，并辅助其后续的创作。

（二）通过提问启发学前儿童思考

学前儿童审美过程一般可以分为 4 个阶段：审美注意阶段、审美感受阶段、体验作品情感阶段、审美判断阶段。审美注意阶段也就是描述阶段。教师提问就是引导学前儿童来描述欣赏对象，如问"看到了什么？"这样的问题，基本适合审美注意阶段。审美感受阶段对应的是形式分析阶段。在这个阶段，教师可以问色彩、形状、线条方面的问题。在体验作品情感阶段，教师可以尽量问一些"你有什么样的感受"这样的问题，可以引导学前儿童移情。进入审美判断阶段后，教师可以问"你觉得这幅画漂亮吗？""你想不想画一幅画？"等问题。

（三）提问内容应能够激活学前儿童的生活经验

学前儿童的年龄特点决定了其认识事物的特点，只有在生活经验支持下的提问才能引起学前儿童的共鸣。所以，教师要熟悉学前儿童的年龄特点，不断激活其已有经验。例如，教师引导学前儿童绘画"树"的主体时，可以先问"你见过哪些树呢？""你见过的树长什么样子呢？"等问题。

案例 3.3

欣赏活动《花》

活动目标

1. 观察相近线条和圆点之间的排列组合，感受作品呈现出的韵律美。

2. 用喜欢的方式表现点、线之间的结合，表达自己对作品的理解。

活动准备

绘画纸、水粉颜料、棉签、剪刀、胶棒、刮画纸及笔。

活动过程

1. 欣赏作品，感知花的各种形态。

（1）教师引导：小朋友，从这幅画中你看到了什么？它们是什么颜色的？小花开在什么地方？它们是什么颜色的呢？

（2）学前儿童结合观察画面，做出回答。

（3）教师引导：黑色背景上的小花给你什么样的感觉？小花要是开在白色背景上看起来又会是怎么样的呢？教师通过提问引导学前儿童把握色彩的强烈对比可以使画面看起来更生动，更有立体感。

2. 引导学前儿童感受画面中线条的运用。

（1）教师重点引导学前儿童观察画面中的花是如何表现的，先引导学前儿童观察花的画法及结构，提示学前儿童画面中线条的对比关系，它们有长有短、有密有疏。

（2）教师引导学前儿童猜想不同的花在做什么，从而使其进一步感受线与面的疏密关系，体会整个画面的空间感。

3. 讨论对作品的整体感觉。

（1）教师点明作品的名字是《花》，作者是吴冠中爷爷，他是我国非常有名的画家。

（2）教师引导：你们觉得吴爷爷为什么要画这样一幅画？他在画画的时候心情是怎样的？为什么？你们平时都见过什么花？

（3）教师结合学前儿童的回答，重点提示花有各种各样的颜色，生长的地方也不一样；有的花生长在明亮的地方，有的花生长在阴暗的地方等。

（4）教师追问：你们都是什么时候看见这些花的？小花都在做什么？鼓励学前儿童大胆作答。

4. 创作体验过程。

（1）教师引导：我们也来用这种简单的方法画一幅我们见过的小花吧；老师为你们准备了绘画纸和刮画纸，你们可以选择一种进行创作；画完之后，你们还要告诉老师，你的小花在干什么。

（2）教师分发材料，巡回指导。

5. 评价作品。

（1）学前儿童先进行同伴互评，再说一说自己最喜欢哪幅作品，为什么？

（2）教师总结，重点总结作品的线条有疏密、长短的变化，可以体现一定的空间层次感；作品的色块、色点大小有变化，色彩统一和谐。

活动评析

小班的学前儿童美术欣赏活动侧重于对作品的感知和体验。在活动过程中，教师通过提问让学前儿童重点感受点、线之间的疏密关系，体会画面所带来的空间感，是比较适宜的。教师通过创设游戏情景，让学前儿童亲身体验参与，感受空间位置的远近亲疏关系，此举比较切合小班学前儿童的学习特点。在最后的创作环节，教师为学前儿童准备了较为丰富的操作工具和材料，满足了不同发展水平学前儿童的需要，为其创设了良好的绘画氛围，提供了自由表现的空间。

四、比较法

比较法是指教师通过对作品表现手法、表现形式及表现风格的比较，增强学前儿童对作品形式审美的理解能力。也就是说，在进行美术作品欣赏时，教师可以就同一主题的不同表现手法、同一画家的不同绘画作品或同一画家在不同时期的作品等，引导学前儿童仔细观赏，认真比较，找出差异，加深理解。例如，同样是画马，徐悲鸿的水墨画《奔马》和马克的油画《蓝马》，在造型、设色、构图、表现手法等方面截然不同，会给学前儿童以不同的视觉感受。通过同类作品的比较，学前儿童能够感受到不同表现手法所带来的视觉效果。通过同类作品的比较，学前儿童能在一系列具体直观的观察比较中得出正确结论，并能够积极参与美术欣赏活动，主动去理解、去体会、去感知美术作品的审美特色，逐步增强自己的审美能力。教师在运用比较法时应注意以下两点：一是在选择作品时，作品的对比特征要鲜明；二是在展示作品时，要考虑展示作品的顺序。

案例 3.4

欣赏活动《快乐与忧伤》

活动目标

1. 感受作品表达的快乐和忧伤这两种不同的情感。

2. 初步了解用不同的线条和色彩表现情感信息的方法。

3. 能大胆尝试用不同的肢体语言、不同的绘画线条和色彩等来表达自己的审美感受。

活动准备

名画《梦》和《哭泣的女子》的图片；不同形状的纸、各种颜色的纸、黑色粗水笔；忧伤音频和欢快音频各一个。

活动过程

1. 欣赏名画《梦》。

（1）教师出示名画《梦》的图片，引导学前儿童初步感受作品表达的快乐情感并讨论。

（2）教师结合讨论结果，引导学前儿童观察作品中人体、人物与背景的明暗以及色彩关系，引导学前儿童观察作品中人物的神情和姿态，从而使其获得作品传递的快乐、舒适的情感信息。

（3）教师启发学前儿童的艺术通感，通过诗歌、音乐等形式加深对作品中表达的情感的印象和感受。

2. 对比欣赏名画《梦》和《哭泣的女子》。

（1）教师引导学前儿童感受作品《哭泣的女子》表达的忧伤情感，重点讨论《梦》和《哭泣的女子》这两幅画中不同的线条传递出的不同情感信息。

（2）教师重点引导学前儿童发现《哭泣的女子》中使用了大量的斜线、交叉线和尖锐的折线，体验这些线条和尖角在视觉和心理上带给人的痛苦、割裂的感觉。

（3）教师结合音频，启发学前儿童用肢体语言表达忧伤的感觉。

（4）教师结合学前儿童表现，适时小结。

3. 学前儿童自由选择形状、色彩不同的纸张，尝试用曲线或折线等表达快乐和忧伤的感觉。

4. 点评作品：请学前儿童把自己的作品分别放在相应的名画前，和名画比一比线条，相互评议、交流。

活动评析

在活动过程中，教师通过两幅作品的对比，通过谈话、游戏等形式，结合音乐、肢体语言等手段，调动学前儿童的各种感官，使其深入地参与到活动中。

五、讲解法

讲解法是指教师用生动而具有启发性的语言对欣赏内容进行讲解。教师可以清楚正确地评价作品，引导学前儿童产生正确的审美观，对学前儿童认识美、评价美具有示范性作用。在运用讲解法时，教师应引导学前儿童仔细观察画面或景物，体会自然美、艺术美或生活美；教师的讲解应具体形象、抑扬顿挫，以激发学前儿童欣赏的兴趣，提高其欣赏的积极性，并有助于其结合自己已有的知识经验，对美术作品展开丰富的联想。

教师用语言进行分析讲解，可以使学前儿童深入清晰地了解事物的特征，从而进行完整的构思。语言提示在学前儿童对事物的感知、保持和再现上具有很重要的作用。学前儿童所创造形象的完整与否、深入和生动程度与教师的语言提示有密切的关系。

教师的语言分析要起到以下几个方面的作用。

1. 启发认识

教师应用语言分析事物的主要部分、特征及其内在联系，使学前儿童头脑中产生关于该事物的概括性的认识。

2. 阐明联系

教师应用语言阐明事物形象与其他事物的联系，加深学前儿童对该事物形象的认识。

3. 艺术感染

教师应用艺术化的语言感染学前儿童，增强其感知事物美感的能力，唤起其记忆仓库中的表象。例如，学前儿童在听童话、诗歌时能产生更鲜明的视觉形象，清晰地想象所要描绘的事物。

案例 3.5

欣赏活动《奔腾的河流》

活动目标

1. 观察画面的浓烈色彩，感受画面中冷暖色调对比构成的秋日之美。

2. 尝试运用冷暖色调对比的方法创作秋天的图画。

活动准备

油画棒、丙烯颜料、图画纸、毛笔、手工纸等。

活动过程

1. 观察画面，初步感受。

（1）教师引导：小朋友，在这幅画上你都看到了什么？它们都在哪儿？是什么颜色？

（2）学前儿童根据观察作答，初步了解作品内容，感受画面表现的秋日景色。

2. 感受画面冷暖对比色调形成的视觉冲击。

（1）教师引导：树、草都用了什么颜色？是怎么画出来的？河水是什么颜色？各部分颜色深浅一致吗？

（2）学前儿童自由讨论，教师适时总结，帮助学前儿童注意画面色调的变化。

（3）教师追问：秋天的树和草的颜色给你什么感觉？河水的颜色给你什么感觉？

（4）教师引导学前儿童说出"温暖""冰冷"等词语，从而帮助学前儿童把握冷色调与暖色调的区别，感受对比色调带来的视觉效果。

3. 深入感受、理解画面色彩。

（1）教师引导：大面积的橘红色、黄色的运用让你有什么感受？蓝色的运用让你有什么感受？

（2）教师鼓励学前儿童结合前期经验大胆地说出自己的感受，例如"快乐""温暖""丰富""醒目""清凉""干净"等，从而感知作品利用明亮、浓烈的色彩所表现出的秋日之美。

4. 分组创作。

（1）教师提供操作材料，鼓励学前儿童进行个性化的创作。

（2）在学前儿童创作的过程中，教师重点指导学前儿童进行冷暖色调的配合使用，鼓励学前儿童大胆地表现自己对秋天的理解。

5. 作品点评。

（1）教师请学前儿童说一说自己喜欢的作品，并说明理由。

（2）教师进行小结，重点关注作品色彩的丰富程度、冷暖色的使用情况。

活动评析

本活动目标准确，操作性强，为活动过程指明了方向。在活动过程中，教师讲解生动，能充分结合学前儿童的生活经验。教师用词准确丰富，为学前儿童讲解了对比色的定义，为学前儿童进一步理解对比色奠定了基础。

六、体验法

体验法是教师根据美术欣赏活动的需要，为学前儿童精心选择和设计与欣赏对象有关的环境、情境，指导其开展相关的操作活动，以丰富学前儿童的感性经验和审美情感，提高其审美的主动性、积极性和创造性的一种方法。体验法有利于学前儿童带有情感地投入欣赏活动中，使审美活动更生动有趣，审美体验更深刻。

体验法可以用在欣赏活动前，教师可以通过参观、游览等形式使学前儿童积累相关的感性经验和审美情感；体验法也可以用在欣赏活动中，教师可以选择一些与欣赏对象有关或能加强其感染力的音乐、诗歌、故事，运用各种媒介再现或创设具有情绪色彩的具体生动的形象或场景，特别是利用多媒体技术所创设的声画并茂、视听结合、动静相接、感染力强的欣赏情境，使学前儿童有身临其境之感，有效激发其欣赏的兴趣和情感，增强其审美感受力、理解力和想象力，使其获得愉悦的欣赏体验；体验法还可以用在欣赏活动后，教师可以设计相关的创作活动，引导学前儿童迁移、尝试艺术家的创作方式和表现手法，激发其潜在的艺术创造力。

案例 3.6

欣赏活动《国王的悲伤——马蒂斯》

活动目标

1. 感知作品利用色块与线条的搭配所表现出的人物形态，以及鲜艳的背景色块给作品带来的视觉冲击。

2. 尝试使用马蒂斯的艺术表现手法创作剪纸作品。

活动准备

1. 环境创设：在班级中放置画家马蒂斯的作品；为学前儿童创造宽松的作画环境，准备一段小提琴音乐。

2. 经验准备：认识各种作画的工具和材料，并能正确使用。

3. 物质准备：各色彩纸、深色卡纸、剪刀、胶棒，作品《国王的忧伤》以及多媒体课件。

活动过程

1. 课件导入，初步感知作品的主体内容。

（1）教师呈现课件，出现弹琴的人时提问：你在这幅画中看到了什么？它们是什么颜色的？

（2）学前儿童根据观察作答。

（3）教师追问：这幅画主要是由线条组成的，还是由色块组成的？你觉得画家想表现的是什么？

（4）学前儿童自由作答，并模仿画中弹琴的人的动作。

（5）教师依次呈现鼓掌的人、跳舞的人的课件，提示学前儿童观察其中的颜色、色块以及人的动作，鼓励学前儿童大胆表达，并模仿人物的动作。

（6）教师呈现3个人的课件，并提问：你觉得他们在干什么？他们的心情怎么样？

（7）学前儿童结合经验进行想象，可能回答"很开心""开舞会"等词。

（8）教师在画面中添加叶子，提问学前儿童：现在除了3个人，你还看到了什么？它是什么颜色的？它是色块，还是线条？

（9）学前儿童进行观察并作答。

2. 利用课件展示作品中的背景，引导学前儿童通过对比感知背景中的鲜艳色块给作品带来的视觉冲击。

（1）教师引导学前儿童感知作品背景的鲜艳、绚丽。

（2）教师利用课件将白色背景下的主体形象的图片和有背景色的原作图片进行对比，引导学前儿童进行感知，体验视觉冲击。

（3）教师整体展示马蒂斯的作品，并进行创作方法的介绍：这幅作品是马蒂斯创作的，它的名字叫作《国王的悲伤》，是用剪贴的方法创作的。

（4）教师引导学前儿童猜猜画面上谁是国王，作者是怎么表现他的悲伤的？

（5）教师引导学前儿童关注作品的创作方法，请学前儿童先讲述，教师再做补充。

3. 分组创作体验，教师指导。

（1）教师引导：让我们也用马蒂斯的方法创作一幅有人物的剪纸画作品吧。

（2）教师重点提示学前儿童要把背景的颜色和主要表现的东西的颜色区分开来，并鼓励学前儿童思考：想想你要创作一幅什么内容的作品？你的作品中有几个人物？他们都是什么颜色的？你的背景用什么颜色？怎么搭配？最跳跃的颜色是什么？

（3）教师分发操作材料，学前儿童开始创作，教师适时指导。

4. 作品点评。

学前儿童先互相评价，重点评一评哪幅作品的色彩最鲜艳，搭配得最好看。

活动评析

本次活动的准备工作非常细致，教师通过一系列的课件，帮助学前儿童排除干扰，深入欣赏、分析作品。整个活动层次分明，逐步深入，其中关于作品中人物的动作、形态等，教师请学前儿童进行模仿体验，从而使学前儿童感受作品的情感基调。同时，教师的提问紧扣目标，能较好地激发学前儿童参与活动的积极性。

第三节　学前儿童美术欣赏活动的设计与实施

一、学前儿童美术欣赏活动目标的制订

（一）学前儿童美术欣赏活动的总目标

《纲要（试行）》规定了幼儿园艺术教育的总目标，它是确定其他层次目标的依据，是幼儿园美术教育活动目标最概括的表述。幼儿园艺术教育的总目标如下。

（1）能初步感受并喜爱环境、生活和艺术中的美。

（2）喜欢参加艺术活动，并能大胆地表现自己的情感和体验。

（3）能用自己喜欢的方式进行艺术表现活动。

幼儿园艺术领域的目标规定了学前儿童在幼儿园阶段应培养审美感知、审美情感和审美创作等基本能力。为达到这一目标，《纲要（试行）》对幼儿园艺术领域内容与要求进行了具体的规定。

（1）引导幼儿接触周围环境和生活中美好的人、事、物，丰富他们的感性经验和审美情趣，激发他们表现美、创造美的情趣。

（2）在艺术活动中面向全体幼儿，要针对他们的不同特点和需要，让每个幼儿都得到美的熏陶和培养。对有艺术天赋的幼儿要注意发展他们的艺术潜能。

（3）提供自由表现的机会，鼓励幼儿用不同艺术形式大胆地表达自己的情感、理解和想象，尊重每个幼儿的想法和创造，肯定和接纳他们独特的审美感受和表现方式，分享他们创造的快乐。

（4）在支持、鼓励幼儿积极参加各种艺术活动并大胆表现的同时，帮助他们提高表现的技能和能力。

（5）指导幼儿利用身边的物品或废旧材料制作玩具、手工艺品等来美化自己的生活或开展其他活动。

（6）为幼儿创设展示自己作品的条件，引导幼儿相互交流、相互欣赏、共同提高。

（二）学前儿童各年龄阶段美术欣赏活动目标

1. 小班（3～4岁）美术欣赏活动目标

（1）认知目标

能够从自然景物、美术作品中能享受视觉艺术的美。

（2）情感目标

喜欢观看、欣赏美术作品。

对美术作品、图书中的各种形象感兴趣。

初步体验美术作品中具有不同"性格"的线条，通过欣赏教师及同伴的美术作品培养欣赏的兴趣。

（3）技能目标

初步学会运用线条表现力度感、节奏感。

（4）创造目标

初步运用动作、表情等表达自己欣赏后的感受。

2．中班（4～5岁）美术欣赏活动目标

（1）认知目标

通过欣赏美术作品，了解美术作品的主题和基本内容。

（2）情感目标

能体验美术作品中的线条、形状、色彩、质地等的不同。

通过欣赏美术作品，产生与美术作品相一致的感受。

（3）技能目标

感受美术作品中的色彩变化及相互关系。

感受美术作品中形象的鲜明性和象征性，并体验其情感。

感受美术作品的构成，体验美术作品所表现出的对称、均衡、节奏等形式美的特征。

（4）创造目标

通过欣赏美术作品，说出自己喜爱或不喜爱某美术作品的理由，并对该美术作品做简单的评价。

3．大班（5～6岁）美术欣赏活动目标

（1）认知目标

通过欣赏美术作品，了解美术作品的形状、色彩、结构等美术要素。

了解美术作品的表现手法、艺术风格和创作意图。

（2）情感目标

喜欢各种不同风格的美术作品。

（3）技能目标

能感受美术作品中的色调、色彩之间关系的变化。

能感受美术作品中形象的象征性和寓意性。

能感受美术作品中的形式美。

（4）创造目标

在欣赏和评价他人的美术作品时，能讲述自己独特的观点。

（三）学前儿童美术欣赏的活动目标

《纲要（试行）》对艺术领域内学前儿童对美的感受和欣赏能力的教学要求作出了明确的规定："引导幼儿接触周围环境和生活中美好的人、事、物，丰富他们的感性经验和审美情趣，激发他们表现美、创造美的情趣。"《指南》根据学前儿童感受与欣赏美的特点，把"感受与欣赏"能力发展与培养目标划分为感受和欣赏两个部分，每个部分的发展指标按小班、中班、大班对应的3个年龄阶段进行描述，具体内容如下。

1. 感受部分

学前儿童喜欢自然界与生活中美的事物，喜欢观看花草树木、日月星空等大自然中美的事物（3～4岁），在欣赏自然界和生活中美的事物时关注其色彩、形态等特征（4～5岁），乐于收集美的物品或向别人介绍所发现的美的事物（5～6岁）。

2. 欣赏部分

学前儿童喜欢欣赏多种多样的艺术形式和美术作品，乐于观看绘画、泥塑或其他艺术形式的美术作品（3～4岁），欣赏美术作品时会产生相应的联想和情绪反应（4～5岁），愿意和别人分享、交流自己喜爱的美术作品和美感体验（5～6岁）。

教师要根据学前儿童美术欣赏活动的总目标和各年龄阶段美术欣赏活动目标，以及学前儿童"感受与欣赏"能力发展的特点，并结合活动具体内容制订具体的美术欣赏活动目标。具体的美术欣赏活动目标一方面应能够预示活动的结果，另一方面应对学前儿童提出具体的活动要求。教师在设计具体的美术欣赏活动目标时应从以下几个方面入手。

1. 活动目标要着眼于学前儿童的发展

制订具体的活动方案目标时，教师要详细了解学前儿童的实际水平，根据班级和学前儿童的实际情况制订相应的活动目标，以确保活动顺利进行，使学前儿童在活动中得到发展。

2. 活动目标要注意整合性

活动目标的整合性主要表现为4个方面。一是具体的美术欣赏活动目标与学前儿童美术欣赏活动的总目标和各年龄阶段美术欣赏活动目标的整合。学前儿童美术欣赏活动的总目标和各年龄阶段美术欣赏活动目标是教师制订具体的美术欣赏活动目标的指南。教师在制订具体的美术欣赏活动目标时，一定要注意将其与相应领域的上层目标相整合。二是具体的美术欣赏活动目标应当从认知感受、技能与创作操作、情感体验等几个层面完整地阐述。虽然具体的活动内容可能侧重于某个层面，但综合多次活动时应完整体现上述几个层面目标的达成。三是制订具体的美术欣赏活动目标要兼顾美术与其他教育领域的整合。四是制订具体的美术欣赏活动目标要与学前儿童绘画等其他美术活动相结合。任何一项活动都不是单一技能与能力的训练，学前儿童的身心发展正是在不断的实践与操作中综合发展起来的。因此，教师在制订具体的美术欣赏活动目标时，要考虑学前儿童的实际情况和活动内容的特点，并注意将其与其他教育领域进行整合，促进学前儿童全面发展。

3. 活动目标要明确、具体、适度、可操作

在具体的美术欣赏活动中，教师要关注学前儿童可以学习到什么经验，学前儿童在活动过程中会有什么样的积极体验，学前儿童如何进行创造性的表达等问题。教师要深入挖掘活动内容的价值，制订出明确、具体、适度、可操作的活动目标。活动目标越详细、越具体，其可操作性就越强。

4. 活动目标应从学前儿童发展的角度来表述

在制订或撰写活动目标时，教师应采用不带主语的动宾结构。例如，"感受什么……"，这句话的主语无疑是学前儿童，属于"发展目标"，是从学前儿童发展的角度来表述的；如果是以教师为主语则为"教育目标"，如"教师引导学前儿童……"，则学前儿童的活动主体地位不够突出。所以，教师在制订活动目标时最好从学前儿童的角度进行阐述，以突出学前儿童是美术欣赏活动的主体。采用

动宾结构的表述方式，语句凝练生动，富有号召力。

案例 3.7

活动目标

1. 观察图 3-34 中表现的生活情趣，感受乡村生活的乐趣。

2. 感受作品的构图方式产生的动态美。

欣赏活动《芦塘竞渡》

图3-34　芦塘竞渡

活动过程

1. 引导学前儿童欣赏画面内容。

（1）教师重点引导学前儿童认识画面内容、感受画面中水牛和人物的位置，引导其欣赏国画的构图方式。

（2）教师提问：在这幅画中，你感觉他们在干什么？你能感受到水的存在吗？为什么？

（3）教师提示学前儿童对画面中的人、物进行观察。

（4）教师提问：画面中的人、物的位置设计得好吗？为什么？这样的构图给你什么感觉？

（5）教师进一步引导学前儿童关注画面的构图方式，并发表自己的看法。

2. 引导学前儿童感受作品中构图产生的动态美。

（1）教师重点引导学前儿童欣赏画面中人物和动物的动态、表情。

（2）教师提问：我们看到画面中有两个小孩子在芦塘里玩耍，你感觉他们是好朋友吗？他们的心情是怎样的呢？

（3）教师鼓励学前儿童认真观察，联系生活经验，发表自己的看法。

（4）教师再提问：两头水牛又是什么状态？你还能想象一下，天气是怎样的呢？芦塘边还有其他的景物吗？

（5）教师鼓励学前儿童进一步想象。

3. 学前儿童进行创作。

（1）教师引导：请孩子们使用画家的构图方式，用毛笔画一幅夏天的芦塘景色吧。教师鼓励学前儿童创作自己的作品。

（2）在学前儿童进行创作时，教师提示学前儿童注意国画的留白意境，其构图有别于其他绘画风格。

4. 作品赏析。

（1）学前儿童欣赏相关作品，并说出自己的想法。

（2）教师结合作品情况进行总结。

活动评析

案例中，活动目标是从学前儿童发展的角度来表述的，体现出了学前儿童是活动主体的理念；活动目标的设定主要参考了两个方面：一是欣赏对象本身的特点，欣赏对象富有童趣，能很好地调动学前儿童的兴趣；二是大班的学前儿童现有的发展水平，他们能够欣赏此类作品，并能有很好地理解。基于以上两点，教师设定了较为恰当的活动目标，为接下来活动的实施指明了方向。

二、学前儿童美术欣赏活动教案的撰写

活动教案指各个具体的单位活动计划，它直接关系到美术教育任务的落实。活动教案的设计要因人而异，因活动而异。有经验的教师对活动环节掌握熟练，语言运用自如，可以集中精力考虑活动的主要目的、重要环节和一些关键材料。具体到每一个活动教案的撰写，主要包括确定活动课题、制订活动目标、活动准备、设计活动过程。

（一）确定活动课题

确定活动课题的原则主要是符合学前儿童的需要和发展。《纲要（试行）》指出：教育活动内容的选择应遵照《纲要（试行）》第二部分的有关条款进行，同时体现以下原则。

（1）既适合幼儿的现有水平，又有一定的挑战性。

（2）既符合幼儿的现实需要，又有利于其长远发展。

（3）既贴近幼儿的生活来选择幼儿感兴趣的事物和问题，又有助于丰富和拓展幼儿的经验和视野。

在确定活动课题的过程中教师需要灵活机智和大胆创新，选取既新颖又受学前儿童欢迎的内容，这是活动具有成效的关键。

（二）制订活动目标

活动目标能够引领教师有效地设计活动环节，避免盲目性，并能确保活动的实效性。教师在制订具体的美术欣赏活动目标时，要注意以下几个方面的问题。

1. 制订活动目标要确定主要依据

制订活动目标的主要依据包括3个。

（1）《纲要（试行）》和《指南》中关于幼儿艺术教育领域的目标。

（2）本班幼儿美术能力的发展水平，并结合各年龄阶段幼儿的美术能力发展特征。

（3）美术欣赏以及幼儿欣赏本身的领域内容的特点。

2. 以科学的方式表述活动目标

活动目标一般可以从引导学前儿童认知、感受与体验审美，创作表现的技能方法与表达方式，行为、习惯、情感、态度的体验与培养等几个方面进行表述。重要的是根据具体的活动内容制订学前儿童适宜达到的活动目标。活动目标的表达方式要遵循"以幼儿为主体"的原则，做到语言凝练生动、富有号召力，采用"动宾结构"表达是不错的选择。

（三）活动准备

活动准备包括经验准备和材料准备。学前儿童完成美术欣赏内容需具备一定的经验。教师要充分了解学前儿童来自认知感受、技能操作、心理体验、情感态度等多方面的经验，这也是教师确定活动内容的重要依据。

一般情况下，教师要在活动开始之前布置学前儿童的经验准备内容。材料准备就是准备进行此项美术欣赏活动所需的各种工具和材料，一部分是教师使用的教具，另一部分是学前儿童的操作材料。教师使用的教具一般包括用来演示的图片、实物、视频等资料，还有用来做示范的纸、笔、颜料等工具和材料。教师需要准备充足的纸、笔、颜料和多种辅助工具和材料，供学前儿童在活动中自由取用；需要使用比较特殊的材料时，教师可以请家长帮助学前儿童准备。

另外，活动目标制订出来以后，教师要反复熟悉。特别是活动目标中涉及的欣赏知识或技巧，教师要事先练习，体会其中的重点和难点，以便有针对性地对学前儿童进行示范和指导，还要按照计划将工具和材料准备好，注意适当多准备一些，以备临时需要或损坏时用。由于美术欣赏活动的特殊性，教师有时需要调整学前儿童的座位。学前儿童的座位首先应根据活动类型的需要进行安排。另外，教师要考虑学前儿童观看教师示范是否方便和光线是否充足。除此之外，教师还应把能力不同的学前儿童搭配在一起，使他们互相帮助，取长补短。

（四）设计活动过程

设计活动过程是指教师根据美术欣赏活动的内容和目标，具体设计、安排活动过程。活动过程一般由导入、感受与欣赏、创作体验与指导等阶段组成。这些阶段是紧密连贯且层次逐渐深入的工作过程，在实施过程中，教师要注意问题的顺序性、连贯性、有效性。

在撰写教案的过程中，教师要明确各个阶段提出的问题、需要解决的问题以及解决问题的方式，也就是工作的过程性表达，尤其是启发性问题的提问方式与要求，而且要预知学前儿童的回答，以便进一步深入探究与解决问题，如案例3.8所示。

第一阶段是导入。教师可以根据美术欣赏内容，设计多种多样的导入方式。例如，设置一个情境，激发学前儿童积极参与的兴趣与热情；或是通过多媒体演示相关内容；或是设计有趣的提问；等等。此时，教师的语言与语气非常重要，教师要用学前儿童的语言、语气与其交流，学前儿童才会自愿地接受教师的引导。在整个活动过程中，教师既是引导者，又是学前儿童中的一员，需要与学前儿童一起交流讨论，一起欣赏感受，一起分享体验。

第二阶段是感受与欣赏。在这一阶段，教师用适当的方式引导学前儿童欣赏、感受与体验美术欣赏内容，学前儿童通过观察、体验，吸收和拓展相关经验，积累视觉语言和符号。感受与欣赏阶段主要是帮助学前儿童仔细观察、用心体验，丰富表象经验，以便其将积累的艺术语言、符号体系吸收内化到自己的头脑中，迁移运用到自己的美术创作活动中。

第三阶段是创作体验与指导。在这一阶段，教师根据美术欣赏内容选择与之有关的主题让学前儿童进行创作。学前儿童从所欣赏的美术作品中获得感性的经验，并在创作中进行尝试、表现。学前儿童的创作过程离不开操作材料，教师应为学前儿童准备合适且丰富的操作材料。教师在这一阶段进行指导时，要注意首先提出创作要求，帮助学前儿童进一步明确构思和应用技法；还要创设宽松自由的创作氛围，鼓励学前儿童大胆表现、努力创新。

三、实施美术欣赏活动

考虑到学前儿童的年龄特点和对学前儿童艺术素养全面培养的要求，美术欣赏活动在时间安排上一般每次为 20 ～ 25 分钟，而且美术欣赏活动可以与相应的操作活动相结合，使整个活动有动有静，有视觉体验有操作经验，这样使欣赏带动了创作，创作又反过来加深了欣赏的体验，两者相互促进，相得益彰。

一般来说，一个具有一定结构的幼儿园美术欣赏和创作活动主要包括整体感受、要素识别与形式关系分析、再次整体感受、心理回忆与构思、创作与表现 5 个基本环节。

（一）整体感受

美术欣赏活动是一种给学前儿童以丰富而复杂的心理感受的精神活动。在这种特殊的精神活动中，学前儿童要获得各种各样的心理感受，把认知对象变为情感体验对象。对美术作品留下初步印象，是其进行美术欣赏的第一步。在这一步，教师主要组织学前儿童围绕美术作品进行整体感受，自由地谈论对作品的第一印象或感觉。这时，教师应把学前儿童鲜活的个人体验放在优先位置，顺应其发展的特点，让他们尽可能多地进行直接的描述。这时，教师还要给学前儿童足够的欣赏时间，让他们用简洁的语言说出自己的真实感受。

这一环节的实施要点如下。

一是要选准作品。所谓选准，就是要选择适合学前儿童欣赏水平和心境的作品，还要选择有利于目标达成的作品。例如，在欣赏《小花伞》时，教师在伞的选择方面要考虑到伞的花纹、色彩、造型等要素。

二是要丰富学前儿童的生活经验。例如，在欣赏《小鸟的哺食》时，教师首先要调动学前儿童已有的妈妈爱自己的生活经验，如在生病、饥饿等情况下，妈妈是怎么关心、照顾自己的，否则学前儿童会片面地理解妈妈为自己买玩具、买衣服才是爱自己的表现。

三是要营造一种审美情境。教师要创造与作品情感基调相适应的情景，包括教师的语气、语调、情感态度，周围环境的布置等方面。

四是要正确对待学前儿童对第一印象的表达。学前儿童在欣赏美术作品时，往往会把所看到的、感受到的和体悟到的东西汇集在一起，表现出特定的表情、姿态、动作和声音，出现情不自禁、忘乎所以的状况，思维一下子活跃起来，这是一件好事。教师应支持、鼓励和激发学前儿童的表现欲，给其一定的时间来表达自己的感受，还可以和学前儿童一起做出真实的反应，拉近与其的距离。

（二）要素识别与形式关系分析

学前儿童欣赏美术作品，不仅要获得对美术作品的内容、主题、题材等的认知，还要逐渐养成能透过画面所描述的故事、情节和具体的内容，进一步感知和体验画面形式展示出的习惯和能力。

所谓要素识别，就是指分析要素之间的关系，也就是分析美术作品所表现的美的形式，如造型、色彩、构图及其所表现的对称、均衡、节奏、韵律、统一、变化等形式美的特征。在要素识别环节，教师可以"你看到了什么？"为线索进行提问，引导学前儿童发现美术作品中的点、线、形、色等要素。学前儿童一开始可能会主要偏重于从描绘具体事物或点、线、形、色等要素构成的东西"像什么"的角度来观察和感知美术作品。例如，在欣赏《国王的悲伤》时，学前儿童看到了青蛙、老鼠、树叶、人的手、人的眼睛、小提琴等多种事物，说明学前儿童的想象力丰富、思维非常活跃，但这只是一种日常知觉而非审美知觉。在讨论中，学前儿童还提到"线条"，红、黄、蓝等各种"色块"，各种形状等，这是一些属于形式语言的东西，是造型艺术魅力的本体所在，是美术欣赏活动中教师要着意引导学前儿童把握的内容。

形式关系分析就是指进一步探讨要素与要素之间的关系，开始了解美学意味。在识别了点线、形、色等要素之后，有时甚至在要素识别的过程中，这些要素与要素之间所形成的关系以及它们所表现的情感和蕴涵的意味，自然就会成为学前儿童感受和讨论的主要内容。例如，在欣赏《国王的悲伤》时，学前儿童不仅谈到了作品中树叶的形状和颜色，还发现了树叶的枯黄，特别是树叶所表现出的飘零、无力、下降的意味，与伤心、难过等负面情绪的联系。

这一环节的实施要点如下。

第一，教师不仅自己要对美的形式有一定的理解和欣赏能力，能够掌握形式美的原理，体验作品的意味，而且要用启发诱导性的语言，引导学前儿童反复多次地深入感知、体验作品，让其真正理解这些形式语言与形式美的原理和内涵。

第二，学前儿童对美术欣赏内容的基本艺术语言和形式美的原理的认识也可以经由美术创作来获得。例如，讲解线条的变化，教师可先让学前儿童尝试画出不同动态的线条，再让其欣赏梵高《星月夜》中所用的线条是怎样表现运动的。这种通过自己操作而获得的欣赏经验有助于加深学前儿童对艺术语言与形式美的原理的理解。

（三）再次整体感受

这仍是一次整体感受，它建立在学前儿童对美术作品的各种要素及其美学意味的深切感受和讨论之上。与第一印象相比，此时的感受应该是更深刻和更到位的。在这一环节，教师一般会介绍作品的创作背景，解释作品所蕴含的意义、创作者个人特有的情感表达方式，以及一些约定俗成的具有象征意味的符号含义等。教师也可以通过让学前儿童给作品命名并说出这样命名的理由的方式来进行这一环节，因为学前儿童对作品的命名往往能够反映其对作品的总体感觉，而考虑起名字的理由则能帮助其理清自己的这些感受和思考的过程，这里既有直觉的、感受的东西，也夹杂了理性的、逻辑的东西。

这一环节的实施要点如下。

一是理解美术作品所蕴含的意义。教师必须在整体与部分的辩证运动中理解美术作品所蕴含的意义，通过部分理解整体，再根据整体理解部分，这是一个循环往复的过程。

二是虽然教师对美术作品的意义已有预期，但并不意味着学前儿童必须无条件接受。有些问题并没有统一的标准答案，如《放牛图》中关于季节的问题，《小鸟的哺食》中关于是一天中的什么时候的推断，教师应允许学前儿童有自己的理解，甚至不拘泥于创作者原有的创作意图。此外，教师要鼓励学前儿童根据自己的体验和理解，充分发挥想象力、创造力，发表自己的见解。

（四）心理回忆与构思

学前儿童对已欣赏的美术作品进行心理回忆和对自己将要创作的作品进行讨论、构思，这是承上启下的必要一环。它既是一次美术欣赏活动的结束，也是一次美术创作活动的开始。关于心理回忆，教师可以采取让学前儿童闭上眼睛回忆已经欣赏过的美术作品的视觉意象的方法，以加深其对美术作品的印象和感受。关于构思，教师可以将心理意象和交流讨论结合起来，使其为下一步的创作做好必要的心理准备和铺垫。

这一环节的实施要点是教师要给学前儿童留有一定的心理回忆和构思的时间并有针对性地对其进行提问，而不是流于形式地对其进行提问，如"想好了没有？想好的小朋友可以去画了"这样的提问是不可行的。以《橡树·傍晚》为例，教师可以这样引导学前儿童构思："说一说你的树林是怎么画的？被阳光照射的树干和没有被阳光照射的树干有什么不一样？""你怎么表现它们的区别呢？""笔触是怎样的？"以上提问有助于学前儿童提炼色彩、笔触等关键要素，为学前儿童下一步的创作打下基础。

（五）创作与表现

美术欣赏活动可以是纯欣赏的，也可以在欣赏后安排学前儿童进行创作，这要根据具体的欣赏内容而定。但欣赏后的创作与一般的美术创作稍有不同，它既尊重学前儿童的意愿，给予其充分的自由度，也鼓励其把欣赏的经验结合进来，或学习、借鉴画家的作画方式和表现手法，或用自己的绘画语言描绘作品所表现、传达的情感等。如欣赏康丁斯基的作品《抒情诗》后，学前儿童先听一段音乐，然后用一定的线条和色彩画出自己对音乐的独特感受；欣赏《国王的悲伤》后，学前儿童以色纸剪贴的方式表现快乐婆婆和伤心婆婆的故事等。

这一环节的实施要点是在学前儿童操作时，教师尽可能为其提供多样化的、富有表现力的工具和材料，使其能够自由地运用媒介和材料进行创作。

以上所述的 5 个环节是美术欣赏活动的组织实施过程。在幼儿园美术欣赏活动的具体教育情境中，教师还需要根据具体的欣赏内容和本班学前儿童已有的基础和特点，进行灵活多样的活动设计和组织实施。

四、美术创作活动中的学前儿童美术欣赏

在许多绘画和手工活动开始前，为了帮助学前儿童积累图式、获得表象，教师要带领其进行活动前的观察，这种独特的美术视角的观察，就是一种美术欣赏。

在许多绘画和手工活动中，教师要精心准备范例。这些范例可以是实物、玩具，也可以是图片、范画、样例，选择的范例要形象美观、色彩鲜艳、符合学前儿童的审美要求。学前儿童观察这些范例，实际上就是在进行专门的美术欣赏。

学前儿童需要对自己或同伴的美术创作活动过程进行表述，对自己或同伴的作品进行分析，并在其中得到美的陶冶，因为美术创作活动的评价过程是一种美的欣赏和享受。

当学前儿童的作品或收集来的美术作品、美丽的生活用品等，以展览、环境布置等不同形式展示出来后，学前儿童往往会对其格外喜爱，这种关注其实也是一种美术欣赏。这种美术欣赏是学前儿童不由自主的、发自内心的行为，也是潜移默化的行为。从某种意义上说，它比教师要求学前儿童去

欣赏的效果更好。

（一）手工活动中的学前儿童美术欣赏

学前儿童手工活动涉及的操作材料众多，其操作方式各异。面对全新的操作材料、新颖的艺术表现形式，教师对学前儿童的引导就显得非常重要了。在手工活动中，教师一般会通过欣赏范例的形式，主动讲解、详细演示，帮助学前儿童了解新颖的艺术表达形式，使学前儿童获得新的操作经验。在这一过程中，学前儿童通过观察、聆听、体验，获得了新的操作技能和方法，为接下来的创作环节积累经验。手工活动中的这一环节，是非常典型的美术欣赏环节。

案例 3.8

美工活动《脸谱》

活动目标

1. 初步感受我国传统的京剧艺术，萌发喜爱京剧的情感。

2. 初步感受京剧脸谱鲜明的色彩和对称的图案美。

3. 有创作脸谱的兴趣，体验利用自制脸谱表演的乐趣。

活动准备

京剧片段、京剧脸谱图片若干、用京剧脸谱图片制作的幻灯片、脸谱制作流程图、水粉颜料、油彩颜料、镜子、各种装饰脸谱的小图案、自制白色脸壳若干、装扮用的胡须、头饰、披风等。

活动过程

1. 观看京剧表演，激发兴趣。

（1）教师引导：你们看到的是什么节目？你们还在哪里看到或者听到过这类节目？

（2）学前儿童自由发表自己的看法；教师总结，京剧是我国独有的传统艺术，是我国的国粹。

（3）教师提问：你在脸谱上发现了什么？你看了每种颜色的脸谱之后是什么感觉？

（4）教师引导学前儿童认真观察，大胆地说出自己的发现。

（5）学前儿童发现脸谱上有"宝剑"的图案。

（6）教师鼓励学前儿童想一想，"宝剑"是什么意思？

（7）师幼共同探讨，帮助学前儿童了解脸谱色彩、图案和人物性格的关系，使其感受图案的对称美。

2. 学前儿童自选材料，创作脸谱。

（1）教师引导：孩子们想不想表演京剧？要想表演，就得自己制作脸谱。

（2）教师给学前儿童提供材料，供其选择。

（3）教师将材料分组投放，如将学前儿童分为图案剪贴组、水粉绘画组、油彩创作组等，并贴上相应的制作流程图和京剧脸谱图片。

（4）学前儿童根据图示制作脸谱，教师巡回指导。

3. 作品展示评价。

请学前儿童相互欣赏作品，并说说自己最喜欢哪一幅作品，理由是什么。

4. 师幼共同表演京剧。

请学前儿童拿一张自己的脸谱，跟着音乐，随教师迈着步子进行表演展示。

活动评析

本次活动在选题上真正顺应了学前儿童的需求，目标定位准确，思维清晰到位，注重学前儿童的情感态度。在活动过程中，学前儿童通过前期对京剧艺术的了解，对脸谱的收集，再到欣赏、创作和表演，从感受美到创作美，再到表现美，各个环节一气呵成，非常自然，教师的引导比较恰当。在整个过程中，教师给予学前儿童的限制较少，更多的是鼓励学前儿童大胆想象，师幼共同探讨脸谱的意义；学前儿童自选材料，自己探究制作方法，自我创造，极大地调动了参与活动的积极性。

（二）绘画活动中的学前儿童美术欣赏

学前儿童绘画活动种类繁多，整体归纳来看，主要分为 3 种：命题画、意愿画、装饰画。其中命题画和装饰画，一般需要教师预设活动内容，也就是说，在活动中，教师会提供范画或者可供参考的对象，学前儿童通过观察和教师的引导，积累一定的图式或经验，为接下来的绘画创作打好基础。这一活动环节也属于美术欣赏。

案例 3.9

有趣的指纹画

活动目标

1. 学会用指纹印画，并尝试添画出不同的背景。

2. 大胆想象，创造性地画出不同造型的指纹画。

3. 乐于讲述自己的作品，体验成功的快乐。

活动准备

1. 物质准备：在室内创设指纹画环境，提供指纹画参考书籍、范画、图画纸、印泥、铅笔、彩色铅笔、油画棒、抹布、背景纸等。

2. 经验准备：学前儿童在活动区中欣赏过指纹画，并尝试用指纹印画出简单的造型；掌握用指纹印画、添画的基本方法。

活动过程

1. 以欣赏范画的方式引出活动。

（1）教师引导：老师为大家带来了几幅漂亮的指纹画，你喜欢哪一幅作品？为什么喜欢它？

（2）学前儿童观看范画，可以跟同伴讨论，说一说自己喜欢的作品，为下面的绘画活动引出主题。

2. 教师引导学前儿童掌握指纹画的绘制方法。

（1）教师示范、讲解指纹绘画的绘制方法，重点引导学前儿童用不同的手指印画出物体的不同部位，如用大拇指印画出小刺猬的身体，用小指印画出小刺猬的眼睛等。

（2）学前儿童与同伴讨论范画中的各个部分是由哪个手指印画出的图案，并练习印画，体验手指印画的乐趣，激发创作的积极性。

3. 学前儿童按照自己的意愿，大胆地进行指纹印画活动。

（1）教师引导：请孩子们想一想，如果让你来画一幅指纹画，你想画什么？

（2）学前儿童与同伴讨论，说一说自己的想法。

（3）教师引导学前儿童确定指纹画的主题。

（4）教师请学前儿童按自己的想法构思画面内容并动手创作指纹画。

（5）教师适时对学前儿童提供指导与帮助，重点观察学前儿童对指纹印画技能的掌握情况，看其是否能运用不同手指进行印画；还可以对能力较强的学前儿童提出更高的要求——在印画出主题画面后，大胆添画出与主题相符的背景。

4. 学前儿童讲述自己的作品，体验成功的乐趣。

（1）教师请学前儿童在同伴面前大胆地讲述自己的绘画作品，分享绘画成功的乐趣。

（2）教师及时评价学前儿童的作品，给予其积极的鼓励。

活动延伸：把手指印画的材料放到活动区，供学前儿童练习使用。

活动评析

这个活动方案从目标到环节的设计都比较实际。在活动过程中，教师首先以欣赏范画的方式引起学前儿童学画的兴趣，以示范、尝试的方式讲解指纹画的技巧，并以提问、讨论作为学前儿童创作的开始，鼓励学前儿童大胆发表想法，积极参与活动，高质量地完成师幼互动；然后通过交流，提供背景纸、指纹画参考书籍、图片等来支持、帮助学前儿童完成创作；最后鼓励学前儿童讲述分享自己的作品。尤其是教师非常关注活动中不同能力水平学前儿童的需要，为能力较强的学前儿童设定了难度较高的任务；为添画背景有困难的学前儿童提供背景纸，引导他们进行指纹添画，从而体验成功。此种做法，真正做到了因材施教，值得肯定。另外，活动中材料非常丰富，教师对学前儿童卫生方面的要求应该加强，这一点需要注意。

第四单元
学前儿童绘画活动的设计与实施

【学习目标】

1. 明确学前儿童绘画活动的内容选择。

2. 掌握油画棒画活动、水粉画活动、水墨画活动、线描画活动等几种常见的学前儿童绘画活动的设计与实施技巧。

【学习建议】

学前儿童绘画活动是学前儿童美术教育活动的重要组成部分。本单元的学习重点是分析学前儿童绘画活动的设计和实施。

根据内容设定，学习者可以参考以下学习建议。

1. 结合前面单元的学习，预习本单元内容，明确本单元在知识结构中的位置与作用。

2. 结合参考书籍，提前了解学前儿童绘画能力发展的阶段和特点，为系统学习本单元内容做好铺垫。

3. 本单元包含较为丰富的案例，可结合案例进行内容学习，从而更深入理解和运用本单元知识。

学前儿童绘画活动是教师引导学前儿童使用笔、纸等绘画工具和材料，运用线条、造型、色彩、构图等艺术语言创造出视觉形象，从而表达创作者思想感情的一种教育活动。学前儿童绘画活动是学前儿童美术教育活动的重要组成部分。绘画是学前儿童的一种良好的表现自我的形式。绘画教学对发展学前儿童的感知能力，培养学前儿童的观察力、记忆力、想象力和形象思维能力都有着非常重要的作用。绘画教学能丰富学前儿童的知识，使其掌握绘画的简单技能，并能培养其积极地观察生活、大胆地表现生活的良好习惯。

第一节　学前儿童绘画能力的发展阶段和发展特点

美术的特征和表现方式在学前儿童美术发展的过程中不是一成不变的，而是一个动态的、由简单到复杂、由不分化到分化的发展过程。总体来看，学前儿童绘画能力的发展在很多方面表现出其独特性。

一、学前儿童绘画的发展阶段

学前儿童绘画能力的发展可划分为涂鸦期（1.5～3岁）、象征期（3～5岁）、图式期（5～6.5岁）3个阶段。

（一）涂鸦期（1.5～3岁）

在此阶段，学前儿童的绘画没有明确的表现意图，不讲究造型、色彩和构图，是一种游戏活动。1.5岁左右的学前儿童喜欢到处涂抹，于是其用笔在纸上、书上、墙上等地方画点、画线的涂鸦行为就出现了。这些最初留下的点、线痕迹就是涂鸦画。涂鸦行为实际上是学前儿童的感知觉和动作有了一定的发展与协调之后其对周围环境做出的一种新的探索，是一种新的动作练习。这种练习基本上是一种手臂动作。所以，学前儿童涂鸦的根本特点是没有明确的表现意图，也就是说，学前儿童在涂鸦之前没有预想、没有构思，而是把涂鸦作为一种游戏活动，享受涂鸦动作带来的那种有节奏的主动的"动"的运动快感，以及对纸上、墙上等出现的各种各样的线条的视觉感官满足。学前儿童的涂鸦经历了未分化的涂鸦（1.5 ~ 2 岁）、控制涂鸦（2 ~ 2.5 岁）和命名涂鸦（2.5 ~ 3 岁）3 个发展阶段。

（二）象征期（3 ~ 5 岁）

在此阶段，学前儿童的绘画首先是一种有目的、有意识的绘画活动。从造型上来看，这时的学前儿童常常用所画的图像来表达自己的意象，这种图像仅仅是一种象征的图式。其典型表现就是学前儿童笔下的"蝌蚪人"，即这些图像仅仅是简单的几何图形和线条的组合，是一种实物的替代物，常常只具备物体的最基本形态，多半是粗略的、不完全的，往往会遗漏部分特征，没有整体感，有时结构不合理。从色彩上来看，这时的学前儿童的辨色能力大大增强，对颜色开始表现出自己的喜好，已开始试图用色彩来表达自己的情感，但不太注意整个画面色彩的和谐美。在涂色时，他们常常涂不满轮廓或涂出轮廓。从空间构图上来看，这时的学前儿童在画面上所画形象较多，他们用一种很随机、很偶然的方式，把物体罗列在纸上，把每个物体或每个人都画成单独的形象，而不注意物体间的大小比例，但他们已经开始试图表现物体的空间关系了。

（三）图式期（5 ~ 6.5 岁）

此阶段是学前儿童开始真正地用绘画的方法有目的、有意识地再现周围事物和表现自己经验的时期，也是学前儿童绘画时最充满活力的时期。他们以自我为中心，创造了许多自己独特的绘画方法，并且画法也逐渐稳定下来。

从造型上来看，此阶段的学前儿童喜欢用较为流畅、熟练的线条表现物体的整体形象，并用一些细节来表现物体的基本特征，其结构合理，各部分之间的关系基本正确。

从色彩上来看，此阶段的学前儿童对颜色的认识已日趋精细和完善，注意按照物体的固有色来着色，用色彩来表达情感的能力也有显著的增强。在涂色时，他们不仅能做到均匀地涂，而且能做到不涂出轮廓。

从空间构图上来看，此阶段的学前儿童画中的形象丰富，开始注意物体的大小比例，但还把握不好分寸。有时，他们会夸大感知印象较深的东西，形象与形象之间有一定的联系，基本上能反映主题；出现了基底线的画法，逐渐发展为散点式构图、多层并列式构图和遮挡式构图，使画面看上去有深度感。此阶段的学前儿童在绘画中的表现形式主要有以下 5 种。

1. 拟人化

拟人化指学前儿童把无生命的物体或有生命的动植物画得和人一样，不仅赋予它们生命，而且赋予它们一切人所具有的特点和本领的绘画现象。这种拟人化的表现形式是学前儿童心理发展中泛灵论的反映。此阶段的学前儿童的知觉正处于对自己和经验不加区分，认为一切事物都与自己一样具有相同的心理，认为只有活动着的对象才有生命、有心理（4 ~ 7 岁）。通过这种泛灵论，学前儿童把自己的情感和意识赋予整个世界，使之生命化。同时，学前儿童也觉得自己和它们更亲近，对它们易于理解和交流。但是，学前儿童绘画中的拟人化与成人绘画中的拟人化有着本质的区别，前者是学前儿童心理发展到一定阶段后的自然产物，并非刻意追求；后者却是艺术家们利用学前儿童的泛灵论心理蓄意创造出来的拟人化的形象，其目的在于使学前儿童看了产生亲切感。

2. "透明"画

"透明"画指学前儿童在绘画时，总认为凡是客观存在的东西，都必须把它们画出来，虽然是重叠的两物，但画面上还是互不遮挡，全然不考虑透视的绘画现象。这种透明式的画法，宛如学前儿童的视线像 X 光一样能穿透任何东西，所以也称为"X 光的画法"。

3. 展开式

展开式又称异方向同存式或视点游走式，指学前儿童从不同角度观察到的事物在同一个画面上表现出来的绘画现象，即画中的人物、事物由中心向四周，或上下，或左右展开的画法。"透明"式的画法和展开式的画法是学前儿童心理发展的产物。皮亚杰曾称 2 岁左右的学前儿童发生过一次"哥白尼式的革命"，即学前儿童已获得了客体的永久性——虽然物体看不见、摸不着，但他们仍然知道这个物体是存在的。这种客体的永久性在学前儿童绘画领域中的表现就是"透明"式的画法和展开式的画法。

4. 夸张法

夸张法指学前儿童在绘画中常常不自觉地把自己关心的事物、认为重要的事物画得很仔细、很突出，而对事物的整体或其他没注意到的事物却加以忽视和遗漏的绘画现象。学前儿童绘画中的夸张法与成人绘画中的夸张法有着本质的区别。后者是指艺术家们以现实生活为基础，往往借助想象，抓住描写对象的某些特征加以夸大和强调，以突出反映事物本质特征，加强艺术效果的表现手法；而前者实际上是学前儿童画其所注意、所关心的事物、忽略了其他部分的"顾此失彼"的做法，是对事物的相互关系缺乏比较和认识的表现，是学前儿童的自我中心主义在绘画领域中的表现。

5. 基底线

学前儿童往往会在画纸的底部画一条长长的线条作为地面的标志，把整个画面分成地上和地下两部分，所有地面上的物体都在基底线上排列成一排，表示这些物体处于同一水平高度上。

二、学前儿童绘画的发展特点

（一）图形的选择和组合特点

学前儿童画常由一些图形以一定的方式组合而成。学前儿童画的研究涉及与图形有关的一系列问题：学前儿童在绘画时是如何对图形进行选择的？学前儿童组合这些图形的原则和方法是什么？学前儿童选择某些图形进行某种组合会产生什么样的结果？对这些问题的众多研究中，比较有代表性的是阿恩海姆、凯洛格和布斯的研究。

阿恩海姆的主要研究内容是美术是如何与视知觉和视觉思维联系在一起的。他提出，画并不是将要表达的事物的复制品，而是原事物的等同物，这意味着在画面上出现的东西仅仅包含了原事物的某些性质。学前儿童对图形的选择和安排，主要取决于原事物的"结构"，这些图形表达的是原事物的形式的基本方面。在绘画媒介的限制范围内，学前儿童往往根据简化的原则，经常以某种秩序，反复地运用某一图形，以此作为表达原事物的等同物。凯洛格认为，学前儿童对图形的组织秩序和平衡的追求十分明显。学前儿童在绘画发展过程中所保留并经常重复画的都是一些有良好视觉形象、有秩序、平衡的图形，如同心圆、"太阳"等。布斯感兴趣的是学前儿童所画图案的样式，她通过研究线和点这两种最简单的图形，探索学前儿童如何通过重复、对称、围绕一个中心点旋转等方式将这些最简单的图形"转换"成比较复杂的图形。这些研究为人们理解学前儿童美术作品的特征和表现手法提供了思路。

重复、对称、旋转等是学前儿童组织和安排图形的方式，追求图形的组织秩序和平衡，偏好选择有秩序的和平衡的图形，将简单的图形转换成复杂的图形，将前阶段形成的复杂图形转换成后阶段更复杂的图形的组成部分等，都是学前儿童美术表现的原则和方法。

（二）避免图形的相互重叠或遮盖

学前儿童在画一个事物的时候不能理解在某一空间里既可以画一个图形，又可以画另一个图形。学前儿童认为，每个图形都应该有自己的空间。这样，在绘画时，学前儿童总是尽量避免所画图形之间发生相互重叠或遮盖。随着年龄的增长，儿童逐渐会运用图形间的相互重叠或遮盖来表示深浅、远近关系。学前儿童画一堆苹果，会把相互重叠或遮盖的苹果一个一个地分开画。对于学前儿童来说，画相互重叠或遮盖的苹果，在绘画技能上并不困难，但他们不会采用这样的表现手法。学前儿童画中出现相互重叠或遮盖的图形，并以此表现深度概念时，说明学前儿童绘画表现能力有了增强，这种情况一般要到学龄期才会出现。学前儿童画的苹果常常是单个的苹果。到学龄期，儿童才会以相互重叠或遮盖的方式画苹果。

古德诺等人曾做过这样一个实验：他们给学前儿童一些画，画上画了一节火车车厢，车厢下已画有两个大车轮，它们差不多占据了全部可以画车轮的空间，他们要求学前儿童在画上添画出另一个与两个已有的车轮有同样大小和形状的车轮，将其画在车厢的底下且不可超出车厢的长度。为了实现这样的表现，轮子可以以重叠或遮盖的方式，以两个非整圆的形式画出。可是，学前儿童通常不是这样画的，为了避免图形的重叠，他们要么改变新添车轮的大小或形状，要么打破要求的限制，给车厢添画出额外的部分，很少有学前儿童会用重叠的方式画车轮。图形之间相互重叠或遮盖，是绘画中经常运用的一种方法。在画面中，虽然重叠或被遮盖的图形部分或全部看不见，但是它们并不显得残缺不齐；相反，它们依然保持了原图形的完整性。对于学前儿童来说，运用这种表现手法表现事物还有待于其认知水平的提高。

（三）图形独自的界线

年幼的学前儿童认为，每个事物都应是独立的，在画面上每个图形都有其独自的界线。这时的学前儿童画一堵墙或者一堆苹果，会为每一块砖或者每一个苹果画出各自的界线。随着学前儿童认知水平的提高，他们能理解一根线条能同时被两个图形合用，它可以既是这个图形的界线，又是那个图形的界线。很多学前儿童都醉心于用蜡笔在纸上画天空中的彩虹。例如，年幼的学前儿童常会把各条彩虹线分开来，这不仅因为他们的眼手协调动作没有发育完全，还不能较为准确地运笔，而且因为他们要保证每条彩虹线都有自己的界线。随着学前儿童年龄的增长和认知的发展，学前儿童画的彩虹会一条彩虹线紧挨着另一条彩虹线，达到两条彩虹线共用一条线条的状态。如果学前儿童运用彩色笔以一条彩虹线紧挨着另一条其他颜色的彩虹线的方式画彩虹，这时，两种不同颜色的彩虹线的交界处就成了两条彩虹线共同的界线。

（四）图形的融合

学前儿童所画的各种物体一般都是由椭圆、矩形、三角形和梯形等图形拼搭而成的，各种图形常常清晰可辨。例如，学前儿童将一个圆、一个矩形和 4 条直线组合成一个人物，组成人物的各个图形明晰可辨，基本上都是独立的。随着学前儿童认知的发展和眼手的逐渐协调，学前儿童所画的各个独立图形会出现融合的趋势。学前儿童会勾画出两个或者两个以上图形的外部界线，而图形之间相互结合的部位则融合为一体，图形之间的界线消失了。这种图形与图形的融合使线条具有更强的表现力，图形更具整体感，事物的形象更为生动。学前儿童运用一条轮廓线就可以将动物的躯干、头、颈部和肢体的各个图形勾画出来。由于学前儿童运用轮廓线把动物身体的各个部位融合为一体，所以动物的形象显得栩栩如生。我们可以设想，如果动物全部是由一些半圆、矩形、椭圆、三角形等图形拼组而成，那么动物就会像机器动物一样缺乏生气。运用图形与图形相互融合的方式绘画，既是一种较为高级的思维活动，也是一种需要视觉与动作协调程度较高的活动。学前儿童必须对其所画事物的整体结构特征有较为清晰的认识，把一个复杂的物体看成一个整体，在视觉上较为准确地把握它的外部轮廓线，沿着视觉印象中的轮廓准确地运笔，勾画出复杂的封闭式图形。学前儿童在开始运用这种方式绘画时，落笔会十分稚嫩，但慢慢地他们便逐渐能领会这种方式，使轮廓线变得流畅起来，画面表现事物的准确性也会逐渐提高。

（五）水平—垂直关系的处理

　　学前儿童思维受知觉的限制，只能知觉到事物的某一个方面，而不能知觉到事物的所有方面。在解决问题的时候，学前儿童往往不能从全局出发考虑问题。这一特征常会在学前儿童的美术活动中表现出来，也就是说年幼的学前儿童在绘画时不能运用水平—垂直关系作为稳定的参照构架，而是以局部的垂直关系替代整个画面的水平—垂直关系。例如，学前儿童画道路两侧的房屋，常只以局部道路作为参照，不懂得画面所在的基底线是整个画面中任何事物位置的参照标准，缺乏对整体的水平—垂直关系参照系统的认识。学前儿童在绘画时会将每幢房屋画得局部垂直于道路。同样，学前儿童在画房屋斜顶上的烟囱时，常会将烟囱画得垂直于斜面，于是画面上会出现烟囱歪斜的奇特景象。以局部的垂直关系替代整体的水平—垂直关系参照系统，这是学前儿童在没有建立起水平—垂直关系参照系统前经常采用的方式。例如，学前儿童画一些人坐在马车上，两侧的轮子分别垂直于马车车厢，人垂直于车厢前侧，马垂直于地面，这样的画给成人的感觉是，绘画者是从多个视点在画同一幅画，这种关系是难以成立的，但是对这个年龄阶段的学前儿童而言，他们却能轻松地认识到这是一张反映一匹马拉着一车人在大路上走的画。一旦学前儿童能够运用水平—垂直关系参照系统构图，学前儿童的画就会忠实于它所表现的事物的视觉概念，就会与成人绘画时的构图方式相统一。从以局部的垂直关系替代整体的水平—垂直关系，到能够运用水平—垂直关系参照系统构图，这一发展过程虽说是一种几乎跳跃式的过程，但学前儿童刚开始运用水平—垂直关系参照系统进行构图时似乎还有些呆板和模式化。例如，处于这个过渡阶段的学前儿童所画的人，不管这些人在做什么，其上肢往往都是平举的，形同稻田里的"稻草人"。画面中，人物的躯干、四肢、树木、标牌等，要么是水平线构图，要么是垂直线构图。随着学前儿童认知的发展，他们会逐渐地对自己过多地使用水平线和垂直线的构图表现出不满，试图运用倾斜关系来表现复杂的事物，使构图向更为高级的阶段发展。当学前儿童不仅能够在水平—垂直关系参照系统里运用水平线和垂直线表现事物，而且能熟练地在此系统里运用不同倾斜度的线条表现事物时，学前儿童美术表现的能力就大大增强了。例如，他们不但能用直线和斜线将倾盆大雨和狂风暴雨区分出来，而且能用不同的倾斜度的线条表示风的强烈程度或人在奔跑时的速度。这样，学前儿童美术作品就显得更为逼真，更有表现力。但是学前儿童运用复杂的倾斜关系替代机械的水平—垂直关系表现事物，是需要一个发展过程的。

（六）事物之间关系的处理

学前儿童在美术活动中表现事物与事物之间的关系，比表现某一孤立的事物要困难得多，这就跟学前儿童理解一辆汽车比另一辆汽车开得快要比理解汽车这个物体更为困难一样。年幼的学前儿童常将事物看作独立的个体，他们在纸上画的事物往往是一个个单独存在的，与其他事物缺乏联系，而且还常常飘浮在空中，与地面也没有联系。例如，学前儿童画一个人戴一顶帽子，这顶帽子可以与人的头部没有任何接触，而是飘浮在头顶的空中。

随着认知水平的提高，学前儿童在绘画时开始使一个事物与另一个事物产生联系。在开始阶段，学前儿童是以十分简单的方式处理事物之间的这种关系的。例如，当学前儿童画一个人骑在动物身上或者坐在一张椅子上时，他们只是将所画的人的躯干紧贴着坐骑的背部或者椅面，人的腿"消失"了，人和动物或者人和椅子双边的关系仅仅表现为紧密接触，而又"互不侵犯"。有些学前儿童在处理类似问题时，仍然画出人和动物或者人和椅子双方的完整图形，并且简单地将双方重叠在一起，使它们之间形成一个同属，给人一种动物或者椅子透明的感觉。

（七）动态的表现

年幼的学前儿童在绘画中表现事物的动态不是容易的事。学前儿童在绘画中表现人物的行走和跑步的动态有一个缓慢的发展过程。年幼的学前儿童画的人物，即使是在行走或者跑步，也常以正面直立的方式表现。5～6岁的学前儿童开始能用动态的方式表现人物的行走和跑步的动作，但是这种表现手法仍然是十分简单的，只是将正面直立的人物的下肢的位置画得分开一些，下肢分得越远，表示人物的行走或者跑步的速度越快。

对大量的学前儿童绘画进行分析，我们可以发现，学前儿童很少画侧身的人物，但画了很多侧身的动物。用侧面的方式表现人物的动态活动，是一种较为高级的表现方式，学龄儿童就常使用这一表现方式。与用正面的方式表现人物的行走和奔跑类似，除了所画人物的下肢位置发生变化以外，学前儿童也采用改变人物手臂的位置的方式表示人物行走和跑步的动作，然而与下肢的位置变化相比，上肢的位置变化显得并不是很重要，一般只起"辅助"作用。学前儿童还会画出表示衣服和头发随风飘动以及人物运动的线条，这些线条在实际中并不存在，它只是人们用以表示动态时常用的图形符号，也是常被年龄稍大的学前儿童所运用的表现人物行走或者跑步的一种表现方式。但是，在大多数学前儿童的绘画作品中，尽管所画的四肢、头发、衣服等的位置发生了这样那样的变化，但人物躯干的主轴线始终保持不变，也就是说，它是始终垂直于地面的。

年幼的学前儿童画一个人捡皮球的动作，会使所画的人和皮球尽可能地相互接近，在这种情况下，人是站立着的，皮球还是只在地上；有些学前儿童则用另一种方式表现这一动作，那就是将皮球画在人的手中；还有些学前儿童采用的表现手法是增加所画人物的手臂长度，使之能捡起地上的皮球。这3种表现方式有一个共同特点，那就是学前儿童所画人物的主轴线是垂直于地面的。随着学前儿童认知的发展，学前儿童所画人物的主轴线发生了变化，所画人物的主轴线开始与地面形成一个倾斜的角度。以后，其所画人物的主轴线可能呈现倒"V"形或者倒"U"形。但是，要想在真正意义上表现人捡皮球的动作，所画人物的主轴线通常应该是不规则的，是按照所表现的动作而确定的。学前儿童在画一个人捡地上的皮球的动作时，不管所画人物的主轴线发生了何种变化，都较所画人物的主轴线垂直于地面的表现方式高级。

（八）透视

以学前儿童画立方体为例，年幼的学前儿童只能把三维的立方体画成二维的正方形。以后，他们会用多视点构图的方式尝试画立方体。到了一定的年龄，接受了一定的教学和训练后，他们所画的立方体最终才符合透视规律，成为能理想地表示三维立方体的图形。有研究发现，不同年龄的儿童会运用不同的构图方式，将这些不同的构图方式连贯起来，可以显示儿童掌握透视规律的发展过程：5～6岁的学前儿童会把桌面画成一个矩形，桌面朝外，桌上的东西全都飘浮在空中；7～8岁的学龄儿童会把画面画成近乎一条直线，桌上的东西都画在这条直线之上。运用透视规律进行构图是有难度的，部分学前儿童能够自发学会，不少人由于没有学习过这种方法，即使到了成人期，也无法运用透视法绘画。

（九）色彩

在绘画过程中，最初使学前儿童感到激动和兴奋的是绘画本身，而不是色彩。例如，学前儿童在涂鸦期一般不会对绘画所运用的色彩的选择给予太多的理会，他们或者只是使用单色笔在纸上涂画，或者偶尔交替着使用两种不同颜色的笔重复地涂画。这并不是说那时的学前儿童不懂得色彩，而是说学前儿童所具备的运笔能力占据了核心地位。

有研究表明，2.5～3岁的学前儿童对红色的识别力最强，绿色次之，蓝色较差，总体而言，他们还没有形成色感。女性学前儿童与男性学前儿童在形成色感方面存在差异：女性学前儿童在14个月时就能感受到红色，而男性学前儿童则要迟2个月左右；而最终完成色感的确立，女性儿童是7.5岁，男性儿童是8岁。学前儿童对红色、黄色等波长较长的温暖色比较喜爱，而对蓝色、紫色等波长较短的冷色则不喜爱；对明亮的色彩比较喜爱，而对暗淡的色彩则不喜爱。在一般情况下，学前儿童在绘画时最常选用的是红色、黄色等一些比较鲜艳的颜色，从而使画面显得十分艳丽和醒目。一些研究试图揭示学前儿童选择和运用的色彩与学前儿童情绪情感和人格之间的关系。例如，有人分析了3～4岁的学前儿童的绘画作品，提出色彩与学前儿童的性格有如下的关系：红色表示学前儿童具有表达爱的能力；绿色表示学前儿童具有克制情感的控制能力；黄色表示学前儿童有很强的依赖性；蓝色，尤其是大面积涂抹的蓝色常表明学前儿童内心充满不安和恐惧的情绪；黑色表明学前儿童充满恐惧和忧郁；橙色则显示学前儿童性格较为活泼，适应能力强，但是性格怯懦的学前儿童却常用它表现内心的焦虑不安。这一类研究的结果很不稳定，因而较难被广泛地接受。

三、学前儿童绘画的分阶段目标

绘画作为一种视觉艺术，具有强烈的直观性，对学前儿童有很大的感染力。学前儿童在绘画中所创造的艺术形象既是他们对周围生活环境的反映，又是他们对事物的审美感受和评价。结合《纲要（试行）》和《指南》的要求，各年龄段学前儿童绘画活动目标划分如下。

1. 小班（3～4岁）绘画活动目标

（1）认知目标

① 初步认识绘画的工具和材料。

② 学会辨别红色、黄色、蓝色、绿色、橙色等几种基本的色彩，并能说出它们的名称。

③ 学会辨别和感受直线、曲线、折线及各种线条的变化。

（2）情感目标

对绘画感兴趣，能愉快大胆地作画。

（3）技能目标

① 学会使用蜡笔、水彩笔、棉签等工具进行涂染。

② 能画出直线、曲线、折线，并能表现线条的方向、粗细、疏密。

③ 学会用圆形、正方形、长方形、三角形等简单图形表现物体的轮廓特征。

（4）创造目标

① 能在涂抹过程中把画面涂满。

② 初步学会用图形和线条组合创造各种图式。

2. 中班（4～5岁）绘画活动目标

（1）认知目标

① 能较准确地把握形状的基本结构，理解形状符号的象征意义。

② 认识常见的固有色，并能说出它们的名称。

（2）情感目标

喜欢用自己独特的绘画语言表达自己的想法和感受。

（3）技能目标

① 学会运用图形组合的方法，表现物体的基本部分和主要特征。

② 学会选择与物体相似的颜色，能够初步有目的地设色、配色。

③ 学会围绕主题安排画面，表现物体的上下、左右位置。

（4）创造目标

能大胆地按意愿作画。

3. 大班（5～6岁）绘画活动目标

（1）认知目标

① 认识物体的整体结构和各种空间关系。

② 增强配色意识和对颜色变化的辨析能力。

③ 知道运用不同的绘画工具和材料能表现不同的效果。

（2）情感目标

在安排画面的过程中逐步体会均衡、对称、变化等形式美。

（3）技能目标

① 能较灵活地表现各种人物、动物的动态。

② 能运用对比色、相似色、同种色等多种配色方法，注意色彩的整体感与内容的联系。

③ 能有目的地安排画面，表现一定的情节，并变化使用多种安排画面的方法。

（4）创造目标

① 能将图形融合，尝试用轮廓线创造多种图画，形成自己的图式。

② 能综合运用多种绘画工具和材料进行绘画创作。

第二节　学前儿童绘画活动内容的选择

学前儿童绘画活动的内容与类型多样，学前儿童在不同类型的绘画活动中所表现出的特点各不相同，各类型活动的内容、课题设计也有其各自不同的特点。

学前儿童绘画活动内容的选择受到两大方面因素的影响，一是学前儿童美术教育活动的目标，二是学前儿童的年龄特点与学前儿童绘画的发展规律。教师必须依据学前儿童美术教育活动的目标和学前儿童美术发展的规律与特点选择合适的绘画内容。《纲要（试行）》指出，学前儿童教育活动内容的选择应体现以下原则：一是既适合学前儿童的现有水平，又有一定的挑战性；二是既符合学前儿童的现实需要，又有利于其长远发展；三是既贴近学前儿童的生活来选择学前儿童感兴趣的事物和问题，又有助于拓展学前儿童的经验和视野。《纲要（试行）》还指出，学前儿童教育活动内容的组织应充分考虑学前儿童的学习特点和认知规律，各领域的内容要有机联系，相互渗透，注重综合性、趣味性、活动性，寓教于生活、游戏之中。因此，学前儿童绘画活动内容的选择还应该考虑美术这一领域的特点。

一、学前儿童绘画活动的材料

绘画工具和材料是学前儿童在绘画过程中进行艺术表达的重要媒介和手段。学前儿童在绘画活动中经常使用的绘画工具和材料有蜡笔、油画棒、水彩笔、记号笔、水粉颜料、丙烯颜料、图画纸、彩砂纸、水粉纸、刮画纸等。

（一）蜡笔

蜡笔是一种比较安全的，适合学前儿童涂鸦的工具。它的特点是色彩较淡、线条较粗、无渗透性、附着力强等。它不适用于在光滑的纸板上作画，也无法通过色彩的叠加求得复合的颜色。

（二）油画棒

油画棒也叫油彩粉笔，是一种棒形画材，具有油性足、质地较软、涂色面积大、铺展性好等特点。它的色彩鲜艳、丰富，可以重叠和遮盖，无须进行调色或者混色等准备工作，所以使用起来很方便，可以随时满足学前儿童绘画的需要。

（三）水彩笔

水彩笔的优点是水分足，色彩丰富鲜艳，缺点是水分不均匀，色彩间过渡不太自然，两种颜色比较难以调和在一起，所以一般比较适合学前儿童填充各种轮廓以丰富画面，有时也可用来作为记号笔。

（四）记号笔

记号笔分为油性记号笔和水性记号笔两种类型。记号笔在幼儿园中常用作勾线笔。学前儿童可以根据自己的需要选择笔痕粗细不同的记号笔来勾勒轮廓线。

（五）水粉颜料

水粉颜料是不透明水溶性颜料，具有色彩厚重、覆盖性强等特点，可用于较厚的着色，而且其色彩鲜明，很容易激发学前儿童创作的兴趣。

（六）丙烯颜料

根据稀释程度的不同，学前儿童可以利用丙烯颜料画出淡如水彩或浓如油画般的效果。它干燥后耐水性很强，可以呈现色彩重叠的效果。丙烯颜料很少出现色彩不均匀的现象，使用起来比较方便。

（七）图画纸

图画纸是供学前儿童创作水彩画、铅笔画等的绘图用纸。它的特点是纸质洁白厚实，纸面具有不规则的纹痕、耐摩擦，具有较好的耐水性能，使在画水彩画时，不致有扩散的现象。

（八）彩砂纸

彩砂纸是采用特殊的细水砂纸制作而成的，它质地柔韧细腻，不易折断，成稿后也不易损坏，摩擦力很强，有利于油画棒颜色附着在纸面上，即使反复涂色，画面也不容易变得灰暗。

（九）水粉纸

水粉纸是一种专门用来画水粉画的纸，纸质较厚，吸水性很强，纸面有压痕，而且略显粗糙。

（十）刮画纸

刮画纸一般有底和面两层，覆盖面以黑色等深色系为主，如图4-1所示。其底色则分为不同的单色、迷彩色等。学前儿童借助牙签、竹笔等物体在刮画纸上勾勒线条，就可以形成一幅作品。

图4-1　刮画纸

教师应为学前儿童提供多样化的、富有表现力的工具和材料，使学前儿童能够自由地运用工具和材料进行创作。需要注意的是，工具和材料的多样性固然重要，但并不意味着工具和材料越多越好。提供工具和材料的原则是工具和材料要有表现力，有助于学前儿童的发展。《指南》在5～6岁的学前儿童艺术领域发展指标中明确指出学前儿童应"能用多种工具、材料或不同的表现手法表达自己的感受和想象"。学前儿童能够借助恰当的工具和材料进行艺术创作活动是其思维灵活的表现。学前儿童能用不同的表现方式进行艺术创作活动是其逻辑思维能力在实践中的具体表现。例如，学前儿童会在蜡笔画过的地方涂上水粉颜料，看看会出现怎样的效果；在涂上红色的地方再涂上紫色和绿色，看看会出现什么奇妙的景象；把折好的正方形再对折两次，看看会出现什么形状；等等。恰当合适的工具和材料，有助于促进学前儿童美术能力的发展。

案例 4.1

绘画活动《好玩的合印画》

活动目标

1. 通过观察蝴蝶、飞机等图片，了解事物对称的特点。

2. 尝试用水粉颜料制作合印画。

3. 感受美术创作的乐趣。

活动准备

蝴蝶、飞机等图片，水粉颜料，空白画纸，画有蝴蝶、飞机等轮廓的画纸，抹布等。

活动过程

1. 教师出示各种对称的事物的图片，引导学前儿童发现对称的特点。

2. 教师出示合印画作品，启发学前儿童进行讨论：怎样才能让画面达到对称效果？

3. 教师示范制作合印画的过程：将纸分成两半，在一半纸上刷上水粉颜料，在水粉颜料没干透的时候，将另一半纸对折印上去，打开后即可完成。

4. 学前儿童操作，教师巡回指导。

（1）学前儿童自由选择一种对称的事物，进行合印画制作。

（2）在操作过程中，部分学前儿童不能画出所选事物的轮廓，也无法上色，教师可以建议学前儿童选择已经画好轮廓的画纸，学前儿童只需在轮廓内刷上颜色即可。

5. 作品点评。

（1）请学前儿童说一说自己最喜欢哪幅作品，并说明理由。

（2）教师总结。

活动评析

这个活动准备的材料较为丰富。在这个活动中，教师针对不同绘画水平的学前儿童，准备了空白画纸和画有轮廓的画纸。这一做法较好地保护了学前儿童参与活动的积极性，让不同绘画水平的学前儿童都能得到成功的体验，进而获得相应的发展。

二、学前儿童绘画活动的主要形式

学前儿童的绘画工具和材料十分丰富，所以，绘画形式也是多种多样的。下面具体介绍每种绘画形式中绘画工具和材料的使用方法与指导要点。

（一）彩笔画

彩笔画是学前儿童使用各种彩笔在卡纸、铅画纸或墙上完成的绘画。彩笔画常用的工具和材料有蜡笔、油画棒、彩色铅笔、彩色墨水笔、彩色粉笔等。选择的彩笔的材质不同，绘画效果也就不同。在画彩笔画的过程中，教师主要应引导学前儿童学习握笔、勾线、均匀地涂色等技巧。彩笔画示例如图 4-2 和图 4-3 所示。

图4-2　彩笔画《七星瓢虫》

图4-3　彩笔画《笑眯眯》

（二）水粉画

　　水粉画是用水粉笔蘸取调配好的水粉颜料在水粉纸上完成的绘画。水粉颜料容易调和，学前儿童可以用其调出多种变幻丰富的色彩，而且在涂抹水粉颜料时，不同的涂抹厚度也会对绘画效果产生影响。如果厚厚地涂色，画面就能出现像油画一样具有遮盖力和附着性的效果；如果薄薄地涂色，水粉就可以像水彩那样流畅和滋润。因为效果差异很大，为了使学前儿童感受不同的方法带来的奇妙感觉，在水粉画教学中，教师可以引导学前儿童学习调色、涂色、洗笔等基本方法，以及直接用水粉笔蘸色去涂、抹、勾、点，大胆地进行创作。水粉画示例如图4-4和图4-5所示。

图4-4　水粉画《朋友》

图4-5　水粉画《花》

（三）水墨画

　　水墨画是用毛笔蘸墨水在宣纸上完成的绘画。学前儿童画水墨画的工具和材料主要有笔、墨、纸、砚、国画颜料、画毡等。在水墨画的学习中，学前儿童要学习最基本的执笔、蘸水、调墨、用笔等方法，画出中锋、侧锋等线条，控制墨、色、水的比例，从而能够形成浓淡墨色等。水墨画示例如图4-6和图4-7所示。

图4-6　水墨画《快乐一家》

图4-7　水墨画《春天》

（四）线描画

线描画是单纯用线条完成的画，是学前儿童绘画中最基本的，也是最容易表现的一种绘画形式。用线条画物体，不受光线、色彩的限制，能使学前儿童更自如地认知世界。学前儿童画线描画时使用的工具和材料比较简单，选用不同的工具和材料会产生不同的艺术效果。画线描画常用的硬笔有签字笔、记号笔、彩色铅笔、蜡笔等。学前儿童画线描画常用的纸有新闻纸、复印纸、高丽纸、宣纸、图画纸或各种色纸等。在画线描画的过程中，教师主要应引导学前儿童用线条勾画出物体的基本形体和主要特征。

（五）合印画

合印画是将对折后的纸打开，用笔画蘸颜料在紧靠折痕的一个面上画出物体形象，然后趁颜料未干时，将另一半纸张覆盖在上面，压平后打开，一幅完整的作品就做好了。在合印画的学习过程中，学前儿童要注意掌握颜料的多少与厚薄：颜料太多容易在合印过程中发生流动，影响作品效果；颜料太少则无法完整、清晰地印出另一半形象。此外，在对印和压印的过程中，学前儿童要注意用力适中。

（六）印章画

印章画是一种用印章印制的图画。学前儿童可以在橡皮、肥皂、土豆、萝卜、泡沫塑料等材料上刻出各种图像，如图形、花朵、小动物等，再用取蘸取不同的颜色印在纸上成画，还可以在印章画的基础上用笔进行添画。可以说，印章画是刻、印、画相结合的活动。印章画示例如图4-8所示，印章画作画过程如图4-9所示。

图4-8　印章画《手套》　　　　　图4-9　印章画作画过程

（七）喷洒画

喷洒画是指在一张纸上用树叶、花瓣、玩具、插花片、纸片、线绳等拼摆出各种图案或物体形象，再用牙刷蘸上适量颜料（也可几种颜色交替使用），在木棍、钢丝网上刮刷，让颜料均匀地喷洒在图画纸上，轻轻去放在纸上的物体，纸面上就出现了由彩色雾点勾勒出的图像。在喷洒画的学习过程中，学前儿童主要注意刮刷的技巧，即蘸颜料时应注意用量，刮刷时要用力均匀，以便颜料能均匀地喷洒在纸上。自制喷洒工具如图4-10所示。

图4-10　自制喷洒工具

（八）棉签画

棉签画是用棉签蘸取颜料画成的画。学前儿童用棉签蘸取一种或多种混合颜料，按照一定的轮廓线或者在轮廓内部进行作画。棉签画示例如图 4-11 和图 4-12 所示。

图4-11　棉签画《小树》

图4-12　棉签画《伞》

利用以上各种工具和材料、表现技法来开展绘画活动，能充分激发学前儿童绘画的兴趣，让学前儿童感受各种工具和材料、表现技法的多样性、丰富性。只要教师积极认真地准备，多给学前儿童提供工具和材料，学前儿童就能在各种工具和材料、表现技法的体会和感受中发挥自身的想象力和创造性，创作出丰富的绘画作品，得到美的熏陶。

三、学前儿童绘画活动的题材

绘画题材是创作者创作艺术形象的源泉，具体是指创作者根据创作意图而选取的生活场景或现象。学前儿童绘画活动的题材十分广泛，大多来自学前儿童的生活。学前儿童绘画活动的题材有自然景物、人物、日常用品、动植物、交通工具、建筑物、简单的生活事件以及自己想象中的人、事、物等。学前儿童绘画活动从题材内容上可分为命题画活动、意愿画活动、装饰画活动 3 种类型。

（一）命题画活动

命题画活动又称主题画活动，是指由教师确定集体绘画的主题与要求，学前儿童按照绘画的主题与要求作画。命题画活动是学前儿童绘画活动的一种形式，主要作用在于帮助学前儿童学习绘画的基本造型、设色（选色、涂色、配色）与构图等艺术形式语言，并发展学前儿童对周围现象的观察力、描绘物体的表现力和培养创造力及想象力。在命题画活动中，教师的命题很重要。教师可以结合学前儿童周围的现实生活进行命题；也可以选择学前儿童在日常生活中见到的、听到的、熟悉的、有经验和感兴趣的，并在他们心目中留下深刻印象的，又有利于他们思考和创造的题材进行命题，如"妈妈辛苦了""小兔乖乖""我的布娃娃"等。另外，在命题画活动中，教师完成基本命题后，应鼓励学前儿童联系主题进行有趣的想象与创作。

根据内容不同，命题画活动可分为物体画活动和情节画活动两种类型。

物体画活动是教师帮助学前儿童在充分了解、体会某一物体的形象、色彩、结构、性质等的基础上，以绘画方式对该物体进行表达、表现的一种绘画活动形式，如教学前儿童画苹果、汽车、房子、小动物、小朋友等。物体画活动的内容非常广泛，只要是学前儿童在日常生活中能接触到的、喜爱的、感兴趣的内容，都可以作为物体画活动的内容。物体画活动是学前儿童绘画活动的起点，教师必须让学前儿童认识绘画对象的外形特征，并帮助其掌握描绘这一对象的方法。所以，物体画活动对发展学前儿童的观察力、增强其绘画知识技能有着非常重要的意义和作用。

情节画活动是在物体画活动的基础上进行的，是教师引导学前儿童将个别物体与其他物体相配合，以表达一定情节的绘画活动形式，如"美丽的家园""我爱幼儿园""动物园"等。情节画活动是在物体画活动的基础上，进一步帮助学前儿童掌握如何表现物体形象，让学前儿童知道如何根据主题内容和表现的需要把有关联的各种形象恰当地安排到画面上，正确地表现出形象间的关系。情节画活动有助于增强学前儿童绘画的基本技能，对培养学前儿童绘画的目的性、计划性，培养其构图、布局的能力，促进其综合性思维和表达能力的发展，具有特别重要的意义。

（二）意愿画活动

意愿画活动是学前儿童根据自己的生活经验，由自己独立确定绘画主题和内容，运用所掌握的美术知识和美术技能，自由地表达自己的情感、愿望的一种绘画活动形式。意愿画活动强调学前儿童通过自己的想象和思维来作画，它对学前儿童没有任何约束，只要求学前儿童对自己看到的、听到的、想到的内容大胆地进行加工组合，组成一张新的有一定情节的画面。因此，意愿画活动对发展学前儿童的想象力、创造力，培养其大胆、主动的表现能力，有着特殊的意义和作用。

完整的意愿画创作需要学前儿童具备一定的独立构思能力，而年龄较小的小班学前儿童常常不知如何选择作画的内容，教师可引导学前儿童在画好的图像上进行添画，以表现出自己的认识。随着年龄的增长和经验的积累，学前儿童可以逐渐添加更多的形象，使表现内容更加丰富。到了大班，学前儿童的知识经验逐渐丰富，生活范围不断扩大，他们可以自由选择自己感兴趣的主题进行绘画，并能围绕这一主题表现自己的认识和情感。意愿画内容极其广泛，凡是学前儿童看到的、听到的或是梦到的事物都可以作为意愿画的内容。

教师引导学前儿童进行意愿画活动时要注意：首先要给学前儿童创造一个自由而快乐的绘画环境；其次是启发学前儿童根据自己的生活体验确定绘画的主题；最后是帮助学前儿童设计作画的思路。其中最重要的是发展学前儿童的想象力和创造力，这也是意愿画活动最重要的功能。例如绘画活动《小白兔采蘑菇》，在一般情况下，学前儿童的作品只是画一只小白兔拿着篮子在树林里采蘑菇，且树林里有很多蘑菇。教师可以适当提醒学前儿童，"小白兔采蘑菇时，可能会遇见谁呢？""小白兔采完蘑菇，还会去干什么呢？"引导学前儿童进一步想象、创造。

（三）装饰画活动

装饰画活动是指学前儿童运用各种花纹、色彩在各种不同的生活用品的纸型上对称地、和谐地、有规则地进行美化、装饰的一种绘画活动。装饰画活动属于工艺美术活动，它突出的特点是花纹优美、色彩鲜明、构图对称均衡。装饰画活动有助于提高学前儿童手部动作的准确性、灵活性，有助于增强学前儿童的审美能力和激发其对装饰工艺的兴趣，有助于发展其创造性的美化生活的能力，以及培养其认真、细致、有耐心、有条理的良好习惯和心理品质。

装饰画活动是学前儿童在视觉、动作日趋精细，空间知觉能力发展到一定程度时才进行的绘画活动。教师一般引导学前儿童在长方形、正方形纸上用简单的图案花纹（如圆圈、花朵、叶片、动物等）进行装饰，要求花纹排列的位置、距离、色彩对称，并能用对比色制作出鲜艳、美丽的画面。例如，教师可以让学前儿童在长方形纸上用简明的花纹画花边，纹样的变化应由简到繁、由易到难。最初，学前儿童可以采用一种花纹、一种颜色装饰，以后逐渐增加难度，如采用两种花纹、两种颜色装饰等，要求纹样排列整齐，均匀。经过一段时间的练习，教师可以让学前儿童设计"花手帕""花衣服"等内容，引导其在正方形、三角形和简单生活用品的纸型上用独立的纹样和连续的纹样进行装饰，注意引导学前儿童注重构图的变化，色彩搭配由鲜艳逐渐过渡为和谐。为拓展学前儿童对花纹的经验，在装饰画活动中，教师可适当引入民族花纹，同时可以帮助其了解中华民族文化的特点。

四、学前儿童绘画活动内容的选择要点

学前儿童在进行绘画创作时，教师应鼓励其大胆发挥想象，把不同的线条与图形组合起来，画出自己的所知、所思、所感。只有这样，学前儿童才能体会到绘画创作给他们带来的满足感与成就感，从而以更高的热情投入其中。

（一）应选择学前儿童熟悉且感兴趣的内容

学前儿童喜欢画自己记住的内容，凭记忆画画是大多数学前儿童的本能反应，因为记忆中的形象具有学前儿童从物象上抽取出来的最概括、最典型的特征，也是最容易被学前儿童记住的简单印象。很多时候，如果教师不加任何要求，让学前儿童自由画画，学前儿童就会画出非常多的"太阳、房子、大树、草地、小鸟、一串串的云"等类似的画面，这些形象在学前儿童的头脑中已经成了不可磨灭的固定符号。如果没有正确的观察引导，没有经过写生训练，学前儿童的造型能力可能就会停滞不前。除了简单印象之外，学前儿童绘画还受以往经验的影响。学前儿童都喜欢看动画片，片中的形象对其影响非常大，所以学前儿童画的动物常常还有动画片中的形象的影子。绘画教育依靠视觉，学前儿童绘画是人生视觉造型艺术的初始阶段，学前儿童主要依靠对生活的观察和感受进行绘画创作。因此，在学前儿童美术教育中，教师引导学前儿童经常注意观察物象特征，着力培养学前儿童的观察能力和想象能力，是促进其思维能力发展的有效办法。学前儿童喜欢画自己知道的内容。学前儿童的思维发展呈现在画面上是通过图形来表达的，他们会运用线条创造图形表达对事物的认知与理解。学前儿童笔下的形象往往与现实有很大的差距，他们不追求所画物象的透视、比例、空间关系，但该形象所呈现出来的"神似"，总能让人惊讶和感动。学前儿童喜欢画自己看到的内容。事实证明，学前儿童的造型能力不仅有随着年龄增长而自然增强的趋势，而且具有随着接受观察训练发生变化的特征，因为学前儿童的视觉感受是建立在观察的基础上的。通过观察，学前儿童会发现物象的形体特征，会在头脑中自发地寻找相应的图形与之对应，形成表现符号。也就是说，当学前儿童知觉到某种物象的特征时，就意味着他们发现了较为简单的图形，也就有了表现这一物象特

征的手段。

《纲要（试行）》指出，教师要引导学前儿童接触周围环境和生活中美好的人、事、物，丰富其感性经验和审美情趣，激发其表现美、创造美的情绪。这就要求教师要善于引导学前儿童观察日常生活中的事物，并寻找契机激发学前儿童的创作热情，满足学前儿童绘画表现的愿望。

（二）应选择适于形成美感的形体

学前儿童绘画活动的题材除了要遵循从学前儿童生活实际出发的原则，还要遵循形式美的原则，选择适于形成美感的形体。教师应避免选择太规则、过于简单的物象，也要尽量避免选择绝对对称的物象。小班的学前儿童处于认识图形的初期，教师一开始还是要为其选择比较规则的形体，再逐步引入稍微复杂的形体。对于大班的学前儿童，教师就应选择一些有变化、比较复杂的形体作为其绘画题材。经过教师有序地引导和观察，学前儿童的表现技能有极大的增强，画面的内容与表达的情感也会越来越丰富。

第三节 学前儿童油画棒画 活动的设计与实施

一、学前儿童油画棒画的基本技法

油画棒也叫油彩粉笔，是一种棒形画材，由颜料、油、蜡的特殊混合物制作而成，它携带方便，色彩艳丽，表现力强。与油画颜料和水粉颜料不同，油画棒是一种固体颜料，无须进行混色或调色的准备工作。油画棒和蜡笔、彩色铅笔的特性很像，都不溶于水，都可勾线，都可用来涂大块面，有很多不同的颜色，可表现丰富的色彩变化。油画棒画示例如图4-13和图4-14所示。

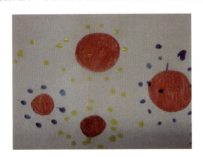

图4-13 油画棒画《太阳》　　　　　图4-14 油画棒画《点与线》

油画棒画的基本技法有平涂法、渐变涂法、油水分离混合法、点彩法和刮画法等。

（一）平涂法

平涂法指使用一种颜色的油画棒均匀有规律地涂色，主要有横涂、竖涂、斜涂、螺旋涂、粗细涂、轻重涂等具体的涂法。指导学前儿童作画时，要避免大面积地使用这种方法，不要刻意要求学前儿童涂得很均匀，否则画面会显得呆板、单调。

（二）渐变涂法

渐变涂法指选择同种色或者类似色的油画棒，按由深到浅的顺序有方向地涂色，两色交界处要多涂几遍，让颜色自然融合。

（三）油水分离混合法

油水分离混合法指先用油画棒涂抹主要形象，再用水粉颜料或水彩颜料刷涂背景，由于油水分离，画面上会出现特殊效果。此种方法既可以用油画棒进行细节描绘，又可以用水粉颜料快速渲染，使画面色彩饱满、明快，效果更为生动。此种方法还调节了学前儿童用油画棒大面积涂抹背景而产生的疲倦情绪，使作画过程始终轻松愉快。

（四）点彩法

点彩法指用不同颜色的油画棒画色点、色线或小色块，并按照一定的方向、顺序把它们排列在画面上，产生画面跳跃的效果。

（五）刮画法

刮画法指用油画棒在有色纸或白纸上涂上一层或几层较深的颜色，然后以各种硬器代笔，线面结合，刻画各种形象。

二、不同年龄段学前儿童油画棒画活动的设计

（一）小班油画棒画活动的设计

小班的学前儿童初步学会了使用油画棒，感受了油画棒的特性，逐步学习控制手的动作。小班油画棒画活动包括用油画棒画各种线条、在轮廓线内进行涂色等。

（二）中班油画棒画活动的设计

中班的学前儿童已经能够画出较有力度而且平稳的线条，掌握了用各种图形表达简单物体的绘画技能，可以大致画出自己所观察过的各种物体、简单的风景、动物和人物的正面及侧面等组合物体。中班油画棒画活动包括利用油画棒装饰生活器皿或用具、绘制简单的物体画（生活中常见的动物、植物等）和简单的情节画等。

（三）大班油画棒画活动的设计

大班的学前儿童已积累了较为丰富的知识经验并拥有较强的作画技能，所能表现的内容日益丰富。为大班的学前儿童设计课题时，教师要注意引导学前儿童不仅能画出物体的主要特征和基本部分，而且能画出很多细节来丰富画面，逐步完成从表现物体的个别特征过渡到表现物体的综合特征。在物体画或情节画活动中，大班的学前儿童可以尝试用油画棒画出两个或两个以上的形体组合造型，并表现出物体的基本形象、主要特征和主要细节部分；构图以基础线构图、多层并列式构图、主题式构图为主。同时，教师应鼓励学前儿童通过想象创造出更丰富的画面。

案例 4.2

绘画活动《美丽的蜗牛》

活动目标

1. 学习用点、线、图形等不同方式添画背景。

2. 了解画面中主体与背景的关系，并能为"蜗牛"添画简单的背景画面。

活动准备

课件、学前儿童之前填充颜色的画《蜗牛》、油画棒。

活动过程

1. 主体与背景。

教师出示一幅没有背景的范画与添画了背景的范画，引导学前儿童进行比较，从而帮助学前儿童认识主体和背景。

2. 师幼共同尝试不同的添画背景。

（1）教师出示幻灯片，引导学前儿童观察并提问：这些画面是怎样的背景画面？

（2）教师逐一出示几张用点添画背景的范画，引导学前儿童进行欣赏与比较。

（3）教师出示幻灯片，引导学前儿童逐一欣赏几张用线条添画背景的范画并提问：画面中背景是怎样的？同样是线条添画背景，但是它们有什么不同？

（4）教师引导学前儿童关注线条的粗细、排列方式等的不同。

（5）教师引导学前儿童观察范画中背景的不同，提问：还可以用什么图形添画背景？图形在背景上还能怎样排列？

（6）教师引导学前儿童自由讨论，教师小结。

3. 学前儿童操作，添画背景。

（1）教师出示无背景的蜗牛图，引导学前儿童讨论：如果让你来添画，你会为这幅画添画怎样的背景？

（2）教师鼓励学前儿童大胆地说出自己的想法。

（3）教师为学前儿童提供油画棒等工具和材料，请学前儿童添画背景。

4. 点评作品。

（1）学前儿童说一说自己喜欢哪幅作品，并说出理由。

（2）教师进行总结和点评。

活动延伸：教师继续在班里开展添画活动，通过背景添画、情节添画等方式增强学前儿童的绘画能力。

活动评析

添画画面背景对很多学前儿童来说都是较难诠释的。学前儿童在画画时，往往都是想得很好，说得很精彩，可是画出来的画面总是有所欠缺，不够丰富；或者画面内容较多，没有一个主体、背景单调等。在这个活动中，教师通过一系列作品欣赏，引导学前儿童比较作品，并运用油画棒为"蜗牛"添加背景。教师在引导学前儿童关注背景时，运用了对比欣赏的方式，让学前儿童感受到了有无背景的差别，从而认识到背景的重要性，也为后面如何添加背景做好了铺垫。教师通过提问、鼓励学前儿童讨论等方式，帮助学前儿童掌握了多种添画背景的方法。在学前儿童实际操作环节，教师没有急于让学前儿童动手，而是先让学前儿童思考，给了学前儿童一些准备的时间，为其接下来更好地创作奠定了基础。在整个活动中，教师注重学前儿童自主学习能力的发展，鼓励学前儿童自己去发现、去总结，极大地调动了学前儿童参与活动的积极性。

三、学前儿童油画棒画活动实施的指导要点

（一）探索油画棒画或蜡笔画的特性

首先，教师可以考虑为学前儿童提供多种绘画材质，鼓励学前儿童将这些绘画材质与画笔结合使用。在学前儿童运用油画棒来进行创作的时候，教师可以为其提供各种纸张，包括牛皮纸、白板纸、有色纸等，还可提供一些瓷片、木片、胶片纸等。学前儿童在尝试过程中会发现，蜡笔和油画棒在牛皮纸、白板纸、有色纸上会产生不同的颜色效果；而如果在瓷片、木片、胶片纸上绘画则最好使用油性笔。学前儿童在一系列的探索中，对绘画材质积累了初步经验。

（二）以单元的形式为学前儿童提供绘画工具和材料

学前儿童在用蜡笔或油画棒绘画的时候，最常见的问题就是着色。教师可以以单元的形式来为学前儿童提供绘画工具和材料，有意识地为学前儿童提供同类色、对比色、混合色，鼓励学前儿童进行创作。如此操作有助于提高学前儿童对色彩的敏感性。

（三）帮助学前儿童树立色彩搭配意识

学前儿童在作画时，常见的色彩问题包括色彩搭配不当、涂色顺序不合理、色相不明朗等。教师可以用引导的方式鼓励学前儿童自己发现问题，并与其一起探讨解决问题的办法。例如，当画面色彩比较单调时，教师可以引导学前儿童调整细节，丰富色彩；当画面的涂色凌乱时，教师可以调动学前儿童的生活经验，鼓励其认真观察并加以调整等。这样做既帮助学前儿童丰富了绘画素材，又强化了学前儿童对色彩的认识。

第四节 学前儿童水粉画活动的设计与实施

水粉画是运用水粉颜料、水粉笔、棉签等作画工具和材料进行绘画的一种创作形式。运用水粉笔进行平涂练习，能增强学前儿童大面积均匀涂色的能力。水粉画既可以画在纸上，也可以画在瓷砖上、玻璃上。水粉画色彩鲜艳、表现形象直观，是学前儿童感知色彩的常见途径。学前儿童在涂涂玩玩的过程中，可激发作画的信心，同时受到美的熏陶。

水粉画活动的题材非常广泛，学前儿童只要掌握水粉颜料等工具和材料的使用方法，就可以尝试绘制多种题材的水粉画。

一、不同年龄段学前儿童水粉画活动的设计

（一）小班水粉画活动的设计

小班的学前儿童常把绘画当作游戏，无绘画技能，初步学会使用水粉颜料等工具和材料，逐步学习控制手的动作。小班水粉画活动包括用水粉颜料画各种线条、用印章蘸水粉颜料在纸上敲印、用水粉颜料在轮廓线内进行涂色、用手指或棉签蘸水粉颜料点画等。

（二）中班水粉画活动的设计

中班的学前儿童已经能够画出较有力度而且平稳的线条，掌握了用各种图形表达简单物体的绘画技能，能进一步用几何图形的概括法画出自己所观察过的各种物体、简单的风景、动物和人物的正面及侧面等组合物体。中班水粉画活动包括利用水粉颜料及工具装饰生活器皿或用具、绘制简单的物体画（生活中常见的动物、植物等）和简单的情节画等。

（三）大班水粉画活动的设计

大班的学前儿童已积累了较为丰富的知识经验和拥有较强的作画技能，所能表现的内容日益丰富。为大班的学前儿童设计课题时，教师要注意引导其不仅能画出物体的主要特征和基本部分，而且能画出很多细节来丰富画面，逐步完成从表现物体的个别特征过渡到表现物体的综合特征。在物体画或情节画活动中，大班的学前儿童可以尝试用水粉颜料等工具和材料画出两个或两个以上的形体组合造型，并表现出物体的基本形象、主要特征和主要细节部分。为了拓展学前儿童绘画的多种形式，教师可引导学前儿童利用水粉颜料绘制喷刷画、纸版画、故事画、日记画、图形想象画等。

案例 4.3

绘画活动《斑马》

活动目标

1. 在欣赏的基础上，尝试用水粉画出斑马的基本外形。

2. 通过重点讨论、对比观察、欣赏同伴作品等方式，进一步感受斑马的主要特征。

3. 学会轻轻地洗笔，避免将笔筒内的水溅出。

活动准备

斑马图片、范例作品、黑白两种颜色的画纸和水粉颜料、画笔、笔筒、抹布、护衣。

活动过程

1. 欣赏斑马图片。

（1）教师引导学前儿童观察斑马的色彩及花纹，提问：斑马是什么颜色的？有哪些地方是黑色的？花纹是什么样子的？花纹都是一样的吗？花纹有什么不同？

（2）学前儿童根据教师的提示，说出斑马的花纹、蹄子、尾巴、眼睛、嘴等部分是黑色的，斑马身上的花纹方向不同。

（3）教师引导学前儿童观察斑马的基本结构，提问：从上往下看，斑马由哪些部分组成？腿有什么特点？身体是什么样子的？身体像什么图形？

（4）学前儿童自由讨论，教师进行总结。

2. 欣赏评价范例作品。

（1）教师提问：这里有一幅小朋友画好的斑马，你喜欢这幅画的哪个部分？对于这幅画，你还有什么建议吗？

（2）教师引导学前儿童观察细节，发现问题，并尝试解决问题。

（3）教师小结。

3. 学前儿童绘画，教师巡回指导。

（1）教师引导：请你来画斑马，你想画什么样子的斑马呢？你可以选择在白纸上用黑色水粉颜料来画，也可以选择在黑纸上用白色水粉颜料来画。

（2）学前儿童选择画纸，开始画画。

（3）教师巡回指导。

4. 展示作品、共同欣赏。

水粉画示例如图4-15和图4-16所示。

图4-15　水粉画《斑马》1　　　　图4-16　水粉画《斑马》2

活动评析

在这个活动中，教师结合大班学前儿童的年龄特点、兴趣和接受能力，巧妙地选择了活动内容及工具和材料。教师用黑白两种颜色的水粉颜料，以及黑白两种颜色的画纸，来凸显斑马的基本特点。本次活动形式特点鲜明，内容具有一定的挑战性，能够激起学前儿童参与活动的兴趣。在这个活动中，教师通过一系列提问，引导学前儿童仔细观察斑马的结构特点，尤其是各部分之间的比例，提示学前儿童用常见的图形来表现斑马的各个部位，为学前儿童积累了丰富的作画素材。在操作环节，教师为学前儿童提供了材料以及自由表现的机会，鼓励学前儿童大胆地表达自己的情感、理解和想象，让学前儿童在作画过程中充分想象、感受美、表达想法。在学前儿童的操作过程中，这个活动的难点得以有效突破。

二、学前儿童水粉画活动实施的指导要点

学前儿童水粉画活动常见的问题包括对水分的多少把握不恰当、难以掌握运笔速度、重复用色3个方面。针对这些问题，教师指导学前儿童参与水粉画活动的主要方法可以概括如下。

（一）鼓励学前儿童自主探索水粉画的绘画工具和材料

学前儿童对水粉颜料等绘画工具和材料的认知需要经历一个从无到有的过程。教师应该鼓励学前儿童自主探索和发现水粉画的绘画工具和材料的特点，并和同伴一同探讨、研究。教师可以鼓励学前儿童用毛笔蘸一些水粉颜料在纸上涂鸦，看看会有什么效果。学前儿童可以自己体会怎样拿画笔更

加顺手，颜料要不要兑水，兑多少水合适，在画面上再涂一层其他颜色的水粉颜料会怎样，水粉颜料干的时候和湿的时候颜色是否相同等。

（二）鼓励学前儿童尝试调和水粉颜料

针对把握不好水分多少的问题，教师可以让学前儿童尝试调和水粉颜料，在水粉颜料中自由添加水分，感知不同水量与一定量的水粉颜料混合后的效果，感受颜料的稠稀、颜色的浓淡、画纸的干湿情况等。通过探索，学前儿童会逐渐感知到颜色、水与画面三者的关系，认识颜料的稠稀，从而掌握水量。如果学前儿童的年龄较小，教师可以事先调配好稠稀适当的水粉颜料，并将其归类放好，便于学前儿童操作。在长期的使用过程中，学前儿童也会逐渐感知到水量和颜料稠稀的关系。教师要善于发现学前儿童在创造过程中无意创造的效果，帮助其发现颜料中水分多少的不同所带来的不同效果，激发其创造力及不断创作的热情。

（三）鼓励学前儿童感知并总结不同运笔速度和力量所产生的效果

针对学前儿童运笔时难以掌握速度、轻重以及方式的问题，一开始教师可以让学前儿童自由探索与感受运笔的不同速度、不同力度、不同握笔方式所带来的不同效果，以及画笔大小与画面的关系。之后，教师可以带领学前儿童一起进行总结。例如，如果把画笔竖起用笔尖画，着力轻些，画出的线条就很细，反之画出的线条就较粗；用笔速度较快，则画面给人流畅、干净、利落之感，反之则画面给人笨拙之感；粗笔适合大面积涂色，细笔适合细节刻画；毛笔适合细节刻画，而水粉笔适合涂色。

（四）鼓励学前儿童尝试混合颜色

教师可以鼓励学前儿童尝试混合颜色。在混合颜色的过程中，学前儿童会对颜色产生浓厚的兴趣。两种或两种以上颜色混合会出现色彩变化，如红色加黄色、蓝色加黄色等。通过混合颜色学前儿童可以感知到颜色与颜色之间的关系。对于混搭颜色的现象，教师可以让中班、大班的学前儿童自己进行对比，分析画面"好看""漂亮"和"难看""脏"的原因，使学前儿童明白多种颜色混合产生的不同效果。

（五）鼓励学前儿童使用多种颜色作画

教师可以给学前儿童提供许多不同颜色的水粉颜料，请其根据自己的喜好来选择颜色；之后，教师再请学前儿童尝试使用平时不常用或不喜欢的颜色来作画，并且尽量尝试使用教师提供的各种颜色来作画。教师引导学前儿童画彩虹，是一个综合用色的好主题。画完彩虹后，学前儿童也会感受到五颜六色的美。同时，教师还要注意提醒学前儿童在画过颜色的地方，不要再涂抹其他颜色。

（六）帮助学前儿童分辨同一色系内颜色的色差

学前儿童最初画水粉画时，难以分辨同一色系内颜色的色差。教师可以事先调好不同明度和深浅的同色系颜料，让学前儿童进行创作，使其体会用同色系颜料画画的效果。教师不仅要引导学前儿童体会用同色系颜料创作的效果，而且要引导学前儿童去观察与欣赏同色系的搭配效果。例如，教师可以带领学前儿童去观察树叶的颜色，引导其发现不同树叶颜色之间的差异。

（七）引导学前儿童学习搭配颜色

对学前儿童来说，颜色搭配包括不同色彩多少的分配、用不同色彩形成点线面、将有限的几种颜色用于画面的不同内容中这 3 种颜色搭配方式。一开始，教师可以只提供几种颜色，种类不要太多；在学前儿童熟悉了颜色搭配之后，教师可以逐渐放手，提供多个色系的颜色，让学前儿童用于创作，尝试搭配颜色。

（八）鼓励学前儿童使用不同的纸张进行创作

在学前儿童创作时，教师可以鼓励学前儿童选择不同的纸张进行创作，然后进行比较，发现不同纸张带来的不同绘画效果。例如，请学前儿童用水粉颜料分别在油性画纸和宣纸上绘画，学前儿童会惊奇地发现水粉颜料在油性纸上竟然收缩在一起，久久不能散开；而在宣纸上画的线条竟然一下子就渲染开来，画面效果别具一格。通过这种练习，学前儿童就会明白，虽然颜料相同、绘画方式相同，但纸张不同，绘画效果也会截然不同。

第五节　学前儿童水墨画活动的设计与实施

一、学前儿童水墨画的艺术特点与指导

水墨画又称中国画，是指用毛笔蘸墨汁在宣纸上画画得到的作品。水墨画是中华民族优秀传统文化的一部分，具有光辉、灿烂、悠久的历史。画水墨画常用的工具和材料有毛笔、墨、宣纸等。学前儿童刚刚开始练习画水墨画时，往往掌握不好笔墨。为了更好地保存学前儿童的作品，教师可为其提供过滤纸，等学前儿童练熟画水墨画之后，再为其提供宣纸。教师在指导学前儿童学习水墨画时，不能像指导成人那样，不能对其有太多的约束和立太多的规矩。学前儿童的作品要表现其真实的个性，也就是学前儿童绘画的真实性、原始性。他们的作品应该是率真的直觉表达，水墨的自由挥洒，画面自然和谐，且具有黑、白、疏、密等多种审美要素。

水墨画囿于自身工具的限制，绘画的内容多倾向于生活中常见的人、事、物以及简单的风景、场景等。

水墨画是通过运用毛笔的不同笔法和墨、色的干湿浓淡来表现画面的。设计水墨画活动时，教师应注意为学前儿童提供合适的工具和材料，包括毛笔、宣纸、墨汁、颜料、调色盘、洗笔缸、纸垫等，重点培养学前儿童的手部控制能力、审美能力，同时帮助学前儿童了解我国的传统文化，体会水墨画的韵味。

案例 4.4

水墨画活动《水墨拓印画》

活动目标

1. 初步尝试用宣纸在水墨中进行拓印。

2. 感受拓印图案变化的美感，能根据拓印的影像大胆想象。

3. 积极参与活动，乐于表现，体验使用新方法作画的乐趣。

活动准备

毛笔、墨汁、水彩、小水盆、水、一次性包装盒及宣纸若干，报纸、抽纸、图片若干。

活动过程

1. 教师介绍材料，激发学前儿童的兴趣。

（1）教师出示一张宣纸、一张绘画纸，引导：老师给大家带来了两位小客人，我们来看看他们是谁吧？

（2）学前儿童自由讨论，教师小结：这张是我们平时画画用的画纸，另一张则是宣纸，今天我们就用宣纸来画画；那你们来猜一猜，在宣纸上可以用什么笔来作画？

（3）学前儿童结合前期操作经验回答蜡笔、水彩笔、毛笔等。

（4）教师引导：现在老师要向你们展示一种新的作画方法，叫水墨拓印；我给你们准备了很多工具和材料，待会儿我们就要用这些工具和材料来作画，请小朋友来看一看、认一认，都有哪些材料？

（5）学前儿童自由观察，讲讲看到的东西，如宣纸、小水盆、水、墨汁等。

2. 教师演示过程，学前儿童观察。

（1）教师引导：现在老师开始演示水墨拓印画的做法，孩子们仔细看哦！

（2）教师只演示操作过程，不做讲解。

（3）教师引导：老师的水墨拓印画就要完成了，现在我要请大家来说说看，这幅画我是怎么做出来的？

（4）学前儿童描述，教师再一次示范。

（5）教师将拓印的宣纸展示在展示台上，让学前儿童欣赏并回应学前儿童的回答。

（6）教师点评拓印出来的花纹，让学前儿童体验拓印图案变化的美感。

（7）教师引导：你们觉得花纹怎么样？它们的花纹是一样的吗？想不想自己做一做呢？

（8）学前儿童尝试用这种新方法作画。（要求：学前儿童把衣袖挽起来，不拿小椅子，轻轻走到一个小盆子面前和它做朋友。）

3. 大胆操作，发现问题。

（1）学前儿童自主操作，尝试水墨拓印画的做法。

（2）学前儿童将成果呈放在展示台上，待其自然风干。

（3）学前儿童回到自己的小椅子上，谈谈在作画过程中遇到的困难，并请其他学前儿童帮忙想办法解决。

（4）结合学前儿童的讨论，教师总结：一是注意滴墨的方法，不能到处乱甩，并引导学前儿童用多种滴墨方法制作不同花纹的水墨拓印画；二是注意宣纸的特性，宣纸很薄、吸水性强，吸水后容易坏，所以拓印的时候要小心，拓印结束后放在报纸上待其自然风干。

4. 解决问题，再次操作。

（1）教师引导：孩子们，想不想再玩一次水墨拓印？我们这一次要比第一次做得好哦，老师还给你们准备了各种颜色的水彩，可以让你的水墨拓印画穿上漂亮的衣服。

（2）学前儿童再次操作，教师观察指导。

5. 展示作品，相互欣赏。

学前儿童自由欣赏，说说自己的拓印画像什么。

6. 结束活动。

教师总结：小朋友们今天真能干，做出了这么好看的作品，改天我们用这些漂亮的画来布置主题墙吧。

活动评析

在这个活动中，教师结合中班的学前儿童的年龄特点、兴趣和接受能力，选择了有针对性的活动内容。本次活动形式特点鲜明，具有一定的挑战性，能够激起学前儿童参与活动的兴趣，培养学前儿童的想象力，让学前儿童在快乐中得到发展，习得经验。在这个活动中，教师创设了轻松愉快的活动环境，且为学前儿童提供了多种工具和材料以及自由表现的机会。教师通过操作示范，展示图例，引导学前儿童仔细观察、操作，发现并解决问题，鼓励学前儿童大胆地表达自己的情感、理解和想象，既让学前儿童尝试了一种新的作画方式，又让学前儿童在作画过程中充分想象、感受美、表达想法。在学前儿童的操作过程中，这个活动的难点得以有效突破。

二、学前儿童水墨画活动实施的指导要点

水墨画常常可以给学前儿童带来奇妙的小惊喜，是学前儿童非常喜欢的一种绘画方式。针对学前儿童在水墨画操作中遇到的问题，教师一定要耐心引导。

（一）以游戏的方式接触水墨画

学前儿童开始接触水墨画的时候，教师可以给学前儿童提供粗一点儿的毛笔、排笔、毛刷和不同浓淡的墨汁等工具，让学前儿童以游戏的方式接触水墨画，随意用笔蘸墨汁在宣纸上涂抹，体验水与墨在宣纸上的"奇妙变化"，同时也可了解"水多墨淡、水少墨重"的水墨关系。教师应尽可能少提具体要求，以免限制学前儿童的写意发挥。教师可以采用讲故事、玩游戏等形式，和学前儿童一起画水墨画，激发学前儿童参与活动的兴趣，让其多操作，多感受，多体验。

（二）感知墨汁用在生、熟宣纸上的不同效果

教师可以带领学前儿童用笔蘸上不同深浅的墨汁，分别在浸湿的生宣纸和熟宣纸上描画，看看墨汁在宣纸上的变化；也可以直接在宣纸上用墨，待墨干后再在墨上加水，看看墨汁的变化。这样做有助于学前儿童发现生宣纸吸水性强，易产生丰富的墨韵变化的特点；而熟宣纸不易渗透水墨，可做工整细致的描绘，可反复渲染上色。

（三）鼓励学前儿童表达感受，随意用笔

教师不要用所谓的技巧限制学前儿童自由发挥的灵活性，要鼓励学前儿童轻松大胆地表达感受，随意用笔。教师少用程式化的标准限制学前儿童，其作品自然就多了些生鲜的墨趣，画面便会呈现出满目生机。

（四）抓住机会，帮助学前儿童体会"写意"

学前儿童在画水墨画的过程中，会出现很多偶然变化，如墨汁浓淡的变化、笔触的变化等。教师可以抓住这些变化，让学前儿童谈谈它们"像"什么，再在其上予以加工，使其产生变化，让学前

儿童逐步感受到表现内容与笔墨之间的关系。这样，学前儿童画出的水墨画就更能体现中国画的"写意"特征。

（五）感知墨汁浓淡的不同效果

教师可以引导学前儿童尝试在墨汁中加入不同量的水，体验其画出的不同效果，也可以自己调好不同浓淡的墨，让学前儿童去操作和体验。

（六）感知用笔轻重的不同效果

教师不需要刻意规定学前儿童握笔的高低，但可以引导其感受在画水墨画的过程中用笔轻重不同所带来的不同效果：用笔轻，线细；用笔重，线粗。

（七）分辨毛笔的软硬特质

教师可以帮助学前儿童分辨毛笔的软硬特质，让学前儿童自己探索软毫和硬毫在水墨造型中所画的线条有什么不同，不同硬度的毛笔应该如何运笔，会出现什么样的效果等。

（八）使用不同的颜料

教师可以指导学前儿童在画水墨画时，如果要用色，可以加入一些中国画颜料，也可以加入水彩颜料。

第六节　学前儿童线描画活动的设计与实施

一、学前儿童线描画的艺术特点与基本技法

线描画是用线条勾画出物体的轮廓，以表现物体形态的绘画方式。线描画既可以作为造型训练，也可以作为艺术家表达情感的一种表达方式，是学前儿童常用也最喜欢的绘画方法之一。线描画常用的绘画工具和材料比较简单。我们可以用铅笔、蜡笔、油画棒、水笔等各种工具作画；可以用单色作画，也可以用多色作画；可以用不同的颜色画不同的物体，也可以用不同的颜色画同一个物体的不同部位。线描画画法简单、造型明确、概括性强；线描画要求用线肯定，一个物体可以被分成几段线条来画，但每段线条都要一笔画成，宁可画错，也不能涂改。

线描画的基本技法包括写生线描画、记忆线描画、想象线描画。

（一）写生线描画

写生线描画时，首先要观察、认识表现对象，一般是抓住其典型特征，按照从上到下、从大到小、从主到次、从近到远的顺序观察。例如线描画《菊花》，先观察花朵的造型，再看叶子的形态、大小，最后看茎的生长情况和花盆的形状质地等。其次，要通过比较发现异同。例如线描画《卡车和挖土车》，卡车和挖土车的相同点是都有车头、车厢、车轮、车窗、车门等基本组成部分，不同点是各部分的形

状、颜色、大小等不同。教师可以引导学前儿童进行观察绘画。

（二）记忆线描画

记忆线描画是学前儿童根据对亲身经历或感知过的事物的记忆进行绘画。记忆线描画不是生活的再现，而是学前儿童根据自己对生活的印象，经过思考以后做出的创造性表现。教师要选择学前儿童感兴趣的内容，提出记忆任务，启发观察重点，提高学前儿童有意识记忆的积极性。例如，学前儿童从小养成画"绘画日记"的习惯，既可积累创作素材，锻炼绘画能力，又可逐渐开发自己从生活中发现美、创造美的潜能。

（三）想象线描画

想象线描画的重点是注重选材，做好知识铺垫，为学前儿童营造较大的想象空间。想象线描画的内容丰富多样，学前儿童可根据民间故事、优秀儿歌、童谣等进行想象线绘画。

二、学前儿童线描画活动的设计

一般的线描画是指单纯用线组成的画，对于学前儿童来说，如果教师进行单纯的线描绘画教学，容易引起他们的反感。黑、白、灰的装饰效果缺少鲜艳色彩的视觉刺激，会让学前儿童产生审美疲劳，不利于教学。因此，教师在设计组织此类活动时，应注意从内容、形式等方面激发学前儿童参与活动的积极性。具体的线描画活动设计应突出多变的主题和提供丰富的材料，动物、植物、人物、生活用品等都能成为描绘的对象，图案装饰画、物体画、简单的情节画等活动形式都可以成为线描画活动的表现形式。

（一）小班线描画活动的设计

3 岁左右的学前儿童做事多凭兴趣，注意力转移很快，随意性强，处于涂鸦期向象征期过渡的阶段。此时，教师的教学应主要以手工和绘画结合为主，在剪贴的形状上增加一些点、线的描绘既可。

（二）中班线描画活动的设计

中班学前儿童处于象征期，能够表达自己的意愿，能画出一些概念化、符号化的人或物的形状。在线描画活动设计中，教师应重点培养学前儿童的造型能力。教师应引导学前儿童从日常生活中寻找美的"图案"，培养学前儿童发现美的能力。学前儿童通过欣赏老虎、斑马、树叶、冰花等事物，学会自己设计漂亮的花纹，总结出图案的基本组合图形——点、线，学会用线条组合出不同的图形，如长方形、正方形、三角形、半圆形、圆形、多边形、星星形、月亮形等。这些由学前儿童自己总结出来的装饰元素，会在其作品中得到体现。具体的线描画活动设计应突出多变的主题和提供丰富的材料，动物、植物、人物、生活用品等都能成为描绘的对象；单色笔、彩色笔、金银笔、美工纸、宣纸、砂纸、皱纹纸等可穿插使用，不同主题、表现手法及材料的互补，可以丰富画面内容，有利于学前儿童自由创造。

（三）大班线描画活动的设计

大班学前儿童的生活经验较为丰富，感觉非常敏锐。因此，具体的线描画活动设计应从学前儿童的实际生活中提取丰富的绘画题材，使学前儿童有更多的表现空间。在绘画技巧方面，教师应有目的地引导学前儿童用理性思维有效地组织画面，指导学前儿童体会线描的起笔、运笔、转折、收笔的韵味。学前儿童会比较轻松地掌握这种方法，并将其运用到作品中。教师应引导儿童有目的地组织点、线、面，表现出节奏感、秩序感，使画面达到丰富而不繁杂，变化而不紊乱，生动而不散漫的效果。教师还应引导学前儿童在绘画活动中总结出一些形象的语言，如"点"聚在一起是在"开会"，"点"分开表示"散会"；线条的长短像运动员，有的跑得快、有的跑得慢等。在色彩方面，教师应为学前儿童提供丰富的材料，有意识地对学前儿童进行色彩训练，如练习使用对比色、近似色、冷暖色等。学前儿童在拼拼摆摆之间会逐渐掌握色彩搭配的经验。

案例 4.5

绘画活动《放风筝》

活动目标

1. 回忆、交流、模仿自己与他人放风筝时的精彩片段，体验放风筝所带来的快乐。

2. 尝试表现放风筝时的动态和情景，会借用参照物来表现高飞的风筝。

3. 在创作的过程中进一步体验成功放飞风筝的喜悦。

活动准备

1. 经验准备：有和家人放风筝的经验，欣赏过各种各样的风筝。

2. 物质准备：蜡笔、黑色水彩笔、画纸等。

活动过程

1. 调动学前儿童的已有经验，让学前儿童与他人交流放风筝时的生动片段。

（1）教师引导：你见过哪些风筝？它们是什么样子的？你放风筝吗？你放风筝时的心情怎么样？你是和谁一起放风筝的？你是怎么放风筝的？你是在哪里放风筝的？

（2）学前儿童学一学放风筝时的样子。

2. 师幼共同探讨表现风筝高飞的方法。

教师引导：怎么表现抬起头来的人？怎么表现高飞的风筝？把人和风筝都画得小小的，好看吗？怎样用夸张的方法，既把风筝和人都画大，又能表现风筝飞得高的样子呢？

3. 学前儿童创作，教师个别指导。

（1）教师指导：你放风筝的时候最开心的事是什么？放风筝的人应该画在画面的什么位置，风筝应该画在画面的什么位置？

（2）教师重点引导学前儿童借助参照物（如云朵、树梢、楼房等）表现高飞的风筝。

4. 展示学前儿童的绘画作品，讨论不同的构图方式所产生的不同效果。

教师引导：你觉得哪幅作品能表现我们放风筝时的愉快心情？为什么？下次我们再画这样的作品时要注意什么？（可以用夸张的方法表现人和风筝。）

活动延伸：教师继续引导学前儿童学习运用活动中使用的绘画方法表现自己的生活场景，如看星星、升国旗等。

活动评析

在这个活动中，教师结合了学前儿童的前期经验和兴趣，选择了有针对性的活动内容，设定了准确的活动目标。在活动过程中，教师可以让学前儿童在绘画之前先欣赏两幅采用不同方法表现的范画，一幅画中有小小的人、风筝和长长的线，如图 4-17 所示；另一幅画中有大大的人、风筝，短短

学前儿童美术教育与指导（全彩慕课版）

的线和参照物，如图 4-18 所示，让学前儿童在对比欣赏中发现绘画时可以借鉴的好方法。

图4-17　作品《放风筝》1

图4-18　作品《放风筝》2

三、学前儿童线描画活动实施的指导要点

学前儿童进行线描画活动时存在的问题主要表现在 5 个方面：学前儿童对线描画不感兴趣；不能适当地选择绘画材质的大小；不能恰当地运用线条表现事物的特征；握笔姿势和方法不正确；工具使用方法不当。针对这 5 个问题，教师可以采取以下策略。

（一）激发学前儿童兴趣，分阶段提出教育要求

教师可用内容激发学前儿童对线描画的兴趣，激起兴趣之后再分阶段对学前儿童提出一些教育要求，这样既能不损害学前儿童的兴趣，又能慢慢地渗透操作技巧。线描画作为一种很重要的学前儿童绘画方法，在学前儿童刚开始接触时，教师还是应该以激发其兴趣为先。教师可以通过游戏或新奇的事物来激发学前儿童对线描画的兴趣。例如，教师可以找来一堆单色的毛线团，呈现在学前儿童面前，让其玩耍，并让其谈谈毛线团是什么样子的，摸起来有什么感觉；然后让其用签字笔在厚纸上把毛线团画下来。同时，在画线描画的初期，教师尽量不给学前儿童提太多要求，仅让学前儿童感受笔和纸之间的相互作用。到了中班，教师可以要求学前儿童正确握笔，画画时要有正确坐姿等，但要求不能太高，主要是提高学前儿童对线描画的兴趣。线描画活动的内容不要过于复杂，力求作品在一次教学活动中完成，学前儿童未完成的内容还可以用语言来补充。

（二）提供多种线描画工具和材料

教师可以给学前儿童提供多种线描画工具和材料，使其感知不同工具与不同材料结合使用所产生的不同效果。教师还可以提供一些配合不当的绘画工具与材料，如容易破损的宣纸与较为坚硬的签字笔，让学前儿童尝试结合使用。在这个过程中，学前儿童会发现这种笔不适用于这种纸张，或者这种纸张不适用于这种笔。在尝试错误的过程中，学前儿童可以发现"恰当的"搭配，并获得一定的成就感。

（三）借助媒介引导学前儿童走近线描画

学前儿童初次接触线描画时，教师可以借助一定的媒介对其进行引导。例如，教师可以先让学前儿童感受一定的实物、投影、图片、音乐、大自然中的事物或声音等，然后让学前儿童用单纯的点、线、面来抒发或表现自己所感受到的形象，提高学前儿童对点、线、面的敏感性。例如，教师可以与学前儿童一起扮演一个个小小的点，跟着音乐的节奏，跳出不同的点、线、面，这样学前儿童用线描

表现出来的作品会更具有感染力和生命力。

（四）引导学前儿童欣赏线描画，发现线描画的表现力

教师可以给学前儿童呈现一些有趣的线描画，引导其观察作品中不同线条的粗细长短、曲直软硬、强弱疏密等，然后鼓励其尝试表现这些线条，从点变成线，由线变成面，既能激发学前儿童的兴趣，又能提高学前儿童对线条的敏感性。

（五）提供的绘画材料要大小适中

在画线描画的初期，教师可以让学前儿童在小纸片上画一些简单的人物头像和表情，如使用边长为 10 厘米的正方形白卡纸。教师可引导学前儿童画的头像大小和纸张一样大，而且要画出表情。但是，有一些学前儿童仍然会把头像画得很小。为了解决这一问题，教师也可以让学前儿童在画面的空白处多画一些不同的表情来丰富画面，以免画面太空，也便于学前儿童进行对比。除了纸张，在提供笔时，教师也要注意选择大小适中的绘画用笔。此外，因为线描画笔笔尖较细，完成作品需要较长的时间，而学前儿童的注意力集中时间又有限，所以在绘画过程中，教师要让学前儿童适当休息。

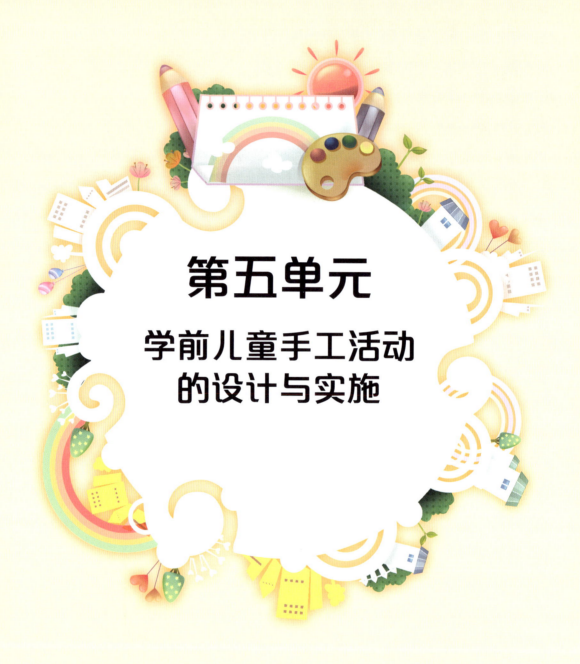

第五单元

学前儿童手工活动的设计与实施

【学习目标】

1. 熟悉学前儿童手工活动的主要工具与材料，明确学前儿童手工活动的物质准备和精神准备。

2. 掌握学前儿童手工教育活动的设计要求与指导方法。

3. 能够科学地分析学前儿童手工活动行为表现并进行有效指导。

【学习建议】

学前儿童手工教育活动是教师引导学前儿童使用不同的手工工具和材料，运用贴、撕、剪、折、塑等手段，制作出占有一定空间的、可视而且可触摸的多种艺术形象的一种教育活动。学前儿童手工教育与绘画教育一样，是学前儿童美术教育不可或缺的组成部分，对学前儿童身心发展、认知能力的发展、思维发展及其审美能力的增强，都有很重要的促进作用。本单元将从学前儿童手工活动的材料与准备、学前儿童纸艺教学活动的设计与实施、学前儿童泥塑教学活动的设计与实施等方面介绍学前儿童手工活动的设计与实施。

第一节　学前儿童手工活动的准备

一、学前儿童手工活动的工具与材料

学前儿童手工活动常用的工具主要是适合学前儿童使用的简单工具，包括剪刀、泥工板、木刻刀、切片尺、牙签、糨糊、胶水及其他辅助材料。用于学前儿童手工活动的材料种类丰富，形态多样，如各种各样的种子、废旧布料、面团毛线、盒子、蔬菜、瓜果等都可以作为手工活动的材料。如果从外形上分的话，这些多样的材料可以分为点状材料、线状材料、面状材料和块状材料4种形态。

（一）点状材料

点状材料主要有豆子、沙子、石子、珠子、纽扣、谷物、果仁、木屑等。点状材料主要用于作品完成后的装饰，也可通过串联、拼贴、粘贴、镶嵌、垒积等方法制作平面和立体的作品，如用豆子粘贴动物，用纽扣做粘贴画等，如图5-1和图5-2所示。

图5-1　豆子粘贴画——海底的鱼　　　　图5-2　纽扣粘贴画——插花

（二）线状材料

线状材料主要有纸条、绳子、棉线、毛线、树枝、吸管、电线、橡皮筋等。线状材料可以通过编织、盘绕、拼贴、拼接、插接等方法来制作平面和立体的作品，如用毛线粘贴花瓶、纸条编织筐等，如图5-3和图5-4所示。

图5-3　毛线贴画花瓶

图5-4　海棉纸条编织筐

（三）面状材料

面状材料主要有各种纸、布、树叶、花瓣、羽毛、木板、铁片、塑料片及薄膜等。面状材料可通过剪、撕、折、染、卷、粘贴等方法制作平面和立体的作品，如树叶拼贴画、布艺等，如图 5-5 和图 5-6 所示。

图5-5　树叶拼贴画小金鱼

图5-6　不织布拼贴画小刺猬鱼

（四）块状材料

块状材料主要有各种蔬菜、水果、不同材质的盒子、瓶罐、泥块、面团、石块、纸杯等。块状材料可通过塑、刻、挖、拼接、组合、串联、剪等方法制作立体的作品，如捏泥人、蔬菜造型等，如图 5-7 和图 5-8 所示。

图5-7　橡皮泥小女孩

图5-8　蔬菜造型

二、学前儿童手工活动的物质准备

学前儿童手工活动的工具和材料相对学前教育其他领域而言比较多，教师需要花费更多的精力来准备手工活动的工具和材料。准备丰富和周密的工具和材料，对提升活动效果具有重要作用。因此，活动材料的准备可以从以下几个方面着手。

（一）手工活动工具的准备

手工活动需要用到剪刀、美工刀、胶等，而泥工活动则需要泥工模具、牙签、泥工板等。开展活动前，教师要根据活动内容仔细整理出学前儿童操作需要的工具。

（二）手工活动材料的准备

学前儿童手工活动的材料包括纸、泥、各种废旧物品等。在准备手工活动材料时，教师需要把手工活动材料的特征都明确细化地表述出来，确保不会遗漏。例如，彩泥需要提供的颜色，每个学前儿童所需的份额，纸箱或纸盒的尺寸和数量，等等。

（三）辅助材料的准备

辅助材料看似平常，然而细节决定质量。辅助材料准备充分才能保证活动细节不出纰漏。例如，学前儿童要使用胶水，那么盛胶水的容器、蘸胶水的棉签、擦手的抹布要准备到位；拼贴活动中盛放材料的篮子数量、如何摆放等也需要提前设计。

（四）环境的布置

环境的布置主要是指开展手工活动的空间以及空间的布置。根据手工活动的需要，教师要仔细做好环境准备，需要考虑：活动在室内还是室外进行？桌椅怎么摆放？是否需要分组以及如何分组？

三、学前儿童手工活动的精神准备

精神准备即经验准备，包括对美术基本知识，对美术材料的经验，对美术表现对象的经验和已有的美术基础技能的准备。而在不同类型的活动中，教师应该准备的经验和技能也不相同。

（一）初次学习美术技能的手工活动

初次学习一种新的美术技能，教师要确认学前儿童前期已有的基础技能。例如要学习剪窗花，学前儿童应该已有剪纸经验。另外，教师要确定学前儿童是否认识和熟悉需要的工具和材料，如果不熟悉，需要设计相应环节向学前儿童进行介绍。

（二）同一主题的一系列手工活动

幼儿园不少手工活动都是一个主题分两次或两次以上的活动进行，在这种情况下，教师就要在下次活动前确认学前儿童已经掌握了前次活动所学的知识和技能。

案例 5.1

手工活动《面点师（一）》

经验准备

1. 玩过彩泥，知道彩泥不能混合。
2. 知道一些球形的面点食物。

手工活动《面点师（二）》

经验准备

1. 见过麻花、饺子。

2. 能够揉泥、团泥。

手工活动《面点师（三）》

经验准备

1. 会团泥、搓泥、压泥。

2. 有制作装饰画的经验。

第二节　学前儿童纸艺活动的设计与实施

　　纸艺活动是以不同性质的纸为主要材料，以粘贴、撕、剪、折等为主要技法进行造型的教育活动。纸艺活动有助于锻炼学前儿童的手指肌肉，提升其手指灵活性，增强其目测能力，帮助其认识几何图形的特征、变化等。

一、纸艺的种类

　　纸艺分为平面纸艺活动和立体纸艺活动，其中平面纸艺活动包括撕纸、剪纸、刻纸、染纸，立体纸艺活动包括折纸、纸编、衍纸、纸雕塑等。纸艺活动示例如图5-9～图5-14所示。

图5-9　撕纸：春节

图5-10　剪纸：窗花

图5-11　染纸

图5-12　折纸：青蛙

图5-13　折纸：裙子

图5-14　纸编：筐子

二、纸艺活动的主要技法

纸艺活动的技法有很多，常见的有粘贴、撕、剪、折、刻、团、卷、拧、编、压、染、插接、水泡等，这些技法赋予了纸张新的生命力，创造出了立体或平面的手工作品。下面具体介绍学前儿童纸艺活动的主要技法，包括粘贴、剪、撕、折、染、编织等。

（一）粘贴

粘贴指学前儿童借助胶水或糨糊将操作材料贴到画纸或底版的适当位置上的造型活动。通过粘贴，学前儿童可以制作出平面或立体的具有浮雕感的作品。粘贴主要包括实物图形粘贴、几何图形粘贴和自然物粘贴等。例如，修剪各种形状的树叶，将其粘贴成动物形象；拼摆花生壳、瓜子壳等，将其粘贴成小人、动物等各种形象。

（二）剪

剪有目测剪、沿轮廓线剪和折叠剪 3 种类型。目测剪是凭自己的感觉和经验在没有任何痕迹的面状材料上剪出自己需要的形象；沿轮廓线剪是根据已有的轮廓线剪出所需的形象；折叠剪是将纸折叠后剪出一些对称的形象，如剪窗花等。

（三）撕

撕有目测撕、沿轮廓线撕和折叠撕 3 种类型，基本方法和剪有许多相似之处。

（四）折

折包括对边折、对角折、双正方折、双三角折、集中一边折、集中一角折、四角向中心折、菱形折及组合折等基本技法。对边折是将纸的两边对称折叠，也就是沿纸的中线折叠；对角折是将纸相对的两角对齐折叠，也就是沿对角线折叠；双正方折是将正方形纸对角折成三角形，再重复一次对角折，将两个小三角形分别从中间撑开，折成双正方形；双三角折是将正方形纸先对角折成三角形，再根据三角形底边的中心点，分别前后向三角形的顶点折叠，然后从中间撑开成双三角形；集中一边折是将正方形纸或长方形纸相邻的两角沿夹边的中心点相向对折；集中一角折是将正方形纸或长方形纸相邻的两边沿夹角相向对折；四角向中心折是将正方形纸上下左右两次对边折（或对角折），折出十字中线和中心点，然后将四个角分别依中线向中心点折；菱形折是先进行两次集中一角折，然后向下拉成菱形；组合折是将数张大小相同或不同的纸分别折叠出所需的部分，再将各部分衔接组合成一个复杂的整体。部分折纸技法展示如图 5-15 和图 5-16 所示。

学前儿童美术教育与指导（全彩慕课版）

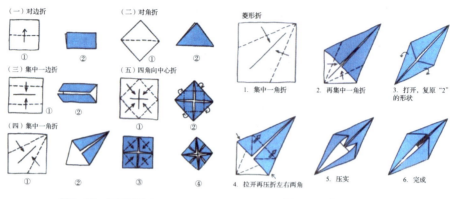

图5-15　折纸技法1　　　　　　图5-16　折纸技法2

（五）染

染是指用生宣纸等吸水性强的纸进行折叠后，再用水性染料进行染制。染有浸染、点染、晕染、夹染等方法。浸染是指将纸折叠好后，把需要浸色的部分浸入彩色墨水中，用手挤捏，作品示例如图5-17所示。点染是指在画面浸染不到或某些局部需要变化时，用毛笔蘸色进行局部点染，使之产生变化丰富的多层次色彩效果，作品示例如图5-18所示。晕染是指将染过的作品用毛笔或滴管沿色彩边缘滴、涂酒精或清水，并用手指略加挤捏，使色彩迅速推移并向外晕化，产生丰富含蓄的变化效果，作品示例如图5-19所示。夹染是指根据构思需要，用木夹或铁夹将某一局部夹紧染色，作品示例如图5-20所示。

图5-17　浸染法

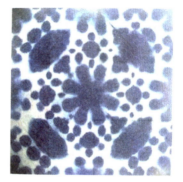

图5-18　点染法

图5-19　晕染法

图5-20　夹染法

（六）编织

编织是指用条状纸材料按照经纬线交叉的原理编织出平面或立体物象。编织技法示例如图5-21和图5-22所示。

图5-21　编织技法1

图5-22　编织技法2

三、各类纸艺活动的技法要点

学前儿童纸艺活动的内容主要有拼贴活动、撕纸与剪纸活动、折纸活动、染纸活动、纸编活动等。

（一）学前儿童拼贴活动的技法要点

拼贴活动属于平面造型活动。学前儿童拼贴主要有粘贴、剪贴、撕贴等形式。设计拼贴活动时，教师要注意发展学前儿童手的动作并引导其对图形的认知，以及通过纸型激发其想象与联想，从而使其能够创作独立、有情节的拼贴作品。

1. 粘贴活动

粘贴是指学前儿童用现成的点状、线状、面状材料粘贴出凸起的形象。粘贴对发展学前儿童的触觉有很好的作用。教师常常会带领学前儿童一起粘沙，或用树叶进行拼贴。

粘沙是在画好的形象上涂上胶水或用胶水涂画出形象，然后在画出的形象上撒细沙；撒匀、撒满细沙后，抖去多余的细沙，画纸上会出现一幅沙画。粘沙的材料不局限于细沙，似细沙的小颗粒材料，如盐、小米等都可使用。材料不同，粘出的效果也不同，学前儿童可以根据创作内容和目的巧用材料。

树叶拼贴属于典型的利用自然材料进行手工制作的活动，是幼儿园开展较多、受学前儿童欢迎的美术活动。在树叶拼贴活动开始之前，教师有必要开展一些铺垫活动。例如，收集各种形状和颜色的树叶，欣赏树叶奇特的形状、天然的叶脉纹理及其丰富的色彩，将树叶分类、压平保存；等等。树叶拼贴活动有两个要点，一是拼摆出形象，二是将形象粘贴好。

拼摆形象时，教师要引导学前儿童反复、仔细地观察树叶的形状、色彩等，找出它们的特点，启发其思考每种树叶与什么东西相像，如银杏树叶像扇子、蝴蝶的翅膀，枫叶像金鱼的尾巴，椭圆的叶子像大象的耳朵等。教师也可以引导学前儿童有目的地进行联想，如有的树叶光滑细腻，有的树叶灰暗粗糙，可以利用树叶的特性做出不同的东西。有了初步的想法之后，教师要引导学前儿童将树叶在底纸上拼摆。拼摆结束后，学前儿童要在每片树叶的反面贴上双面胶或涂抹上胶水，再将其放回原位并用一张干净的纸盖住、抹平压实，作品就完成了。

在粘贴之前和粘贴的过程中，教师要注意提醒学前儿童：胶水不要涂得太多，适量即可；胶水要涂抹在材料的背面，涂抹要均匀；粘贴时将涂好胶水的材料轻轻拿起，把背面（即抹了胶水的一面）朝向底纸轻轻放好，再拿一张干净的纸覆在上面，轻轻按压；要将所有材料都粘好，作品才算完成。

2. 剪贴或撕贴

剪贴或撕贴都需要先对材料做剪或撕的加工，然后将加工过的材料按照创作需要拼贴出形象和画面。

剪贴指用剪刀将材料修剪成需要的形状，然后拼贴出形象。剪贴材料包括各种纸、布、树叶等。剪贴的难点首先在于剪，因为在剪的过程中不仅要使用剪的技能，还含有绘画造型的成分；其次是拼贴形象，这依然既涉及拼摆和粘贴技能，又涉及绘画造型与构图技能。一般来说，学前儿童是在边剪、边拼摆的过程中完成创作构思的。拼摆结束后，学前儿童把材料一一粘上，才算完成作品。

撕贴指用手将材料撕成需要的形状，然后拼贴出形象。撕贴材料一般是易撕的纸张，其韧性不能太强。针对小班的学前儿童，教师可以设计一些粘贴简单物体形象的内容，如粘贴"草莓""菠萝"等。教师事先准备一些画好图样的纸，让学前儿童把撕成的小碎片粘贴在图样中。在粘贴的过程中，学前儿童应能认识粘贴的工具和材料，并掌握其使用方法。为中班的学前儿童设计的拼贴活动应着重培养其掌握正确的粘贴方法，要求粘贴得干净、平整、牢固、美观。中班的学前儿童在粘贴时，既可以是成品粘贴，也可以是半成品粘贴。为大班的学前儿童设计的剪（撕）贴活动，主要是让学前儿童自剪、自贴，更好地掌握3种剪（撕）法，即目测剪（撕）、沿轮廓线剪（撕）和折叠剪（撕），能将面状材料分块儿并拼贴出平面的物象或制作出立体的物象。剪（撕）贴内容设计应由简到繁、先易后难，即先剪（撕）并拼贴出大面积的、线条较短的、较直的物体形象，然后剪（撕）并拼贴出一些有曲线的、有细节的物体形象。

案例 5.2

粘沙活动

活动目标

1. 学习将沙状材料粘在纸上。

2. 感受沙状材料的松散可变性和胶水的黏结性。

活动准备

选用广口塑料瓶，在瓶中装入细沙，最好是经过染色的细沙；将纸蒙在瓶口上，用线绳或橡皮筋勒紧，使纸绷紧如鼓面；将大块的双面胶剪成简单的物体形状，如苹果、小花等，贴在画纸上；小棍若干。

活动过程

1. 教师演示粘沙。

在瓶口的纸上扎一些洞孔后，教师演示粘沙，步骤如下。

（1）洞孔扎好后，教师拿出已粘好双面胶的画纸，撕去双面胶上的纸。

（2）拿起扎有洞孔的瓶子，将瓶子倒过来，并对学前儿童说："将瓶子轻轻地倒过来，让好看的沙子流出来，落在画纸上。"

（3）待沙子盖住双面胶图形后，停止撒沙；两手将画纸轻轻拿起，抖一抖，多余的沙子掉落了，沾满沙子的图形就显现了出来。

（4）教师将沙粘出的图形展示给学前儿童看，同时提问："小朋友们，你们看，纸上出现了什么？"学前儿童自由讨论。

2. 学前儿童粘沙，教师指导。

（1）教师演示完毕，请学前儿童来试一试。

（2）学前儿童粘沙，教师指导、协助。

3. 分享展示作品。

教师将学前儿童粘好沙的作品展示出来，大家一起观看欣赏，请学前儿童说说这些都是谁的作品，上面的图形都是什么样的，颜色是否一样等。

提示

学前儿童也可以用胶水在画纸上画一些图形，然后将沙子撒上，抖去多余的沙子后，涂有胶水的地方就会呈现出沙子图案。

案例 5.3

树叶拼贴

活动目标

1. 比较各种树叶的细微不同，增强视知觉的分辨力。

2. 充分发挥绘画想象力，学习独立构思。

3. 打破对事物的习惯认识，培养发散思维。

活动准备

教师与学前儿童一起预先收集各种树叶，糨糊、剪刀、笔、纸等。

活动过程

1. 教师引导学前儿童观察树叶。

教师将前期收集的各种树叶摆放在学前儿童面前，请学前儿童仔细观察各种树叶的形状、颜色的异同，促使其利用多种感官。

2. 教师引导学前儿童构思。

教师启发学前儿童思考每种树叶与什么东西相像，也可以引导学前儿童进行联想，利用树叶特性做出不同的东西。讨论要充分，以使学前儿童产生想法。

3. 学前儿童尝试用树叶做造型。

（1）学前儿童摆弄、感受各种树叶，在摆弄的过程中发现、思考与确定个人的主题。

（2）学前儿童将树叶在纸上大致拼摆成形后，用糨糊将拼摆好的树叶粘贴好。

（3）学前儿童将树叶粘贴好后，可以适当添加细节，使形象更生动逼真。例如添画出蝴蝶的触须、小鸟的爪子等，还可以添画出周围的景物，如水波、云朵等。

4. 展示分享作品。

学前儿童展示作品，教师引导学前儿童选出有创意的作品，请创作者讲讲其想法，其他学前儿童发表意见。

提示

为了使学前儿童的经验互通，树叶拼贴的活动可以和相关的科学认识活动一起进行。

学前儿童美术教育与指导（全彩慕课版）

案例 5.4

撕贴

活动目标

1. 熟悉人体的各部分及其组成。

2. 学习构思人体动作、姿态。

3. 练习粘贴与添画细节。

活动准备

废旧报纸、画纸、彩色画笔、糨糊。

活动过程

1. 教师与学前儿童谈话，梳理其关于人体组成部分的经验。

（1）教师："小朋友，请想一想，我们的身体有哪些部分？"（头、颈、胸、腹、四肢）

（2）教师："哪些部分是能够弯曲的？"（肩、肘、颈、腕、腰、膝、指节）

（3）教师："这些部位是人体各部分的衔接处，由于它们能转动弯曲，人才能进行活动。"

2. 教师引导学前儿童撕贴。

（1）教师同学前儿童一起将人体的各个部分撕出。先撕出头，将头撕好以后，其他各部分可以根据头的大小有比例地撕。

（2）当表示人体各部分的纸块撕好以后，先由学前儿童将它们拼摆在画纸上，形成人体形状；然后教师启发学前儿童尝试让关节弯曲，看看人体会出现什么动作。教师可以让学前儿童多次拼摆，尽量摆出各种动作，并适时启发学前儿童回忆见过的人们的活动，如玩游戏、做运动、工作等，再让学前儿童试着拼摆出相应的动作。

（3）待纸人拼摆好以后，学前儿童将纸块一一粘在画纸上。这时，教师应提醒学前儿童："不要移动拼摆好的纸块，先把主要的纸块轻轻取下，抹上少许糨糊，然后把纸块放到原来的位置上，用手轻轻按压、粘好。其他的部分也按照原来的样子，一块一块地粘好。"

（4）将全部纸块粘好后，学前儿童按自己的想象添画细节及景物。

3. 展示分享作品。

作品完成后，请学前儿童展示作品并讲讲自己的想法，说一说作品中的人物在做什么。其他学前儿童评论，看看谁摆的人物动作是大家没有想到的。

4. 清理干净桌面和地面。

（二）学前儿童撕纸与剪纸活动的技法要点

撕纸与剪纸都是分割面状材料的做法。通过分割，去掉材料多余的部分，保留构成形象的部分，是撕纸与剪纸的相同之处，由此带来了两者在创作方法和效果上的许多共同点。撕纸与剪纸也有不同之处，剪纸通过工具完成对材料的分割，而撕纸是徒手进行的。这一区别使得撕纸与剪纸在具体操作和效果上各有特点。

撕纸与剪纸是最经济、简便的美术创作手段，只需要用简单的工具和材料即能创造出各种形象，进行多种多样的表达，满足广泛的用途。撕纸作品与剪纸作品的造型都十分简洁，图、底分明，没有多余的细节和层次过渡。这与学前儿童普遍运用简单造型的特点相吻合，便于其理解和掌握。学前儿童创作的撕纸作品、剪纸作品更具稚拙之感，似乎只有在学前儿童手中，撕纸作品与剪纸作品才能呈现出它们的最初状态。因此，撕纸与剪纸被广泛地运用于学前儿童美术教学中。

撕纸的最大特点在于它以手指为工具，用双手手指配合撕出所需要的图形和形象，再粘贴成图画。用手撕出来的形象，轮廓线蓬松、柔软、毛茸茸的，具有自然、浑厚、稚拙的独特美感。撕纸活动内容设计应注重撕纸的基本方法（大拇指和其余四指分别位于纸的两侧，两手相对捏住要撕的部分。撕时，两手向相反方向用力。每次撕口不要太长，一点一点撕出所需要的形象，不能撕开一点儿小口后，就顺势撕下去，这样撕不出特定的形状）。撕纸的方法有自由撕、沿轮廓线撕和折叠撕等。一般来说，小班学前儿童的撕纸活动内容设计倾向于自由撕，中、大班学前儿童的撕纸活动内容设计倾向于沿轮廓线撕和折叠撕。

剪纸活动主要由创作者使用剪刀将面状材料剪成所需形象。设计剪纸活动时，首先，教师应设计学前儿童学习使用剪刀的相关内容和方法，如大拇指和其他四指分别伸进剪刀的两个柄环里，通过大拇指和四指的运动，使剪刀随之开合，把纸剪开等。其次，在学前儿童学会使用剪刀的基础上，教师应设计剪纸技法的相关内容。

1. 撕、剪纸技法

（1）目测撕、剪

目测撕、剪指在没有画痕的纸上依靠目测撕、剪出形象，且目测撕、剪没有严格的限制，撕、剪起来比较自由，因此最初的撕、剪纸活动内容设计最好以目测撕、剪方法的练习为主。随着学前儿童年龄稍长且有了一些撕、剪经验后，教师可要求学前儿童提前考虑好自己要撕、剪的形象，然后进行目测撕、剪。

（2）沿轮廓线撕、剪

沿轮廓线撕、剪指按照纸上画好的轮廓线撕、剪出所需要的图形和形象。在撕、剪纸活动内容设计中，轮廓线可以由教师画，也可以由学前儿童画。学前儿童的年龄越大，其自己画的成分就越多。在画轮廓线时，教师和学前儿童应注意所画形象要大些，轮廓线要简练些，不能有太多凹凸。

（3）折叠撕、剪

折叠撕、剪是将纸折叠之后撕、剪出纹样。折叠撕、剪的纹样具有对称性、均衡感。折叠撕、剪纸可以目测撕、剪，也可以沿轮廓线撕、剪。折叠撕、剪的第一步是将纸折叠。由于学前儿童手部肌肉发育不成熟，纸的折叠层数不宜太多，一般以折叠 2 ~ 3 层为宜。若折叠的层数太多，学前儿童有可能撕、剪不动。长条纸反复折叠后，可撕、剪出花边；正方形或圆形纸围绕中心放射折叠后，可撕、剪团花。

2. 撕、剪纸的种类

（1）图案撕、剪纸

图案撕、剪纸指运用图案手法和组织规则进行创作，可以撕、剪出非具象或具象程度很低的撕、剪纸作品。例如，撕、剪纸花边、团花，就属于这一类型。图案撕、剪纸作品的花纹多是规则或不规则的几何形，它们以重复、对称等规则组合、排列在一起。图案撕、剪纸作品的特点是简洁、分明。学前儿童在实际操作的过程中，可以真切地体会到图形的重复、对称是如何形成的。

（2）绘画撕、剪纸

绘画撕、剪纸指运用更多绘画手法进行创作，可以撕、剪出如人物、动物、植物等有一定写实性的撕、剪纸作品，这类撕、剪纸作品的表现内容广泛。只要掌握基本的撕、剪纸方法，学前儿童就可撕、剪出多种多样他们感兴趣的、生活中的事物。

案例 5.5

撕纸条：撕纸练习

活动目标

1. 尝试用手指将纸条撕开，使其成为纸条或纸块。

2. 学习有控制地撕纸，掌握用手将纸撕成纸条和纸块的技能。

3. 感受纸的可分割性，享受撕纸的乐趣。

活动准备

旧报纸若干。

活动过程

1. 教师介绍活动，激起学前儿童撕纸的兴趣。

（1）教师拿起一张纸，顺着纸边将纸撕成纸条，请学前儿童观看。

（2）教师边撕边说："这是一张纸，用手拿着，顺着纸的一边一点一点地撕，撕出一个纸条，再撕，又撕出一个纸条。小朋友们，愿不愿意和老师一起撕纸条呢？"

2. 教师和学前儿童一起撕纸条

（1）活动重点放在体会撕的动作与纸的关系上。教师注意提醒学前儿童双手捏住纸，手指对着手指，一点一点地撕，这样才能撕出纸条；不能拿着纸，从一边撕开一个口，然后就顺势撕下去，这样撕不出想要的形状。

（2）在撕纸过程中，教师应与学前儿童边做边说，交流想法，享受撕纸的乐趣，同时鼓励学前儿童进行交流与分享。

3. 展示、分享活动成果

教师带领学前儿童将撕好的纸条理成一束一束的，用绳捆扎起来，摆放整齐，让大家来看看撕的多不多。

案例 5.6

旋转的纸条：剪纸练习

活动目标

1. 学习使用剪刀的技能。

2. 尝试沿螺旋线剪出简单的图形，锻炼手眼统一协调的能力。

活动准备

为每个学前儿童准备 1 张画好螺旋线的画纸和 1 把剪刀。

活动过程

1. 教师演示沿螺旋线剪纸。

教师取有画有螺旋线的画纸，用剪刀沿线剪，边剪边对学前儿童说："握好剪刀，沿着画纸上画好的螺旋线剪，轻轻转动手中的纸。"

2. 学前儿童剪纸，教师指导。

（1）教师给每个学前儿童发 1 张画有螺旋线的画纸，教学前儿童开始剪纸。

（2）教师在学前儿童剪纸时，根据每个儿童的情况，提醒他们："握好剪刀，尽量沿着螺旋线剪，注意双手配合，不要用手硬拽纸。"

3. 展示、分享活动成果

剪完后，教师协助学前儿童从纸中心将纸拎起，剪好的纸呈螺旋状。

案例 5.7

图案剪纸：奇妙的冰花

活动目标

1. 学习剪出四角对称的四瓣花。

2. 知道水也可以塑造形体，学习制作简单的冰造型的技能，开阔创造思路。

3. 体会冬季生活的乐趣，培养乐观的生活态度，欣赏冰花玲珑剔透的美。

活动准备

冻好的冰花 2 ~ 4 个、各色彩色纸（最好是能够溶色的纸，如电光纸、皱纹纸等）、剪刀、杯盘等小容器、线绳、水。

活动过程

1. 教师展示冰花，激发学前儿童参与活动的兴趣。

（1）教师取出冰花，向学前儿童展示，并问："小朋友，你们看老师手里拿的是什么？它是用什么做的？它是怎样做成的？"

（2）学前儿童回答后，教师总结概括："这是冰花，用水做的，里面有彩色的剪纸，把水冻成冰做成的。"

2. 教师演示剪四瓣花的方法。

（1）教师："冰花中有彩色的剪纸，所以它显得特别好看。怎样剪出好看的剪纸呢？"

（2）教师演示，步骤如下。

第一步，取彩色纸，将纸折成双正方形后，以顶点为中心，将纸对折为三角形。

第二步，以三角形的长边为准，从纸边开放的一侧剪出半侧花形。注意顶点处不要剪断。

第三步，剪好后，将纸打开，纸呈现为四瓣花。

3. 学前儿童剪纸，教师指导。

（1）学前儿童选择彩色纸，开始剪纸，可以剪以前剪过的花形，也可以任选自己喜爱的花形来剪。

（2）教师注意提醒学前儿童，不要把折纸靠近顶点的部分剪断。

4. 制作冰花。

（1）将剪好的纸花展开，穿上线，备用。

（2）取小容器盛上清水，将剪好的纸花平放浸入水中，线头留在外面。

（3）教师和学前儿童一起观看彩色纸的颜色在水中化开。

（4）教师将容器放到冰箱中，待其冻结。

案例 5.8

绘画剪纸：结满果子的大树

活动目标

1. 学习用折叠剪、目测剪的方法剪出形象的大轮廓。

2. 学习用折叠剪的方法剪出形象的细节。

活动准备

1. 教师组织学前儿童观看树木和结满果子的树木的图片。

2. 有条件的幼儿园可组织学前儿童进行秋季采摘。

3. 彩色纸、剪刀。

活动过程

1. 教师与学前儿童谈话，引导其回忆关于树木的印象。

（1）教师引导学前儿童用语言描述树木的样子。（粗粗的树干和大大的树冠）

（2）教师："大树上有什么呢？"（果子）

2. 教师演示树木的剪法。

教师："我们用纸剪一棵结满果子的大树，好不好。"教师演示，步骤如下。

（1）将纸对折，在纸的开口边剪出树的半侧。

（2）将剪出的半侧树打开。教师："大树剪出来了，可是大树光秃秃的，还缺少点什么呢？"学前儿童议论，如缺少果子。

（3）教师："我们再在大树上剪出一些果子。"教师在树冠的纸型上随意捏折，从折叠处向里剪出半个果子的形状。剪好后，打开纸，树冠上就出现了果子形状的洞。教师连续剪几个果子，让学前儿童看清剪的方法。

3. 学前儿童剪纸，教师指导。

（1）教师："孩子们也来试一试，剪一棵结满果子的大树。"

（2）在学前儿童剪纸的过程中，教师要提醒他们注意对折剪树的轮廓时不要弄错方向，要剪开口的一边，折叠的一边不要剪断；剪果子的时候，剪出一个果子后，就换一个地方，再把纸对折一下，剪出另一个果子，注意果子与果子之间要保持距离。

4. 分享、展示作品。

（1）学前儿童完成剪纸后，教师组织学前儿童将剪纸成果贴到活动室的专栏中。

（2）大家一起欣赏作品，说一说，谁剪的大树最有特点，谁剪的大树结的果子最多。

提示

1. 这个活动可以作为以"秋天"为主题的相关活动，用于引导学前儿童积累关于秋天的树的经验。

2. 运用剪果树的方法可以剪出许多外形对称、内有对称细节的形象。在这个活动中，教师可以鼓励学前儿童在"大树"上剪出一些自己喜欢的装饰花纹。

（三）学前儿童折纸活动的技法要点

折纸活动是按照一定的技法对纸张的边、角、面进行折叠、剪、插等操作，将之塑造成形态丰富的形象的造型游戏。折纸是我国民间传统手工活动之一，也是学前儿童非常喜欢的活动。折纸不仅可以锻炼学前儿童手部动作的灵活性，还能培养他们的目测能力、空间知觉能力和对图形变换的思维能力。

折纸活动常用的工具和材料很简单，一般包括纸、刀、笔和粘贴材料等。折纸活动对纸张的要求不是特别高，一般使用比较光滑、有色泽、厚薄适宜的纸，也可使用 A4 纸、废弃的广告纸等。折纸活动一般使用正方形的纸，有时也可使用长方形的纸或三角形的纸。刀类工具在折纸活动中常用来剪刻折叠物体中多余的部分。实物折纸有时只折的方法无法表现其具体的细节，如衣服上的纽扣、动物身上的花纹等，可用笔来填补。在某些折纸活动中，粘贴组合是一个重要的环节，根据作品需要可选用白乳胶、双面胶、胶水或者糨糊等进行粘接。折纸的基本方法是折叠，有时结合剪、粘、插、画等方法和捏、摁等手法，折纸造型会更生动、逼真。折纸活动的题材比较丰富，人物、动物、植物、昆虫、生活用品、交通工具等都能通过折纸造型表现出来。

折纸有一些基本折法，按照一定的顺序，采用不同的基本折法去折，就可以折出想要的形象。学前儿童所要学习的折纸技法，按照难易程度从低到高排列有对边折、对角折、集中一角折、集中一边折、双正方折、双三角折、四角向中心折和组合折等。教师在设计折纸活动内容时，应根据所含折法的难度，由易到难地选材。

4～5岁的中班的学前儿童进行的折纸活动内容，主要是学习掌握一些简单的折叠方法，较平整地折叠简单的玩具。中班的折纸活动内容多是用单张纸进行简单的平面折叠。折纸活动开始时，教师可以设计一些结合简单实物进行折叠的内容，使学前儿童熟悉、理解并掌握几种基本折法，如小帽子（对角折）、飞机（集中一角折）、小手枪（双正方折）等。做成后的玩具可结合游戏供学前儿童玩耍。

为5～6岁的大班的学前儿童设计的折纸活动内容，主要是用两张以上的纸折成简单的立体组合物体造型，并且运用一些辅助手法，使折成的形象更加生动，如在折好的形象上涂色、画线，用剪刀剪去多余的部分，或是把折成的形象粘在衬纸上，再添画上背景和其他景物，组成一幅半立体的画。

以下案例是为学前儿童学习折纸而设计的活动。折纸的种类很多，这里设计的是能将纸张折叠成立体物的活动。这些活动可使学前儿童体验平面材料变化为立体造型的过程。同时，这些活动产生的折纸作品不仅可供欣赏，还可以用作游戏，使学前儿童充分享受折纸的乐趣。

案例 5.9

折纸：帽子

活动目标

1. 学习折纸的基本方法，了解其名称。

2. 通过折纸，感受纸由平面到立体的变化。

3. 锻炼手指的灵活性与动作的准确性。

活动准备

正方形纸、折纸帽子。

活动过程

1. 教师出示折纸帽子，激发学前儿童参与活动的兴趣。

（1）教师拿起折纸帽子，戴在头上。

（2）教师："小朋友们，老师头上戴的帽子是不是很好看？你们能看出来它是什么做的吗？"

（3）学前儿童讨论。

2. 教师带领学前儿童折纸。

（1）教师："老师的帽子是用纸折出来的，你们也来折一顶帽子，好不好？"

（2）教师带领学前儿童用纸折帽子，折叠时，教师注意提醒学前儿童纸要折齐、压平。帽子的具体折叠步骤如图5-23所示。

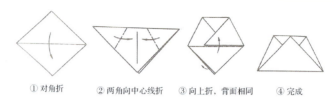

①对角折　　②两角向中心线折　　③向上折，背面相同　　④完成

图5-23　折叠帽子的步骤

（3）帽子折好后，学前儿童可在上面做一些装饰。

3. 展示、分享作品。

学前儿童把自己做的帽子戴在头上，互相欣赏。

案例 5.10

折纸：百合花

活动目标

1. 学习折纸的基本方法，了解其名称。

2. 通过将平面材料变为立体形象，感受纸的方位变化，发展立体造型能力。

3. 用折纸作品装饰环境。

活动准备

正方形纸、折纸百合花、花瓶。

活动过程

1. 教师出示折纸百合花，激发学前儿童参与活动的兴趣。

（1）教师拿出折纸百合花插在花瓶中。

（2）教师："小朋友们，你们看，花瓶中的花好看吗？这枝花和你们平时看到的花有什么不同？它是什么花呢？"（没有香味，摸起来像纸，不光滑柔软，颜色没有深浅的变化，但是也很好看。）教师可以让学前儿童闻一闻，摸一摸，然后说出自己的看法。

2. 教师带领学前儿童折纸。

（1）教师："老师带来的这朵纸折的花是百合花，大家也来折一朵百合花吧！"

（2）教师带领学前儿童折百合花，折叠时，教师注意提醒学前儿童纸要折齐、压平。百合花的具体折叠步骤如图 5-24 所示。

①对角折　②对折　③拉开袋子，背面相同　④再一次拉开袋子，背面相同　⑤向上折，背面相同　⑥向中心线对折，背面相同　⑦再折一次，背面相同　⑧向下折，背面相同　⑨完成

图5-24　折叠百合花的步骤

3. 展示、分享作品

百合花折叠好以后，可以做墙饰，或插入花瓶摆在活动室合适的位置。大家一同欣赏折纸百合花。

（四）学前儿童染纸活动的技法要点

染纸是我国的一种传统民间艺术，由于其色彩艳丽、制作随意、操作简单而受到人们的喜爱。

染纸是将吸水性较强的纸张用折叠、绞夹、卷曲、搓揉、捏皱等方法进行加工，并采用点、染、浸、罩、接等方法上色而形成纹样的一种表现方法。它操作方便，色彩艳丽，纹样千变万化，可以产生许多意想不到的效果。染纸因其变化无穷，最能激发学前儿童的好奇心和探索欲，是一种符合学前儿童特点、富有游戏性的美术活动。对图案设计、色彩配置和多种技法的学习及具体制作过程的实践，可以培养学前儿童的创作意识，提高其审美情趣和动手动脑的能力，从而激发其艺术创作的兴趣。

进行染纸活动前，应先将纸进行折叠，或进行扎、卷、揉、夹等操作，然后进入染色环节，以便产生多种不同的视觉效果。一般取正方形纸，先边对边折，再二次折、三次折等。折多少次，要根据需要来定；折的次数越多，染色作品的视觉效果变化也就越多，但是不容易浸透。"田字格"折法如图 5-25 和图 5-26 所示，折叠时要注意对齐、压平，正反两面折，以便染色时容易浸透；也有在边对边折的基础上，再角对角折的"米字格"折法，如图 5-27 所示；还有"放射状"折法。染纸折法有很多，教师应鼓励学前儿童多动脑筋、多创造。此外，将纸揉搓成不规则的"任意状"，染色后便会出现不规则的特殊效果。"米字格"折法染色效果如图 5-28 所示。"放射状"折法染色效果如图 5-29 所示。

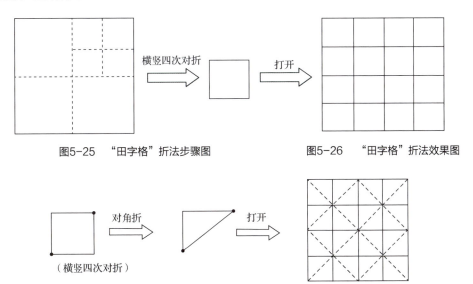

图5-25 "田字格"折法步骤图   图5-26 "田字格"折法效果图

图5-27 "米字格"折法步骤图

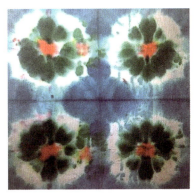

图5-28 "米字格"折法染色效果图

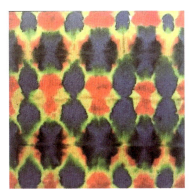

图5-29 "放射状"折法染色效果图

染色时，教师需要引导学前儿童注意画面色彩的控制，应以一种颜色为主，颜色要有深浅变化；要注意时间的控制，浸在彩色水中的时间长则吸色多，染色面积大，反之则吸色少，染色面积小；可以采用先浸染再点染的顺序设计图案，最后在空白过多的地方采用点染的方法进行修饰；纸吸水后十分脆弱，稍不小心就会破而导致前功尽弃，可以用吸水性强的纸或其他材料将水分基本吸干，再小心翼翼地展开。

案例 5.11

简易蜡染

活动目标

1. 学习新的染色方法，更多地了解纸与颜料的性能。

2. 欣赏作品的自然纹理。

活动准备

白纸、废报纸、彩色水（红色或蓝色墨水）、小盘、毛笔。

活动过程

1. 教师演示，激发学前儿童参与活动的兴趣。

（1）教师将白纸捏团，弄湿，再展开，用废报纸吸去多余的水分。

（2）教师用毛笔在褶皱的纸上涂色。由于纸的皱纹处被折断，3 次涂色后颜色较深，呈现出蜡染冰纹的效果，如图 5-30 所示。

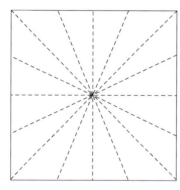

图5-30　"放射形"折法效果及作品

2. 学前儿童染纸，教师指导。

（1）在学前儿童对此产生兴趣之后，教师应让他们来试一试。

（2）教师在学前儿童染色时要提醒他们："涂色时，一笔一笔挨着涂，不要在一个地方反复涂抹。"

3. 染纸作品的处理。

纸染好后，放在报纸上晾干。

4. 分享活动成果。

染纸晾干以后，学前儿童可以手持染纸，对着阳光，观察光和花纹的交织变幻。学前儿童之间可相互欣赏对方的作品。

活动延伸

染纸可用作窗花、剪纸或底纸。学前儿童可以使用漂白剂或彩色笔在染纸上作画，形成细致丰富的画面。

案例 5.12

染色：手绢

活动目标

1. 训练折纸和染纸的技能。

2. 掌握重复对折染出连续对称的花纹的方法和知识，进而有目的地折纸和染纸。

3. 欣赏染纸颜色自然渗化的特殊效果。

活动准备

绵软的吸水性较强的纸、颜料、调色盘、毛笔、剪刀、范例纸张。

活动过程

1. 教师提出任务，激发学前儿童参与活动的兴趣。

（1）教师出示提前完成的作品（范例纸张），问："美不美啊，你们想知道它是怎么做成的吗？"

（2）教师让学前儿童猜一猜，促使他们思考。

2. 教师演示染纸的基本方法。

（1）教师将纸剪成正方形、三角形等图形的纸块，选取一张纸块对边折或对角折，然后根据需要反复折叠多次，注意将边缝压实。

（2）教师调好两三种颜色，在折好的纸的边角处染色，可以用毛笔涂染，也可以将纸浸入颜料中浸染。

（3）教师请学前儿童观看颜料在纸上渐渐渗化，注意提醒他们观察颜色是怎么由浓变淡的。

（4）教师将染好的纸轻轻展开，摊在报纸上晾干。

3. 学前儿童染纸，教师指导。

（1）教师鼓励学前儿童自己设计图案，按自己的设想折和染。

（2）对染色动作掌握不好的学前儿童，教师应适当给予帮助。

（3）学前儿童染完一张后，可取纸继续染色。这时教师应提醒学前儿童想一想，这一次要染出什么花样。

4. 完成染纸。

（1）学前儿童把一张纸基本都浸染上色后，需要将纸打开。

（2）教师要提醒他们，打开染纸时不要着急，要小心翼翼地把折叠着的纸一层层掀开。

（3）学前儿童把染纸打开后，放在报纸上晾干。

（4）染纸干了后，可以用熨斗熨平。

活动延伸

晾干熨平的染纸可以贴在一张纸上留作欣赏。此外，染纸可剪成窗花或制成拉花，也可用于拼贴画。

（五）学前儿童纸编活动的技法要点

纸编即用纸条交织制作工艺品。学前儿童可以用简易的方法进行编织，织出一片片纸织物，然后做成实物或装饰品。学前儿童沉醉于纸编活动中穿来穿去的操作过程，对色彩、纹理和图案的要素越来越敏感，手指也将发展得灵活自如。

学前儿童初学纸编时，不要求用纬线在经线上上下交错穿梭编织。教师给每个学前儿童一个厚纸做的底板，将底纸竖放，在顶端居中钉上4条纸条，其中两条为浅色，两条为深色，一深一浅地排列起来，这些纸条是编织的经线；再剪8条黑色的纸条；编织时，先用一只手将深色的纸条掀起，然后用另一只手将黑色的纸条放进去，一条一条地放进去，直到8条黑色的纸条都放进去，就完成了。教师把浮在上面的两根纸条钉在底板上，让它们压住其他的横纸条；另外松着的两根纸条由学前儿童粘上。同时，教师也可用这种方法教学前儿童学习文字和色彩。例如，教师在竖着的纸条上用彩色笔标上字母、颜色名称或数字，要学前儿童辨认纸条上的红色字、紫色字或橙色字，按颜色或按字母、数字、汉字掀起第一条纸条和第三条纸条，第二条纸条和第四条纸条。学前儿童有了一些编织经验之后，可再学习用纬线在经线上上下交错穿梭的编织方法及其他更复杂的编织方法。

案例 5.13

纸编：传真照片

活动目标

1. 学习经纬线编织的技巧。

2. 锻炼学前儿童的方向感和手的灵活性。

3. 欣赏编织作品传真图像般的特殊效果。

活动准备

1. 旧画报或旧挂历，将其剪裁成普通画纸大小。

2. 黑色或白色纸、剪刀、范例。

活动过程

1. 教师出示编织好的作品，引导学前儿童观看、欣赏。

教师："今天老师拿来一幅画，小朋友们看一看，这幅画与平时看到的画有什么不同？"（这是一幅编织画，画上有一个个小方块，看起来像传真照片或者大屏幕上的画。）

教师："大家能看出来这幅画是怎样编织出来的吗？"（用一张画做底纸，把它剪成像门帘一样的纸条，再编上黑色的纸条。）

2. 教师带领学前儿童编织。

（1）教师："大家已经想好了编织的方法，下面请大家跟着老师一起编织吧。"

（2）从图片底部向上剪出约1厘米宽的均匀的纸条，一直剪到距顶部1厘米左右的地方，画一条线作为记号，再将白色或黑色纸剪成同样宽的纸条。

（3）将剪好的白色或黑色纸条一上一下编织到图片中去，编好一条后，将纸条两端折向图片背面。

（4）按与第一条纸条相反的方向编上第二条纸条，如此编下去，直到把图片编满。

（5）全部编完以后，整理一下，将图片翻过来，把背面的纸条粘住。

（6）在编织的过程中，教师要提醒学前儿童注意编织的方向以及每编一条纸条后都要向上推紧。

3. 分享展示作品

学前儿童展示作品，大家谈谈感受，回想一下见过哪些与此相似的图画。

四、学前儿童纸艺教学活动实施的指导要点

学前儿童纸艺教学活动的材料和技法较为多样，对应的指导要点也不完全相同。

（一）学前儿童粘贴活动指导要点

1. 引导学前儿童认识和使用粘贴的工具和材料

教师指导粘贴活动时，首先要教学前儿童认识和使用粘贴的工具和材料，知道糨糊、刷子（或竹片、毛刷）、干布以及垫板的名称，懂得它们的用途和用法。同时，教师要逐渐培养学前儿童参与手工活动的良好习惯，知道应该保持画面、桌面、地面以及衣服的整洁。

粘贴的工具和材料比较简单，一般使用粘贴剂、底纸和各种粘贴物即可开展活动。粘贴剂主要有固体胶、胶水、糨糊等。学前儿童由于在使用胶水与糨糊时控制不好使用的量，因此常常涂上过多的胶水或浆糨糊，使纸张变得黏稠而褪色，破坏了纸的造型。有条件的幼儿园可以让学前儿童使用固体胶，因为固体胶的使用方法非常简便，便于学前儿童控制使用的量。底纸可选择与粘贴物颜色差别较大的纸，但要注意与粘贴物之间的颜色的搭配。粘贴物主要有纸、布、树叶、花草、五谷等。在粘贴之前，教师应引导学前儿童认识粘贴的工具和材料，了解它们的性质及用途，并学习它们的使用方法，如如何将粘贴剂均匀地涂在粘贴物上，如何使粘贴物与底纸和谐地搭配等。

2. 引导学前儿童掌握正确的粘贴方法

教师要引导学前儿童学习正确的粘贴方法，要求画面粘贴得干净、平整、牢固、美观。在活动中，教师要把握住以下 3 点。

第一，引导学前儿童正确地定位：先将图形或自然材料摆放在纸的恰当位置，主要材料摆放在中间突出、显要的位置，次要材料摆放在旁边不显著的位置，各图形或自然材料都摆放在适当的位置后，才能开始涂抹糨糊。

第二，引导学前儿童正确地使用糨糊：先认清图形或自然材料的正反面，将其反面向上放在垫板上，再用刷子蘸上少许糨糊，在图形或自然材料的反面，由外向里、均匀地涂抹糨糊，并且右手涂糨糊时，左手要按住图形或自然材料使之固定、不移动。

第三，引导学前儿童正确地贴压：先贴主要的、大面积的内容，后贴次要的、小面积的内容；看准了原来摆的位置再往下贴，上、下、左，右的位置都要恰当，要贴得正而不歪斜；贴好后，用干布覆盖其上并用手掌轻轻地压一压，或直接用手掌压，压时，手掌向下用力而不能向四周转着压，绝对不能用手指去摸、抹图形，以保持图形、画面的干净、整洁和美观。

3. 引导学前儿童使用丰富多样的材料进行粘贴

教师要引导学前儿童进行粘沙、粘树叶、粘种子、粘各种废旧材料等丰富多样的材料粘贴活动。例如，贴树叶是典型的用面状材料制作平面手工作品的制作活动。贴树叶的工具和材料主要有剪刀、双面胶（如果用胶水和糨糊粘贴，树叶晾干后容易脱落）、各种形状和颜色的压平的树叶、各色底纸等。在粘贴活动开始之前，教师要发动学前儿童和家长一起收集各种形状和颜色的树叶，并欣赏树叶变化多端的形状、天然的叶脉肌理及其丰富的色彩。粘贴完成后，教师可以将作品加框制作为装饰品，起到美化环境的作用。材料是为活动服务的，但并不是越多越好。因为太多的材料容易使学前儿童将注意力转移到材料的翻找上，从而影响其完成作品的进程。教师在准备材料时，应针对不同年龄的学前儿童的活动特点，适度地提供不同的材料。

（二）学前儿童剪（撕）贴活动指导要点

1. 提供适合学前儿童的剪（撕）贴工具和材料

剪刀是剪贴活动的主要工具。学前儿童使用剪刀时要注意安全，因此为学前儿童选择剪刀时要注意：剪刀头为圆形或方形；剪刀刀刃的长短要以能剪出一些长的直线和大的曲线为宜；刀刃不宜过快，以免在使用时发生意外事故。剪（撕）贴活动的材料主要是各种纸张，一般以能剪（撕）的、不薄不厚的纸张为宜。另外，一些自然材料以及废旧材料也可以作为剪（撕）贴的材料，如树叶、花瓣、羽毛、零碎布等。同时，教师要为学前儿童准备粘贴时用的底纸、抹布、粘贴剂等工具和材料。

2. 指导学前儿童循序渐进地练习折叠剪（撕）的方法

根据学前儿童剪纸与撕纸能力发展的特点，教师应由易到难、由简单到复杂地指导学前儿童练习折叠剪（撕）的方法。对于小班的学前儿童来说，教师可向其提供安全剪刀，让他们尝试学习使用剪刀；另外，提供各种纸张，让他们在撕、揉的过程中了解纸的性质。由于目测剪（撕）没有任何限制，因此学前儿童开始学习剪和撕的时候可采用这种方法。

中班的学前儿童的手部肌肉不断发育，他们开始学习剪一些简单的图形，逐步学会剪弧线、曲线，并能根据教师的要求沿轮廓线剪出物体图形。最初剪（撕）的轮廓线要简单，所剪（撕）的形象要大。随着年龄的增长，学前儿童可沿更复杂的轮廓线剪（撕）出物体图形。

大班学前儿童的手部肌肉不断成熟，他们已较熟练地掌握了剪纸和撕纸的技能，因此教师可指导他们综合运用剪、撕纸的技能进行主题创作。大班的学前儿童可根据故事情节，先将故事中的角色剪（撕）下来，再添画相应的背景，最后进行粘贴。这样做既能丰富其想象力，又可发展其语言表达能力和动手能力。

大班的学前儿童可以学习折叠剪（撕）的方法。折叠剪（撕）的第一步是折叠。由于学前儿童手部肌肉发育不够成熟，因此教师在引导其进行折叠时应注意：纸的折叠层数不宜过多，以2~3层为宜。折叠后剪（撕）时，教师要提醒学前儿童不能把两边全部剪（撕）断，否则便无法形成对称的纹样。剪（撕）完后，教师还要指导学前儿童学习按折叠层逐层揭开并摊平纸的方法，揭开纸时的动作要轻，以保证作品的完好无损。

3. 引导学前儿童对剪（撕）坏的形象进行修改

由于学前儿童手部肌肉尚未发育成熟，他们在剪（撕）时常常不能很准确地剪（撕）出完整的形象，甚至会剪（撕）断连接的部分。因此，教师对其剪（撕）出的形象不必过于苛求。如果学前儿童剪（撕）出的形象与其所构思的形象有较大出入，教师可鼓励学前儿童观察自己手中的形象像什么，通过添画或装饰把它变成新的形象或新的画面。

（三）学前儿童折纸活动指导要点

1. 引导学前儿童学习折纸的基本技法

在学习折纸的基本技法的时候，教师首先应引导学前儿童学习一些折纸的基本术语，如角、边、中心线、对角折、对边折等，以使其能理解教师的指导。在折纸活动中，教师要引导学前儿童学习折纸的基本技法，如对边折、对角折、集中一角折、双正方折、双三角折、四角向中心折等。在折叠的过程中，教师还要引导学前儿童掌握折纸的基本规则，如一定要对齐、抹平，这样折出的物体形象才会平整，不会松松垮垮、歪歪扭扭的。学前儿童学习折纸时，是需要教师做演示的。教师在演示时，用的纸要大些，并且要有正反面；手的动作要明显，每折一步都要说明折叠的依据和标准部位；同时，在演示的过程中，教师要告诉学前儿童每个基本折法的名称和规则要求是什么，在指导过程中要注意语言的专业性。

2. 教师适时进行折纸演示

在学前儿童跟随教师演示折叠时，教师要提醒其按规则折叠，如对齐、对准、抹平、压实等；如果对不齐、抹不平，折出来的物体形象就容易歪歪扭扭、松松垮垮，既不美观，又不结实。在学前儿童刚开始学习折纸时，教师要有目的地选几种简单的形象教其折叠，如大树、小猫、小狗等，从而使其学习并掌握使用频率较高的基本折法和术语。随着折叠形象复杂程度的提高，教师要进一步教给学前儿童更复杂的技法和术语。

3. 引导学前儿童学习看图示折纸

学前儿童学习折纸的特点是容易遗忘，教师可引导其学习看图示折纸。教师要教会学前儿童认识和熟悉折纸符号，这样不仅便于其掌握折纸方法和步骤，也可丰富其识图能力，为其独立进行折纸活动打下基础。教师可事先按照折纸顺序画好步骤图，注意图上线条要简明。在学前儿童第一次学习看图示折纸时，教师可边教其识图边进行演示，使其按照步骤图上的符号折纸。教师在演示时，用的纸要大些，要有正反面，手的动作要明确，每折一步都要指明折叠的依据和标准部位，语言要简练。待学前儿童理解图示后，教师应逐步过渡到仅演示难点，其他部分让学前儿童自己看图示折。教师可只出示一个折好的样品，使学前儿童对要折的形象有一个整体的概念，以加强其折纸的目的性。教师可在手工角或活动区室的墙壁上贴上各种纸工图示。学前儿童可根据自己的兴趣、能力，自由选择折叠内容，在轻松、愉快的氛围中进行折纸活动。

4. 引导学前儿童进行创造性的折纸

折纸活动的模仿性强，教师经常让学前儿童按部就班地根据自己的示范或图示折出相同的物体形象，容易导致其养成重模仿、轻创造的习惯。因此，在学前儿童掌握了折纸技法后，教师要注意引导其把折纸与添画、折纸与剪纸结合起来，根据造型的表现需要在折叠的物体上添加部分的描绘，或配合使用剪刀，使形象更加生动。

另外，折纸是一项需要经过反复练习才能掌握的技能。在进行基本技法练习时，教师可充分发挥学前儿童的想象力和创造力，使其对折叠的造型进行加工改造，形成一件有创意的作品。例如，用长方形纸学习边对边折，在把纸对折后，教师可让学前儿童在纸上画上车窗、坐车的人，再添画上轮子，便做成了一列火车、一辆大巴士等；也可让其把对折后的纸竖起来，在纸上添画上窗、人物等，或是用剪刀剪出几扇窗，便做出了一栋高楼。通过添画和剪纸，学前儿童在活动中会兴致盎然地学习折纸的基本技法。

（四）学前儿童染纸活动指导要点

1. 引导学前儿童了解材料的性质

染纸的工具和材料主要是吸水性较强的纸（生宣纸、餐巾纸、毛边纸等）、水性颜料、毛笔等。

在染纸指导中，教师首先要让学前儿童了解材料的性质和特点。例如，让学前儿童用生宣纸、卡纸等不同性质的纸以及粉质颜料和水性颜料来浸染。通过尝试，学前儿童知道须用吸水性较强的生宣纸与渗透性较强的颜料才能染出漂亮的作品。

2. 引导学前儿童使用正确的方法进行折叠

染纸效果的偶然成分较大，对其效果的控制主要通过对纸的折叠来实现。常见的折叠方法有"米字格""田字格""放射状"等。折叠方法不同，染色后呈现的色斑排列样式就不同。教师在指导学前儿童时，应注意提醒其将纸折叠得整齐、压实，不宜折得太厚，等等。

3. 引导学前儿童掌握正确的染色方法

教师在指导学前儿童浸染时，应注意把握染色时间的长短。同时，由于颜料的渗透性和纸的吸水性，如果要染 1/3 的长度，那么就必须在水色还没有渗到 1/3 处时就把纸移出染料，这样才不至于超过预先设想的染色面积。教师在指导点染时应提醒学前儿童注意把纸染透，如遇未染透的地方，可在同一部位的反面或将纸掀开在里面进行点染。

拓展阅读

不同纸艺活动对学前儿童能力的训练和培养的侧重点不同。剪纸的技术门槛较低，其造型的自由性也更有利于学前儿童大胆创作，因此，剪纸教学活动侧重于对学前儿童想象力、创造力的培养。剪纸教学活动应主观地运用皮亚杰的建构主义教学理论进行活动构建，充分发挥学前儿童在学习活动中的主观能动作用，使其养成主动探索、自我总结、相互学习的学习习惯。

在小班的剪纸教学活动中，教师可以引导学前儿童剪出生活中较为熟悉的、简单的、独立的物象，如水果、汽车等。中班的剪纸教学活动可以设计为剪出较为复杂的物象或物象组合，如人物、有人物的汽车等。大班的剪纸教学活动则可以设计为剪出多种物象组合的场景，教师可利用绘本、诗歌或结合主题活动开展更为丰富的教学活动。

折纸对技法的要求相对较高，为学前儿童创造性的实践预留的空间不大。但折纸作为立体纸工中的重要内容，是传统儿童玩具的常用载体。学前儿童折纸活动要依据学前儿童身体和心理发展的特点设计，内容宜为可用于游戏的纸兔子、纸青蛙等，技术难度要注意循序渐进，以保持学前儿童的学习兴趣。

任何一类纸艺活动的技术掌握和创作能力培养都非一日之功。为能形成较好的教学效果，在有限的幼儿园艺术领域教学活动中，教师要合理地统筹安排时间，既让学前儿童接触到丰富的材料和技法，又能够略有侧重，主次分明。

第三节 学前儿童泥塑活动的设计与实施

泥塑是最常见的学前儿童立体造型活动，它指运用双手的操作和简单的工具将黏土塑造成立体的形象。泥塑在锻炼学前儿童的手指肌肉，提高学前儿童双手动作的灵活性，发展学前儿童的手眼协调能力，培养学前儿童的空间知觉和立体造型能力方面发挥了很好的作用。

一、学前儿童泥塑的艺术特点作用与基本技法

（一）泥塑的艺术特点

泥塑又称泥工，是雕塑的一种。传统泥塑是将黏土塑造成各种形象的一种民间手工艺，在民间俗称"彩塑""泥玩"。它以自然黏土或可塑性较强的泥为原料，以手工捏制成型，或素或彩，形象以人物、动物为主。随着社会的发展，人们也在丰富着泥塑这项民间艺术。现代社会流行的学前儿童泥塑是以黏泥、橡皮泥、面团为主要材料，辅以简单的工具，使用团、押、拉、捏、划、戳等方法，制作出活灵活现、可爱至极的创意泥塑造型。泥塑活动不仅可以让学前儿童在创作的过程中表达自己的认识和情感，激发其感受美、表现美的情趣，还可以丰富学前儿童的审美经验，使其体验自由表达和创造的快乐。

（二）泥塑活动对学前儿童发展的作用

泥塑活动是学前儿童运用手或一些简单的工具进行立体或平面形象塑造的活动。大部分学前儿童都非常喜欢参与泥塑教学活动。泥塑活动对学前儿童的发展有着不可低估的作用。

首先，泥塑活动能锻炼学前儿童手部肌肉的灵活性和协调性，促进其手部肌肉群的发育。在泥塑活动中，学前儿童可以将泥揉成一团，搓成长条，分成小块，合成整体，还可以将泥揉成任意形状，其双手的手指、手掌、手腕、手臂会不停地做动作，特别是手指、手掌。在这个操作过程中，学前儿童的手部肌肉会得到锻炼。

其次，泥塑活动有利于开发学前儿童的智力，增强其审美能力及创造力。在泥塑活动中，学前儿童的视觉、听觉、触觉等多种感官都会积极参与配合。泥塑活动对学前儿童的脑部发育有着极其重要的影响。同时，在制作泥塑造型的过程中，学前儿童在不断地感受美、欣赏美，甚至创造美。在泥塑活动中，学前儿童通过立体艺术创作，可加强对大小、比例、宽度、长度、深度、形状、体积等空间概念的认识。泥塑活动比平面艺术创作更具有启发性，有利于增强学前儿童的造型能力、感知能力。

最后，在泥塑活动中，教师会要求学前儿童专注制作，这有利于其养成专心学习的品质。同时，教师还会要求学前儿童把作品放在指定的位置，保持桌面和地面的整洁，把手洗干净，不用的泥不能随意乱丢，这有利于学前儿童养成干净整洁、讲卫生的好习惯。

（三）泥塑的基本技法

泥塑需要靠手的动作完成造型的塑造，有时可借助其他工具完成。泥塑基本技法是制作者在实践中逐步积累总结出来的基本方法。不管是自然黏土泥塑还是泥彩塑，都需要使用以下基本技法进行制作。下面以橡皮泥为例，介绍泥塑的基本技法。

1. 团：取一小撮泥，放在手掌心上，两手掌心相对，上手掌画圆形打圆，将泥块儿团成球状或椭圆球状。人物、动物的头及其他球状、椭圆球状的造型都需要用此方法。

2. 搓：两手掌心相对，前后来回搓动泥块儿，或者是将泥块儿放在平面板上，双手一起像搓衣

服一样来回搓动泥块儿。一般搓出的是长条状的造型，可用于制作人物、动物的腿，长的树枝等。

3. 压：压是在团和搓的基础上，两手手掌心相对用力压扁或压出凹坑，可用于制作花瓣、叶子等扁形状的造型。泥浮雕的很多造型都需要用到压的技法。

4. 捏：捏是精细动作，需要大拇指和食指相互配合，制作出某个造型所需的形状，注意捏时用力要均匀。

5. 切：切指在基本形状的基础上再切分小块，如先做好长条形、圆形、长方形等规则的造型，然后借助工具将其划切为小块。

6. 剪：与切类似，需要先做出基本造型，然后用剪刀剪开，根据需要有时全剪开分成块，有时剪开一段连成整体。

7. 划：划指在已做好的某个造型上用工具划线或圈等进行细节的装饰，如"菠萝"上需要纵横划交叉线。

8. 戳：戳与划的技法一样，是适合做细节装饰的方法，通常在基本造型上用尖头的工具，如牙签、棉签、笔头等戳点或洞，如做"菠萝"。

9. 贴：贴是装饰造型的技法，也叫作镶，指将装饰的小造型贴或镶到某个需要装饰的大造型上。

10. 接：接是将两个部分连成一个整体的方法，中间需要借助牙签等尖细的物体来连接，牙签接在中间是隐形的，完全插入两个部分之中，如做"雪人"，为了造型的稳固，需要在头和身体中间插入牙签。

二、学前儿童泥塑活动的适应题材

根据作品是否为彩色，泥塑可以分为自然土色泥塑和泥彩塑。根据所用泥材料的不同，泥塑可以分为黏土泥塑和彩泥塑。黏土泥塑又可以分为自然黏土泥塑和加工黏土泥塑。自然黏土是最传统的泥塑制作原料。使用自然黏土制作出来的作品是泥土本色的。自然黏土是大自然中的黏土，一般是细腻的、黏度大的、含沙量较少的、无其他杂质的黏土；自然黏土也可以做成彩泥塑，以黏土为原材料，先捏成形等待晾干，再进行简单的"修整"涂上白粉，最后上色涂画而成。幼儿园常用的黏土是直接购买的经过加工装袋后的商品，市场上销售的大部分加工黏土是安全、环保的，可以循环使用。彩泥塑即彩色的泥雕塑，指的是用彩色的泥材料，如橡皮泥、纸浆泥、超轻黏土、彩色面粉泥等作为加工原材料直接制作而成的泥雕塑。橡皮泥、纸浆泥、超轻黏土和彩色面粉泥都适合学前儿童使用。根据作品是否依赖平面背景而存在，泥塑可以分为泥浮雕和泥圆雕。泥浮雕是介于平面和全立体泥作品之间的一类作品，是指对泥材料进行简单立体加工，如刻画、压印、擀平、捏形、造型组合等使之在视觉上有立体感，但是又附着于背景板的泥材料画作。泥圆雕是完全立体的泥作品，它不依赖平面背景而存在。不论是何种分类，幼儿园泥塑所包含的题材主要有以下内容。

1. 人物：如卡通人物、熟悉的人物等。

2. 静物：如交通工具、建筑、家具、植物、食物等，如图 5-31 所示。

3. 动物：如鱼、猫、狗、小鸟等，如图 5-32 和图 5-33 所示。

4. 应用材料：如相框、花瓶、杯子、玩具等，如图 5-34 所示。

5. 装饰品：如拉链挂件、发箍挂饰等。

图5-31　泥塑1

图5-32　泥塑2

图5-33　泥塑3

图5-34　泥塑4

三、学前儿童泥塑活动的设计与实施

（一）学前儿童泥塑活动内容设计

泥塑活动是教师引导学前儿童以黏土、橡皮泥、面团为原材料，借助搓、团、压、捏、拉等手法来表现形体的一种教育活动。泥塑活动是学前儿童手工活动中最常见的立体造型活动。泥塑活动的主要目的在于引导学前儿童学习掌握用手、简单的工具和材料塑造各种物体形象的方法，帮助其认识事物，形成空间概念，锻炼其手指的灵活性，发展其手眼协调能力。不同年龄阶段的学前儿童的泥塑活动内容和要求各不相同。

1. 3～4岁小班学前儿童的泥塑活动内容设计

3～4岁小班学前儿童泥塑活动的要求主要是认识泥塑的简单工具和材料，知道其名称，知道泥的性质是柔软的、可塑的，学习用搓、团圆、压扁、黏合的方法塑造简单的立体物象。

在为小班的学前儿童设计泥塑活动内容时，教师应侧重于引导学前儿童认识泥塑活动的工具，如泥工板、小竹棍（用于在泥块儿上刻画）等，使其了解这些工具的名称和使用方法。最初的泥塑活动内容是让学前儿童任意玩泥，任意塑造一些简单的形体，在玩泥中体验参与泥塑活动的快乐。同时，教师注意引导学前儿童欣赏一些教师及中、大班学前儿童的泥塑作品，激发他们参与泥塑活动的兴趣。经过一段时间后，教师可以设计一些让小班学前儿童用一种或两种基本技能来塑造简单物体形象的课题，如制作"苹果""汤圆""面条""饼干"等。再之后，教师可以设计将两个基本形体结合在一起构成一个物体的内容，如将两根一样长的小泥条拧一拧做成"油条"，将两个小圆球叠在一起做成"葫芦"，将两个一长一短的圆柱形竖搭起来做成一架"飞机"。

2. 4～5岁中班学前儿童的泥塑内容活动设计

4～5岁中班学前儿童泥塑活动的要求主要是在小班的基础上学习用捏的方法塑造简单的主要特征，会使用一些简单的辅助材料表现简单的情节，并能按意愿大胆地用泥塑造平面的物象。中班学前儿童基本学会了团、搓、压扁、压坑的技法，对泥塑一般很感兴趣，手部骨骼肌肉的发育水平和认识能力也比小班有所提高和增强。因此，教师为中班学前儿童设计的内容是塑造出比较复杂的物体形象，学习用捏的方法表现出物体的基本部分和主要特征，要求塑造出的物体比较光滑、均匀和结实，不追求形象的比例及细节的表现，具体塑造对象包括有一定容积的器皿（如锅、盆、碗等）、小动物形象（如猫、兔子等）及小娃娃等。例如，捏"鸭子"时，教师应要求中班学前儿童能够捏出椭圆球形的身体、细长弯曲的脖子、扁扁的嘴巴和尖尖翘翘的尾巴，整个"鸭子"要比较光滑、均匀，而不能凹凸不平，脖子与身体、尾巴与身体连接处要牢固、结实而无裂纹。

为了使学前儿童塑造的作品形象更生动、真实，教师应为中班学前儿童设计一些使用辅助材料的内容，如塑造"公鸡"时，可用小珠子或小豆粒嵌在眼睛的部位，把漂亮的羽毛或是纸做的尾巴插在"公鸡"的尾部，这样更能表现出"公鸡"的主要特征。

3. 5～6岁大班学前儿童的泥塑活动内容设计

5～6岁大班学前儿童泥塑活动的要求主要是学习用抻拉的方法并配合其他泥塑技法塑造结构较复杂的物象，学会塑造人物、动物的主要特征和简单细节，并能表现出一定的故事情节。因此，为大班学前儿童设计泥塑活动的表现内容时，已不再局限于简单的水果、器皿，而是以形体较复杂的动物、人物为主，同时要求塑造出形象的突出特征和某些细节，且所塑造的人物和动物要有简单的动作，如"小兔吃草""跳舞的小朋友""小刺猬采果子"等。在此基础上，教师可以进一步设计一些塑造两个形体，或者借助辅助材料表达简单情节的内容，如"草地上的羊""小熊过桥""龟兔赛跑""小朋友跳舞"等。

（二）学前儿童泥塑活动指导要点

学前儿童对各种各样的泥塑材料爱不释手，他们好像天生对各种泥塑材料有亲近感。在好玩的美术活动中，教师需要用心地为学前儿童提供帮助和指导。

1. 引导学前儿童认识和使用泥塑活动的工具和材料

（1）引导学前儿童认识泥塑活动的基本材料

学前儿童泥塑活动的基本材料一般有粘泥和橡皮泥等。粘泥到处都有，经济方便，是泥塑的主要材料之一，但一般必须经过水漂提炼，并加入少量的盐水和油，以保护学前儿童的皮肤和防止作品干裂。橡皮泥黏度较高，使用方便，而且有各种颜色，很受学前儿童的喜爱，是学前儿童泥塑活动的常用材料之一。另外，根据需要，学前儿童有时还会使用一些辅助材料，如树枝（做苹果柄）、火柴杆（做刺猬背上的刺）、毛线（做娃娃的头发）、羽毛（做孔雀尾巴）、小豆子或小石子（做人物、动物的眼睛）等。

（2）引导学前儿童认识泥塑活动的基本工具

学前儿童主要是徒手塑造泥塑，在泥塑艺术中，这被称为"手捏法"。因此，学前儿童泥塑活动所用的工具不多，常用的就是泥塑板和湿布。到大班阶段，为使学前儿童所塑形象更加生动、真实、细致，教师会准备小竹刀（长约 8 厘米，宽约 1 厘米，一头圆，一头尖），学前儿童可以用它来刻画人物、动物的五官、头发、衣褶和羽毛等。

教师指导学前儿童学习泥塑，首先要让其通过任意玩泥的方式与泥塑材料有充分的接触，使其了解泥的性质，知道泥既柔软，又可任意变形。教师应给学前儿童，特别是低龄学前儿童充足的时间，让他们接触各种泥塑材料，如面团、彩泥等。在玩泥的过程中，学前儿童可逐渐了解泥的性质，而不是一开始就由教师教学前儿童塑造某一物体。教师应逐渐培养学前儿童良好的泥塑活动规范，使其知道不能随便玩泥，要爱护自己和别人的作品，应该保持衣服、桌面和地面的干净整洁等。

2. 引导学前儿童学习泥塑的基本技法

教师要引导学前儿童学习泥塑的基本技法，主要包括搓长、团圆、拍压、捏、挖、连接、抻拉等，学前儿童运用这些基本技法可塑造出球体、椭圆球体、圆柱体、立方体、长方体、中空体和组合体等基本几何形体。

教师在指导过程中，可启发学前儿童先自己动手尝试着练习，仔细观察什么样的动作能塑造出什么样的形体。在此基础上，学前儿童可尝试在教师的指导下用这些基本技法塑造常见事物的基本形体。例如，指导小班学前儿童塑造"胡萝卜"时，教师可以这样演示和讲解："把泥放在手心里，两手前后地搓，将泥搓成一根泥棍。请小朋友都拿起自己面前的泥，跟着老师一起搓，搓出一根泥棍。大家都把自己搓的小泥棍举起来，给老师看一看。……再看老师是怎样搓的，把一头搓尖些，这就是胡萝卜的根。请跟着老师一起搓，把泥棍的一头搓尖……"这样，教师示范结束，学前儿童也做完了。又如，指导大班学前儿童制作"小猫"时，教师可以这样演示和讲解："首先，根据塑造猫头、猫身和猫尾的需要，把泥分为大小适当的 3 块。然后，先取中等大的一块泥团成一个小泥球，并抻拉出两个小耳朵作为猫头，再取最大的一块泥，团一个较大的椭圆球状的泥球，并抻拉出 4 条腿作为猫身，再将猫头和猫身接在一起，再拿最小的那块泥搓一根泥条作猫尾，把它连接到猫的屁股上，并弯曲到身体的一侧。最后，再借助小竹刀刻画出猫的眼睛、鼻子和嘴巴等，使小猫的形象更加生动、真实、美观。"

在指导学前儿童学习泥塑的基本技法时，教师要注意引导学前儿童掌握泥塑的基本规律，增强学前儿童泥塑的表现能力，发展学前儿童的想象力。一是从基本几何形体出发，研究可以塑造哪些立体形象。例如，球体可以被想象成元宵、皮球等；从球体出发，在球体上插一根细木棒就成了"樱桃"等；如果用拇指和食指将球体的上下捏凹，再插上细枝，便成了"苹果"。二是从基本技法出发，研究可以塑造哪些立体形象，如通过捏可以塑造出碗、碟、勺、鸭嘴等。

3. 引导学前儿童学习使用泥塑的辅助材料和着色方法

对于中班学前儿童，教师应引导其学习辅助材料的使用方法，增强其泥塑技能，使其塑造的物体更加生动形象。例如，在"小兔"的头上插上两根小棍，头两旁按上两颗小豆粒，使它更像小兔。学前儿童使用的辅助材料有纸做的材料和自然物两种。纸做的材料如小红花、小红旗、绿叶片等，自然物如小树枝、羽毛、树叶、小豆粒和小石子等。在指导学前儿童使用这些辅助材料时，教师要根据塑造对象有针对性地选用，而不能任意乱用，如"塑造"坦克时应插小红旗，塑造"小鸡"时应用羽毛等。同时，最好在学前儿童塑造完基本形体后，再将辅助材料发给他们，以免学前儿童分心、玩耍，保证学前儿童在教师示范和讲解时能集中注意力听讲。

彩塑是具有民族特色的工艺品。对于大班学前儿童，教师可引导其对自己制作的泥塑作品进行着色描绘以美化作品。具体的操作方法：待作品干透后，用水粉材料上色；选择颜色时，可以用形象的固有色，也可以只考虑美观而用装饰色。着色的顺序是先涂白色作为底色，干后再上其他颜色，着色时不宜来回反复涂，否则颜色易浑浊而不干净。

4. 妥善处理学前儿童的泥塑作品

教师应注意将学前儿童的泥塑作品保存在通风阴凉处，若需二次利用泥塑材料，则应与学前儿童商量或不当其面处理，避免挫伤学前儿童的积极性。教师可引导学前儿童根据自己做的或一个小组做的泥塑作品来编故事，发展想象力。

5. 提醒学前儿童注意以下事项

（1）应注意对泥塑材料的保湿，不用的泥立即用保鲜膜包起来或放置在密封盒内，这样做可以保留其水分，使其不易变干。

（2）要保持手部的干燥，有泥粘在手上的时候，可以用大块的泥一点点粘走手上的泥。

（3）玩泥后一定要记得做好手部的清洁工作。

案例 5.14

越搓越长

活动目标

1. 练习搓泥，即将泥进行变形的技能。

2. 锻炼手的控制能力及双手配合活动的能力。

3. 了解泥的可塑性，体会搓泥动作的乐趣。

活动准备

粘泥、泥塑板、小塑料盘，每个学前儿童 1 份。

活动过程

1. 学前儿童自由玩泥。

（1）教师发给每个学前儿童一块儿泥。

（2）学前儿童尝试体验泥的性能，自由把玩、触摸、摆弄、团揉泥，感受泥的柔软性和可塑性。

2. 引导学前儿童学习搓泥条的技能。

（1）教师带领学前儿童复习掰泥的技能，将掰下的泥放在小盘子里。

（2）教师将掰下的泥放一块儿在手掌中，两手前后搓动，搓一会儿，张开双手一看，小泥块变成了长泥条。

（3）搓泥时，教师边搓边说："拿起一小块泥，放在手掌心，双手搓一搓，小泥块变成长泥条。搓啊搓，泥条越变越长。""在搓好的泥条上，再加上几块碎泥，合在一起搓，泥条变得更大了。"同时，教师允许学前儿童相互之间交流与分享。

（4）教师和学前儿童将搓好的泥条一一放到小盘子中。

3. 集体展示、分享作品

在学前儿童搓泥尽兴后，教师将搓好的泥条展示出来，大家一起观看、欣赏，看各个泥条是谁搓的，是粗还是细，是长还是短，颜色是一样还是不一样等。

提示

搬泥属于玩泥的一种，动作节奏性较强，很受学前儿童喜欢。因此，教师可以在活动区放一些粘泥，供学前儿童在活动的间歇时间自取、搬玩。

案例 5.15

泥碗

活动目标

1. 学习压坑和捏的技能，塑造有薄厚变化的物体，感受泥的延展性。

2. 锻炼双手动作的配合和手指动作的精细化，培养耐心细致的好习惯。

3. 尝试用泥制作生活用品泥塑，培养生活情趣。

活动准备

粘泥、泥塑板，每个学前儿童 1 份。

活动过程

1. 学前儿童自由玩泥。

（1）教师发给学前儿童每人一块粘泥，将其放在泥塑板上。

（2）学前儿童自由把玩、触摸、摆弄、团揉泥，感受泥的柔软性和可塑性。

2. 教师带领学前儿童捏泥碗。

（1）教师从大的泥块中搬下一块儿，放在一只手的手掌心中团揉，边揉边说："我们一起来做小泥碗。"

（2）学前儿童取泥，随教师一起做。

（3）教师用另一只手的拇指在团揉成球状的泥上压一个坑。沿着坑边，一边转动泥，一边捏。慢慢地，泥团中间凹陷下去，整个造型像是一个小碗。

（4）教师提醒学前儿童："要注意两只手的配合，边转边捏。"

3. 学前儿童捏泥碗，教师协助指导。

（1）学前儿童从大块泥中再搬下一块泥块或将原来的泥团圆，独立做一遍。

（2）做完后，学前儿童可再取泥，做些大小不同的泥碗。

（3）在学前儿童捏泥碗时，教师提醒学前儿童注意将边缘仔细地捏均匀。

4. 迁移制作经验。

教师："可不可以稍微改变一下方法，制作一些别的餐具？"（把揉圆的泥球压成泥饼，将边缘捏薄，可以做成泥盘；把泥球上的坑压深一点，再轻轻向上捏泥，可以做成泥杯……）

5. 作品的后期处理。

泥碗做好后，每个学前儿童将自己的泥碗放在泥塑板上摆好，再放到背阴处阴干。

提示

学前儿童把前面活动中做的各种食物摆放在桌面上，与做好的餐具组合配套，玩开宴会的游戏。

案例 5.16

小鸡、小鸟和小鸭

活动目标

1. 学习团、揉、捏、压、刻等泥塑技法和泥塑刀的使用方法，训练手部动作的灵活性。

2. 学习塑造禽类动物身体的各个组成部分并表现出其特征。

3. 学习将形象组合，构成简单情节。

活动准备

1. 经验准备：观察鸡、鸟、鸭。

2. 物质准备：粘泥、泥塑刀、泥塑板、擦手布。

活动过程

1. 教师激发学前儿童参与泥塑活动的愿望。

（1）教师取一块泥，放在手掌心渐渐团揉成椭圆球状。教师："现在老师把泥团成了什么形状？"

（2）教师在椭圆球状泥约 1/3 处，用手揪起一块泥，把根部渐渐捏细，好似长歪的葫芦。教师："看看老师手中的泥像什么？你们猜老师想把它做成什么？"

"老师想把它捏成鸡妈妈。"

2. 教师演示塑造的技法，并引导学前儿童构思。

（1）教师演示鸡妈妈的基本塑造方法。

（2）教师边做边说："在葫芦的头上捏出尖嘴，用泥塑刀刻出眼睛，作为鸡妈妈的头。把葫芦大头的末尾压扁，然后向上推得翘起来作为鸡妈妈的尾巴。搓出两片泥并画出羽毛，贴在鸡妈妈的身体两侧作为翅膀。在鸡妈妈的头顶捏一个小的鸡冠。"

（3）教师把捏好的鸡妈妈放在手掌心，请学前儿童观看。

（4）教师："一会儿，请小朋友为鸡妈妈捏好多鸡宝宝，围着鸡妈妈听故事。"

3. 教师启发学前儿童延伸思考鸟的塑造方法。

（1）教师："如果老师想捏鸟妈妈，该怎么捏？和捏鸡妈妈有什么相同和不同的地方？"

（2）教师提炼归纳学前儿童的意见：鸟的头与身体的角度要小，鸟的身体要小和瘦长一些，鸟的翅膀和尾巴更大、更漂亮。

4. 教师启发学前儿童延伸思考鸭的塑造方法。

（1）教师再取一块泥，放在手掌心团揉成椭圆球状，还是在约 1/3 处把泥渐渐捏细、捏长，然后向上推得翘起来。教师："看看老师手中的泥，猜猜老师这一回想把它做成什么？如果捏鸭妈妈的话，和鸡妈妈有什么一样和不一样的地方？"

（2）教师提炼归纳学前儿童的意见：鸭妈妈的身体要更宽大一些，像小船；嘴是扁的，尾巴也要捏得扁一些，翅膀略宽大一些，鸭妈妈身体下面还有较宽扁的脚蹼。

（3）教师："一会儿，小朋友可以给鸭妈妈捏一些鸭宝宝，让它们跟着鸭妈妈学游泳。"

5. 学前儿童分组塑造，教师协助指导。

（1）教师分开摆放 3 张桌子，其中两张桌子中央各放一块泥塑板，剩下的一张桌子上摆放两张泥塑板。

（2）教师把捏好的鸡妈妈放在草圈中，再将其放在其中一个摆有一块泥塑板的桌子上，将枯树枝放在另一个摆有一块泥塑板的桌子上。在剩下的摆放有两块泥塑板的桌子上，每块泥塑板上各摆一张画着水波的蓝色纸。每张桌子上都摆有适量的泥。

（3）学前儿童按照自己的想法选择捏小鸡、小鸟、小鸭等。

（4）学前儿童开始塑造。在学前儿童塑造时，教师要提醒他们注意小鸡、小鸟、小鸭等各自突出的特点。

6. 教师组织学前儿童摆放作品。

小鸡组将小鸡摆在鸡妈妈身边，小鸟、小鸭各组也分别做出鸟妈妈、鸭妈妈，还要做出一群小鸟、小鸭，放在鸟妈妈、鸭妈妈周围。

7. 作品的后期处理。

（1）各组摆放好后，将作品放到阴凉处阴干。

（2）在作品晾干期间，教师引导学前儿童用废旧材料做一个大的沙盘模型，划分出土地、树林、湖泊等不同区域。

（3）作品晾干后，将其分类摆放在沙盘中。

拓展阅读

玩泥是学前儿童一种自发的游戏。在玩泥的过程中，学前儿童会体会到自身能力和力量的变化，捏塑后的造型也承载了学前儿童丰富的想象和情感。学前儿童在玩泥的过程中，可以感受到极大的愉悦。泥塑是立体手工艺中的重要代表，泥塑活动是学前儿童发展空间思维能力的重要途径。创造机会让学前儿童充分接触不同的泥塑材料和泥塑工具是学前儿童掌握和探索泥塑技法的主要方法。

同其他手工活动一样，学前儿童泥塑能力的发展同样受到学前儿童身体和心理发展特点的制约，并伴随学前儿童立体知觉能力和知觉经验而逐渐发展。不同年龄的学前儿童由于个体成熟程度、生活环境以及教育方法的影响不同，所表现出的差异较大，教师应了解每个学前儿童的发展进程，进行有针对性的指导。

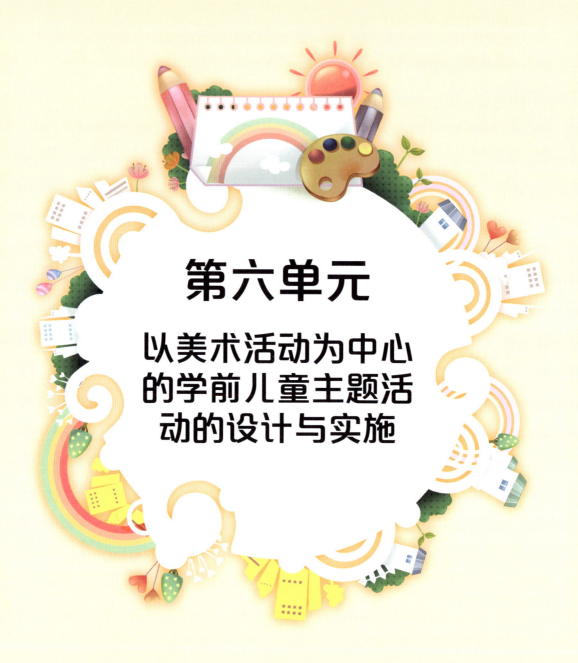

第六单元

以美术活动为中心的学前儿童主题活动的设计与实施

【学习目标】

1. 理解以美术技巧为中心的学前儿童主题活动的设计与实施。

2. 掌握以美术作品为中心的学前儿童主题活动的设计与实施。

3. 掌握以美术知识为中心的学前儿童主题活动的设计与实施。

【学习建议】

美术主题活动设计是一种综合性的美术教育方案设计，教师应努力实现美术学科知识向美术学科教育知识的转化。在设计美术主题活动时，教师应充分挖掘主题中美术要素的学习价值，尽可能运用综合化的艺术策略与多领域相互渗透的原理，促进学前儿童全面发展，学会以美术学科知识为基础来设计美术主题活动，使美术与其他领域有机地整合在一起。

学前儿童美术主题活动是以某一主题为核心，多种美术表达形式为主线，整合其他领域教育目标，发展学前儿童各方面能力的美术活动。幼儿园开展美术教育活动对促使学前儿童萌发美感、陶冶情感，促进学前儿童认知、智力及创造性能力的发展都具有良好的作用。从幼儿园教育的要求来看，国内外都倡导综合性的教育方案，培养全面发展的学前儿童。

第一节　以美术技巧为中心设计学前儿童主题活动

美术技巧主要包括使用各种材料进行诸如简笔画、素描、水彩（粉）画、油画棒画等的绘制，使用各种手工艺技巧进行作品制作，如折纸、染纸、剪纸、纸浮雕、陶艺、泥塑等，还包括利用废旧材料设计制作各种教具、玩具等。

一、学前儿童拓印画主题活动

（一）主题设计缘由

拓印是一项古老的技艺，它能够复制形象，在表现物体的大轮廓和结构上产生强烈的效果。一般来说，拓印绘制的形象简洁、分明，视觉效果强烈。拓印的这一特点和学前儿童绘画造型的特点一致，因此学前儿童理解和掌握这一技法较容易，其作品也能保持拓印原有的味道。另外，比起其他绘画形式，拓印过程中的工具材料、操作环节要多一些，造型相对简单，操作量相对较大，正好适应学前儿童好动、喜欢摆弄物体的特点，便于学前儿童回忆和联想已有的感知经验。通过不断重复自己做的花纹，学前儿童还能体会和理解"重复、节奏、连续图案"等初步的美学规律和概念，尤其对于低龄的学前儿童，拓印更是一项有趣、有益的活动。本主题活动从拓印画的工具和材料出发，包括一系列以美术技巧为中心的主题活动。活动内容安排由易到难，滚印活动和果蔬印活动适合在中班开展，而泥印活动则可以在大班开展。

（二）主题活动目标

（1）认识拓印画多种多样的工具、材料及其类型，掌握各类拓印画的技能。

（2）培养学前儿童对拓印画的热爱，使其喜欢用身边的物体制作拓印画。

（3）鼓励学前儿童发挥想象力，能够用拓印画的形式大胆表达自己的情感和想法。

（三）围绕拓印技巧开展的系列教学活动

以主题活动的方式开展幼儿园拓印活动，须由课题组全体教师进行讨论，以"头脑风暴"的方式思考和罗列适合"拓印"主题的内容和活动，然后加以筛选、组合，初步形成一个主题框架，再分别组织教学活动。

案例 6.1

滚印

活动目标

1. 学习滚印的使用方法，掌握将滚印蘸色、在纸上滚动的简单技能。

2. 用滚印自由地印出各种印迹。

3. 享受来回滚动滚印带来的触觉快感，欣赏印迹之美；发挥想象力，根据印迹添画。

活动准备

1. 物质准备：为滚印绕上线绳或粘贴上凸起的厚纸、布块等，制成表面凹凸不平的滚印，学前儿童每人 1 个；印台；学前儿童每人 1 张画纸。

2. 经验准备：学前儿童认识印台和滚印，玩过简单的手印、手指印游戏。

活动过程

1. 激发学前儿童滚动滚印的兴趣。

教师将绕了线的滚印蘸上颜料，在画纸上随意滚动，请学前儿童观看：把滚印放在印台上，轻轻地按一按、滚一滚，颜料就粘在滚印上了，可多滚一滚，使颜料蘸匀、蘸满滚印；再把滚印在纸上滚一滚，纸上就会出现好看的线条。

2. 教师支持、协助学前儿童滚动滚印。

教师协助学前儿童用滚印蘸好颜料，让学前儿童手持滚印在纸上随意滚动，体会手、滚印、纸、线条之间的关系。

3. 引导学前儿童发挥想象力，根据印迹添画。

（1）教师引导：孩子们，看看你们印出来的画像什么？（电线、丝瓜藤、紫藤萝、河流、毛线……）哦，原来孩子们印出了这么好玩儿的东西。

（2）教师引导：你们想想，怎么才能让这幅画看起来更像我们刚才回答的内容呢？例如，电线上有什么——小鸟，丝瓜藤呢——上面挂着好多小丝瓜。

（3）教师引导：现在就请孩子们想一想你的画像什么，然后添上一些东西，让它更加接近你想象的物体。

4. 展示学前儿童作品并分享。

活动延伸

教师鼓励学前儿童尝试将其他工具作为滚印，如把小汽车的车轮作为滚印，探索滚印的乐趣。

案例 6.2

果蔬印

活动目标

1. 发现不同果蔬切面及其印迹的奇异与美妙，开拓学前儿童运用各种材料的思路。

2. 学习利用果蔬印章的自然形状印出色块，组成形象。

3. 体会果蔬印章印制的奇妙效果，激发学前儿童的欣赏兴趣。

活动准备

1. 物质准备：外形有变化或内部有纹路的块状蔬菜和水果，如藕、柿子椒、葱、山楂、豆角、香菇、杨梅等，将其中一些切成两半用作印章，分别放在小盘中，每组1份；印台、水粉颜料、笔刷每组1份，画纸若干。

2. 经验准备：学前儿童认识常见的水果、蔬菜；学前儿童认识印台，知道印台的使用方法。

活动过程

1. 教师演示制作果蔬印章的方法，激发学前儿童的兴趣。

（1）教师选一种水果或蔬菜，如藕，将藕横向切开，把切面展示给学前儿童看：切面上有许多小洞，很好看。

（2）教师再选几样水果或蔬菜，逐一切开，让学前儿童欣赏其内部结构、纹理和色彩。

2. 教师演示使用果蔬印章的方法。

（1）教师选一种果蔬印章，如藕块，将其蘸上印油并印在纸上。

（2）教师拿开藕块印章，纸上出现了藕的切面的印迹。

3. 学前儿童印画，教师协助、指导。

（1）教师把事先切好的果蔬印章分别摆放在各个桌子上，请学前儿童先选几个在废纸上印一下，看看会出现什么色块。

（2）教师提醒学前儿童考虑怎样印出一幅图画：是重复印出一个形象，放射排列成花朵；还是以一种色块为主，再添加细节组成形象。

4. 集体展示、分享。

教师将学前儿童的作品展示出来，让学前儿童找一找哪幅作品上印的图形和大家的不一样，哪幅作品的印法最巧妙，哪幅作品上组合的形象是大家没想到的。

活动延伸

教师鼓励学前儿童利用树叶制作印制品，使用小物件，如瓶盖、笔帽、螺丝母等排列组合制作印制品。

案例 6.3

泥印

活动目标

1. 用团、揉、刻画等泥塑技法制作印章，开拓学前儿童利用各种材料与技能的思路。

2. 学习制作大块面的印章，了解一次设计出完整画面与印出作品的技术与步骤。

3. 体会泥印的特殊艺术效果，丰富学前儿童的欣赏趣味。

活动准备

1. 物质准备：黏土、竹刀、圆木棒、泥塑板、线绳、小棍、画纸、废旧报纸、画笔。

2. 经验准备：学前儿童玩过黏土，知道怎么使用黏土及配套工具。

活动过程

1. 教师提出活动任务，激发学前儿童的好奇心。

教师出示黏土并引导：今天我们要用泥做一张好看的画，这种泥的名字叫作黏土。

2. 教师带领学前儿童揉泥。

（1）教师和学前儿童各取一块黏土，放在自己面前的泥塑板上。

（2）教师引导：把黏土放在泥塑板上，用手压一压；再用圆木棒在上面揉，将它揉平，使它成为一块泥板。

3. 教师鼓励学前儿童在泥板上画画。

（1）教师引导：泥板揉好以后，可以用小棍在上面刻画，画的时候大家要好好感受一下，这与以前画画有什么不同。

（2）学前儿童在泥板上刻画。教师提醒学前儿童要用力刻，刻得深一些。

（3）当学前儿童快刻画完时，教师引导学前儿童：刻好后，将凸出的表面修整一下，用线绳将多余的部分刮去或小棍轻轻揉一下，使表面平整些。

4. 保存作品。

（1）学前儿童刻画完毕后，使做好的泥画阴干。

（2）教师引导：我们还可以用黏土制作更好看的图画，大家回去想一想，有什么办法来制作，下次我们一起做。

案例 6.4

吹塑纸印画

活动目标

1. 学习用刻画吹塑纸的方法制作印章，开拓学前儿童利用各种材料与技能的思路。

2. 练习用不同的线条做出图案的花纹与条块。

活动准备

1. 物质准备：吹塑纸、竹签、画纸、印台、滚印。

2. 经验准备：学前儿童接触过吹塑纸；学前儿童有制作拓印画的经验，知道线条越丰富，拓印出来的画越饱满。

活动过程

1. 教师提出活动任务。

（1）教师出示吹塑纸并引导：今天我们要用吹塑纸做印章，印一张好看的画。

（2）教师把吹塑纸发给学前儿童，请孩子们摸一摸手里的吹塑纸。

（3）学前儿童用手指在吹塑纸上画一下，看看出现了什么。

2. 教师演示在吹塑纸上刻痕并取竹签在吹塑纸上刻画。

3. 学前儿童制作吹塑纸印章。

教师把材料发给学前儿童，鼓励学前儿童用竹签在吹塑纸上作画。教师提醒：注意线条的变化，可以用点、直线、曲线，线条有粗有细、有疏有密；凡是刻过的地方都会凹陷下去，在印过之后会露出原来的纸，因此不能都刻满，以免印过之后看不清花纹。

4. 学前儿童印画。

学前儿童自己作画，作画结束后覆上印油，覆盖上画纸，印出作品。

5. 集体展示、分享。

活动延伸

请学前儿童讲述一下自己画里的故事和人物；印画可以做成贺卡、画册、书皮等。

案例 6.5

剪贴画《铅笔拓画》

活动目标

1. 学习拓的技能，能够用拓的方法把凸起纹理的图形复制到纸上。

2. 练习用拼贴的方法制成拓画的底样。

3. 练习拓出群像，体会复制的妙处。

活动准备

1. 物质准备：简单的拓画底样，薄白纸、画纸、稍厚一些的旧报纸、复印纸、剪刀、胶棒、垫板和铅笔。

2. 经验准备：学前儿童有制作剪贴画的经验。

活动过程

1. 教师演示拓的方法。

教师将拓画底样放在桌面上，上面放一张薄纸，用铅笔均匀涂抹，渐渐地，形象会呈现出来。另外，教师应告诉学前儿童用一个拓画底样能拓出许多同样的画来。

2. 学前儿童制作拓画底样。

（1）教师把材料发给每个学前儿童，启发他们构思自己的作品，做出拓画底样。

（2）学前儿童可以剪贴自己喜欢的动物、人物、景物、交通工具等，用胶棒把剪贴出来的小纸片贴好。

3. 学前儿童拓画。

教师发给学前儿童薄纸和铅笔，学前儿童开始拓画。

4. 集体展示，分享作品

（1）学前儿童拓画完成后，向全班展示作品。

（2）教师请学前儿童谈谈制作的经过和感受。

案例 6.6

我们的拓印画

活动目标

1. 区分拓印画与实物的区别，欣赏印画和拓画的美。

2. 利用拓印画作品制作各种各样的用品。

活动准备

1. 物质准备：学前儿童做好的拓印画作品，水彩笔、铅笔等。

2. 经验准备：学前儿童制作过拓印画作品。

活动过程

1. 教师展示学前儿童做得好看的拓印画作品，引导学前儿童欣赏它们的美丽之处。

教师引导：孩子们，你们还记得咱们做过的拓印画有哪些吗？（滚印画、蔬菜印画、树叶印画、泥印画、吹塑纸印画；铅笔——剪贴画拓画、浮雕——蜡笔画拓画、版画——油画棒拓画等。）

教师把大家做的拓印画作品拿过来并引导：我们先看印画作品，为什么这些画的效果比较好？（选的颜色好看；颜料适中，纹路清晰；想象力丰富，用常见的东西组合出漂亮的形状等。）那拓画呢？（拓画作品有浮雕般粗糙的效果；拓画作品的底样物体线条丰富，才能出现比较好的效果。）除了咱们尝试过的方法，你们还能想到哪些拓印画的方法？（可以在玻璃上印画，玻璃是透明的，印画出来的作品会非常漂亮；可以用我们鞋底的花纹印画。）

2. 教师引导学前儿童思考拓印画作品的用处。

教师提醒学前儿童：这些印画作品这么漂亮，可以用来做什么呢？（贺卡、书皮、便签、包装纸；把同类的画放在一起做成画册；做成印画的主题墙等。）

3. 学前儿童使用拓印画制作用品。

每位学前儿童拿一张自己画的最喜欢的画，把它做成自己想要做的东西。桌子上有水彩笔和铅笔，可以用来写字、添画。

活动延伸

教师和学前儿童一起布置拓印画主题墙，教师鼓励学前儿童用其他新的方式创作拓印画，教师和学前儿童一起制作班级拓印画画册。

二、"粘贴出春天"主题活动

（一）主题设计缘由

春天有着独特的美与魅力。观察春天与认识春天，对激发学前儿童热爱大自然的情感，增进学前儿童对自然之美的认知有很大帮助。由于学前儿童还不能完全灵活地运用画笔等美术材料和工具进行创作活动，所以在"粘贴出春天"主题活动中，以粘贴画的手工活动形式为主，能够比较好地鼓励学前儿童运用自己的创作展现对春天的认识，表达对春天的情感。

（二）主题活动目标

（1）通过观察春天，认识春天的花草树木以及小动物的活动情况，了解春天的特点，激发学前儿童对大自然的热爱之情。

（2）通过粘贴画的创作形式表达对春天的情感。

（3）对粘贴画所需的基本材料有一定的认识，并能正确使用它们。

（4）能简单介绍自己的作品，表达自己对作品的感受。

（三）"粘贴出春天"系列教学活动

关于"粘贴出春天"主题，学前儿童已有丰富的前期经验。教师可以根据学前儿童的经验和主题的需要选择活动内容，根据活动内容设置活动目标，从而设计并制订活动方案。

案例 6.7

观察春天

活动目标

1. 通过观察幼儿园里的花草树木，体会春天的变化。

2. 通过观察春天的各种变化了解春天，进而喜欢春天。

3. 在小组内积极交流自己的观察结果，体会与他人沟通的乐趣。

活动准备

1. 物质准备：绘本《遇见春天》，观察记录表格，彩笔，幼儿园中各种花朵和树叶的贴纸。

2. 经验准备：学前儿童对春天有基本的认识。

活动过程

1. 教师为学前儿童讲述绘本《遇见春天》，带领学前儿童去户外观察春天。

2. 教师将学前儿童分组，并介绍这次观察的任务，以及表格的记录规则。

3. 学前儿童分小组在户外观察花草树木的变化并记录在表格中。

4. 学前儿童在小组中讨论交流，总结自己观察的结果。

5. 学前儿童分组在班级里展示介绍小组观察的结果，说一说对春天的感觉。

活动延伸

教师将学前儿童的观察记录表格在主题墙中展示出来。

案例 6.8

春天里的树木和花朵

活动目标

1. 通过展示了解春天里的树木与花朵的特点。

2. 通过粘贴画创作自己心目中的春天里的树木与花朵。

活动准备

1. 物质准备：各种颜色的毛线、彩纸、白色纸板、剪刀、固体胶等。

2. 经验准备：学前儿童对春天里的树木与花朵有一定的认知。

活动过程

1. 教师引导学前儿童回想春天里的树木和花朵，并展示一些春天里的树木和花朵的图片。

2. 教师请学前儿童想一想自己喜欢什么样的树木以及什么样的花朵（可以是生活中的树木与花朵，也可以是学前儿童自己想象的树木与花朵）。

3. 学前儿童运用材料粘贴出自己喜欢的树木和花朵。

活动延伸

教师将学前儿童的粘贴画展示在美工区，并在美工区放置运用各种粘贴材料制作的粘贴画，请学前儿童欣赏。

案例 6.9

春天里的小动物

活动目标

1. 通过手工制作小动物头饰，认识动物形象与特点。

2. 通过扮演小动物，在春天活动的情境中体会各种小动物的活动。

活动准备

1. 物质准备：彩色卡纸；蝴蝶、蜜蜂和小白兔的动物图片；剪刀、胶水、橡皮筋；彩色纸条、毛线、彩笔等；歌曲《春天》，歌词为"春天天气真好，花儿都开了，杨柳树枝对着我们弯弯腰，蝴蝶姑娘飞来了，蜜蜂嗡嗡叫，小白兔儿一跳一跳又一跳"。

2. 经验准备：学前儿童对蝴蝶、蜜蜂和小白兔的形象有一定的认知。

活动过程

1. 教师播放歌曲《春天》，请学前儿童欣赏，同时引导学前儿童认识到这是描绘春天的歌曲，歌曲中描绘了蝴蝶、蜜蜂和小白兔这3种小动物。教师一边介绍，一边在黑板上展示这3种小动物的图片。

2. 教师请学前儿童体会这首歌曲描绘了怎样的春天，带给了自己一种什么样的感受。

3. 教师提问学前儿童想扮演歌曲的哪一种小动物，根据角色将学前儿童分成3组后，引导学前儿童进行小动物头饰的制作。

4. 在小动物头饰的制作过程中，教师应尽量引导学前儿童创作出自己喜欢的小动物头饰，不需要特别考虑小动物头饰的美观与否。

5. 学前儿童戴上自己制作的小动物头饰，跟随歌曲进行角色表演，教师注意提示学前儿童做出相应的动作。

活动延伸

1. 在学前儿童进行角色扮演时，教师注意拍下照片，在扮演结束后与学前儿童分享角色扮演活动中学前儿童的动作。

2. 教师将小动物头饰放在角色扮演区，以供学前儿童自发进行多次扮演活动。

案例 6.10

春天与冬天

活动目标

1. 体会春天与冬天里人类活动的不同，进一步总结春天的特点。

2. 在活动中尝试对比与总结归纳，以及清晰的表达。

活动准备

1. 物质准备：木质样式的纸板、各种颜色的彩纸、毛线、皱纹纸、石子、沙子、布、彩笔、剪刀、胶棒。

2. 经验准备：学前儿童能在小组中进行讨论与交流，对春天与冬天有基本的认知，对人类在春天与冬天里的活动有基本的认知。

活动过程

1. 教师请学前儿童讲述春天与冬天景色的不同，如花草树木以及小动物的不同情况。

2. 教师请学前儿童回忆人们在春天穿什么样的衣服，在冬天我们穿什么样的衣服。

3. 教师请学前儿童分小组讨论交流自己在春天做过什么特别的事情，在冬天做过什么特别的事情。

4. 教师请学前儿童分组进行汇报与介绍，并就每个小组所说的活动做一个粘贴画粘在黑板上（粘贴画能够表示这个活动即可，不需要完全展现人物）。

（1）教师为学前儿童提供木质样式的纸板，以及粘贴画所需的多种材料，如毛线、皱纹纸、石子、沙子、布等。

（2）教师请学前儿童用粘贴画的方式将自己小组在冬天的活动展示在一张白纸的一边，并将自己小组在春天的活动展示在白纸的另一边。

活动延伸

教师询问各个小组学前儿童每一张粘贴画所代表的活动，然后让其进行适当添画。

案例 6.11

我眼中的春天

活动目标

1. 能够在教师的引导下对作品进行赏析。

2. 通过鉴赏同伴的作品，进一步了解春天的代表景物以及春天的象征意义。

3. 体会手工粘贴画的多样性。

活动准备

1. 物质准备：学前儿童展示春天的粘贴画，彩纸、毛线、皱纹纸，彩笔、剪刀、胶棒。

2. 经验准备：学前儿童对春天有基本的认识，对活动会产生一定的感悟。

活动过程

1. 教师请学前儿童欣赏代表春天的粘贴画作品。

2. 教师在展示作品的过程中，请学前儿童看一看作品是用什么材料制作的，作品里的内容是什么，作品中的什么内容代表了春天，作品给人一种什么样的感受。

3. 教师展示学前儿童在案例 6.8 与案例 6.10 中制作的一部分作品，并请粘贴画作者介绍自己的作品。

活动延伸

学前儿童可自行选择材料创作代表春天的粘贴画，也可以对自己以前创作的作品进行装饰。

第二节　以美术作品为中心设计学前儿童主题活动

20 世纪，超现实主义绘画大师米罗被称为"返老还童的天才画家"，他喜欢用圆形和大大小小的点画出古怪精灵的人和小动物，他的画充满了童真，很容易引起学前儿童的共鸣。开展"走进米罗的世界"主题活动，可以引导学前儿童通过解读米罗的绘画作品，走近米罗的心灵，了解米罗的创作风格和表现手法，尝试运用米罗的创作手法表现自己看到的事物、人物和动物，挖掘学前儿童潜在的创造力。

一、主题目标

（1）欣赏米罗的作品，感受其作品的艺术风格，萌发对美术作品中想象、形态、色彩等美的形式的喜爱。

（2）解读米罗的作品，感受作品中用图形、符号、色彩来表现事物的独特创作手法，增强想象力，提高审美情趣。

（3）尝试运用米罗的创作手法，探索多种材料表现图形、符号和色彩，表达自己对事物独特的认识和感受。

（4）在解读米罗的作品和评价自己或同伴的作品的活动中，能富有个性地表达自己的情感和体验，发展口语表达能力。

（5）能够在创作活动结束后及时整理自己的物品和工具，养成良好的创作习惯。

二、主题活动框架

主题活动以"走进米罗的世界"为题，主要包括感知探索系列活动和创造表现系列活动，然后结合具体内容进行分解，如图6-1所示。

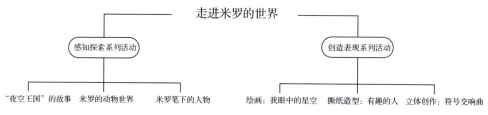

图6-1 主题框架

（一）感知探索系列活动

对艺术作品形成的初步印象，是学前儿童进入美术欣赏的第一步，也是学前儿童欣赏经验积累的开始。教师组织学前儿童围绕作品进行整体感知，鼓励其尽可能地表达、探索，是帮助学前儿童建立审美直觉的重要途径。

案例6.12

"夜空王国"的故事

活动目标

1. 喜欢欣赏作品，喜欢用创编故事的方式表达自己对作品内容的理解。

2. 发现作品用符号、色彩表达形态与想象的创作手法，激发对作品表现形式的喜爱。

3. 愿意分享和交流自己的美感体验，培养感受美与欣赏美的能力。

活动准备

1. 经验准备：喜欢米罗的作品，有进一步了解其创作内容的兴趣。

2. 物质准备：米罗的《天空蓝的黄金》的图片（见图6-2）、拼图游戏底板（各色底板、米罗的符号）、钢琴曲《星空》。

图6-2 《天空蓝的黄金》

活动过程

1. 开始部分。

兴趣激发：音乐想象。

请学前儿童闭上眼睛欣赏钢琴曲《星空》，在音乐中想象夜空的景象。教师引导学前儿童表达想象：你的夜空是什么颜色的？有什么东西？你认为在深蓝色的夜空中，什么颜色的月亮最美，为什么？

学前儿童闭上眼睛欣赏音乐，根据生活经验展开想象，并用优美的语言描述自己的想象，大胆表达自己对色彩美的独特感受。

2. 基本部分。

感知探索：欣赏《天空蓝的黄金》。

（1）教师引导：这是米罗画的天空，你觉得这幅画好看吗？为什么？你从画中看到了什么？

（2）学前儿童欣赏画面，结合对画面中的色彩及符号的观察，大胆进行猜想，并表达自己的理解与感受。

（3）教师引导：你认为金黄色的天空中悬挂着的蓝色的圆盘是什么？其他的白的、红的、绿的大点儿、小点儿又是什么呢？

（4）学前儿童观察画面展开联想，大胆表达自己独特的想法。

（5）教师介绍作品：金黄色的天空中悬挂了一个"蓝色的金子"，其他的点和线是他创造的在天空中行走的人，运行的星星和月亮，他用点和线创编了美丽的天空的故事。

（6）学前儿童认真聆听，了解作品的内容与创作手法，融合自己的感受欣赏作品，对米罗的作品产生审美体验。

3. 结束部分。

初步表现：创编故事"夜空王国"。

创建故事情境：米罗爷爷用美丽的色彩、点和线创编出了有趣的故事，想想在你的"夜空王国"里发生了什么有趣的故事。

请学前儿童自主选择各种颜色的拼图游戏底板，选择米罗的符号拼一拼、讲一讲自己的"夜空王国"的故事。教师及时发现学前儿童的需要，鼓励学前儿童尝试创造自己的符号，用于故事的创编。

案例 6.13

米罗的动物世界

活动目标

1. 观察与发现米罗作品中动物的表现方法，感受和欣赏其绘画风格。

2. 围绕符号化的动物形象展开联想，大胆表达自己对作品的认识和感受。

3. 尝试用变形、夸张和概括的表现手法，表现自己喜爱的动物形象。

活动准备

1. 经验准备：对米罗的作品有所了解与认知，喜欢米罗的作品。

2. 物质准备：米罗有关动物的作品的图片，如《红太阳吞噬蜘蛛》《会唱歌的鱼》《小猫》《月空下的小狗狗》，如图 6-3 ～图 6-6 所示。

图6-3 《红太阳吞噬蜘蛛》

图6-4 《会唱歌的鱼》

图6-5 《小猫》

图6-6 《月空下的小狗狗》

活动过程

1. 开始部分——兴趣激发。

（1）教师出示米罗作品《红太阳吞噬蜘蛛》的图片，引导学前儿童观察猜想："米罗的画中藏着一种小动物，请小朋友们仔细看看，你们能找到吗？猜猜这是什么小动物？"

（2）学前儿童仔细观察画面中的符号形象，根据自己的理解大胆猜想。

2. 基本部分——感知探索，理解作品。

（1）教师引导：米罗爷爷画的是红太阳和蜘蛛的故事，你们认为画中的红太阳在哪里？蜘蛛藏在哪里？你们能找到吗？米罗爷爷的蜘蛛和我们见到的蜘蛛有什么不一样？你们从画中的什么地方能感受到红太阳在吞噬蜘蛛？红太阳真的能吞噬蜘蛛吗？米罗爷爷为什么这么画？你们能讲一讲《红太阳吞噬蜘蛛》的故事吗？

（2）学前儿童根据观察发表自己的看法。

（3）"找动物"游戏——请学前儿童自由结伴欣赏活动室中展出的米罗有关动物的作品，以"找动物"游戏的方式，找一找小动物在哪里，有哪些小动物。

（4）教师鼓励学前儿童仔细观察，大胆想象，相互交流自己的发现：从哪里能看出来是这种小动物？米罗爷爷是用什么图形和符号、色彩表现动物的主要特征的？

3. 结束部分——表现创造。

教师组织泥塑活动"我喜爱的小动物"，引导学前儿童自选彩泥，尝试用米罗的方法创作一个喜爱的小动物。教师应注意对不同需要的学前儿童进行多层次引导，可模仿、可创作。

案例6.14

米罗笔下的人物

活动目标

1. 喜欢欣赏和探究米罗作品中人物的创作手法,鼓励学前儿童用语言、动作等自己的方式表达理解和感受。

2. 尝试用符号化的手法表现人物的夸张动态,体验符号造型游戏的有趣和快乐。

活动准备

1. 经验准备:对米罗作品的符号化创作手法感兴趣。

2. 物质准备:《哈里昆的狂欢》图片(见图6-7)、米罗关于人物的绘画作品(展示在活动室中)、画板、相机、多媒体投影。

图6-7 《哈里昆的狂欢》

活动过程

1. 开始部分——兴趣激发。

欣赏与分析《哈里昆的狂欢》中的主要人物"变成吉他的人"。

(1)教师引导:这是米罗爷爷的一幅作品中的人物,你认为这个人是做什么的?他是一个什么样的人?他的心情怎样?你是从哪里看出来的?

(2)学前儿童仔细观察人物特点,根据观察到的造型、象征符号、表情等元素表达自己的猜想。

(3)教师介绍作品背景及名称并提问:除了喜剧中的人物外,作品中还有谁参加了狂欢?他们是怎样狂欢的?

(4)学前儿童进一步观察画面内容,结合作品介绍及生活经验讲述对作品的理解。

2. 感知探索。

(1)教师将米罗关于人物的绘画作品展示于活动室中,请学前儿童玩"找人物"游戏。

(2)教师引导:每幅作品中都有人物,找一找人物在哪里?这个人在做什么事或动作?请学前儿童学一学画中人物的动作;请学前儿童用手指画一画作品中人物的造型,与同伴讨论米罗是怎样绘画人物的,哪个人物形象最有趣,理由是什么。

3. 结束部分。

师幼游戏:我们都是木头人。

（1）教师将学前儿童夸张的造型用相机拍下来并投放在投影仪上，请学前儿童在画板上用简单的造型符号记录造型。

（2）学前儿童观察同伴所做姿势的特点，尝试用米罗的夸张、概括的符号形式记录人物夸张的动态。

（二）创造表现系列活动

欣赏后的美术创造与一般的美术创造稍有不同，它既尊重学前儿童的意愿，给学前儿童提供充分的自由度，也鼓励学前儿童把欣赏的经验结合进来，或学习、借鉴画家的作画方式和表现手法，或用自己的绘画语言描绘作品所表现、传达的情感等。

案例 6.15

绘画：我眼中的星空

活动目标

1. 寻找米罗的星空符号，尝试将经典的创作元素应用于自己的创作中。

2. 运用联想思维设计符号，表现自己对星空的感受和想象。

活动准备

1. 经验准备：收集与分享有关宇宙、太空、天文等方面的常识、新闻、神话、故事等。

2. 物质准备：展示米罗的星空系列作品（见图6-8）、符号记录纸、绘画材料。

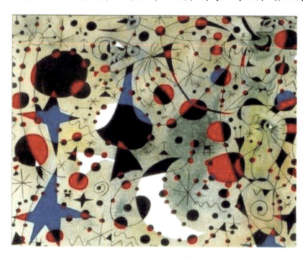

图6-8 《星空》

活动过程

1. 开始部分。

（1）教师出示米罗作品，鼓励学前儿童寻找米罗的星空符号并记录下来。

（2）教师引导：这些作品都是米罗创作的星空，请小朋友们找一找，你们发现了哪些有趣的符号，记录下来，看谁发现得多。

（3）学前儿童根据自己对画面的观察，寻找米罗的星空符号，并用模仿的方法将其记录下来。

2. 基本部分。

（1）教师引导：对学前儿童记录的符号进行归类。

（2）学前儿童展示与分享自己的记录，按照造型方法、色彩等进行分类。

（3）教师引导：这些符号表现的是什么？你能讲一讲根据米罗的星空符号创编出的有趣故事吗？

（4）学前儿童结合对符号的直观感受大胆进行想象，并尝试根据自己对星空的认识讲述有趣的故事。

（5）教师引导：你观察过星空吗？你看到的星空是什么样子的？假如你是设计师，你想怎样画你看到的星空？

（6）学前儿童展开联想，用语言表达设计意图。

3. 结束部分。

教师请学前儿童介绍自己创作的符号，向同伴介绍自己的符号的创作意图，分享自己的故事。

案例 6.16

撕纸造型：有趣的人

活动目标

1. 体会米罗运用图形的变化及简化符号表现人物的特殊手法，提高审美情趣。

2. 尝试运用撕纸造型的方法设计符号或图形，表现人物的姿态与活动。

活动准备

1. 经验准备：学前儿童已经有欣赏米罗笔下的人物的经验，在生活中喜欢参与模仿夸张动作的游戏。

2. 物质准备：画板（画有相同的人物造型）4 块、学前儿童评选出的米罗笔下最有趣的人物形象、废报纸、胶棒。

活动过程

1. 开始部分。

（1）教师出示 4 块画板（画有相同人物造型），全体学前儿童分成 4 组进行接力擦除游戏"减去一笔"，体会用省略的方法概括表现人物的造型。

（2）学前儿童比一比，看看哪一组最后留下的人物形象最有趣，说一说理由（保留基本特征、反应动态）。通过观察比较，学前儿童会发现表现人物造型的基本方法，并大胆发表自己的看法。

2. 基本部分。

（1）思维拓展。

① 教师展示学前儿童评选出的米罗笔下最有趣的人物形象，请学前儿童说一说从哪里看出是人物形象，猜想这些人物在做什么。

② 学前儿童观察比较米罗笔下最有趣的人物形象，发现其保留的基本特征。

③ 学前儿童说一说自己在日常生活中看到的人物有趣的动作与姿态，并表演给大家看。

④ 教师出示报纸，引导学前儿童思考如何用撕纸的方式表现有趣的人物活动、动作，怎样表现。

⑤ 学前儿童围绕表现内容与造型方法，与同伴交流自己的设想。

（2）创作指导。

① 教师鼓励学前儿童优先构思表现内容和造型方法，再使用废旧报纸进行有主题的创作。

② 教师引导学前儿童尝试用简化、夸张的造型撕出人物的不同姿态，并将其粘贴在画纸上。

③ 学前儿童尝试通过撕出整体造型或分别撕出人物的不同部位再组合拼贴的方式表现人物的姿态。

3. 结束部分——交流分享。

（1）教师鼓励学前儿童大胆想象有趣的人物故事，与教师和同伴分享。

（2）教师请学前儿童找一找最有趣的人物形象，欣赏并评价他人的造型方式。

案例 6.17

立体创作：符号交响曲

活动目标

1. 运用米罗的表现手法，表达自己对周围世界的认识与情感。

2. 尝试运用废旧材料制作立体形象，表现设计主题，丰富艺术体验。

活动准备

1. 经验准备：认识米罗的艺术成就与经典造型特征。

2. 物质准备：各种废旧材料、米罗的作品图片。

活动过程

1. 开始部分。

教师带领学前儿童参观画展："今天我们来欣赏更多的米罗爷爷的画作，看看米罗爷爷都用了哪些有趣的符号。大家来猜一猜、讲一讲米罗爷爷笔下离奇、梦幻的故事吧！"

学前儿童欣赏米罗的作品，观察画面的创作元素，根据自己的独特理解讲述画面故事。

2. 基本部分。

（1）思维拓展。

教师引导：米罗爷爷用简单的图形符号、普通的点和线画出了许多古怪精灵的人物和动物，如果请你表现周围生活中的一样东西或事物，你想表现什么？你会用什么图形或符号来表现呢？

学前儿童结合感兴趣的生活内容大胆想象，尝试用简化的符号表达对生活中事物的认识与情感。

材料探索：如果用废旧材料表现你的想法，你想用什么材料？如果制作成立体的符号或图形，你该怎么制作？

学前儿童根据设想，在活动室、美工区等场地寻找所需的创作材料，思考如何表现自己的想法。

（2）创作指导。

教师引导学前儿童分享创意：介绍你选择的材料，说一说你的设想，你还需要老师提供哪些帮助。

（3）过程指导。

教师鼓励学前儿童进行有目的的创作，根据需要随时在活动室各区域寻找辅助材料，遇到困难主动寻求帮助。

学前儿童可以先用绘画的形式画出自己想表现的符号，再选择材料制作；也可以先选择材料，再根据材料的造型进行剪裁或修改。

3. 结束部分。

教师在音乐中引导学前儿童展示自己的作品，找出自己喜欢的创意符号。

案例 6.18

欣赏米罗名画：太阳前面的女人

活动目标

1. 自主欣赏名画，再次感受米罗抽象画的夸张与幽默。

2. 集体交流与分享，说出自己在欣赏过程中的发现与猜测。

活动准备

米罗作品《太阳前面的女人》的图片（见图6-9）。

图6-9　《太阳前面的女人》

活动过程

1. 经验分享。

在米罗的这幅画中，你看到了什么？这幅画中也有一个人，你觉得这个人是一个怎样的人？（评析：《太阳前面的女人》这幅画，背景简洁明快、色块分明，其夸张、幽默的特点更为突出，能够帮助学前儿童进一步理解米罗的星空画中，不同绘画主题进行不同色效处理及画面中"突出重点人物"的美术构图特点。）

2. 集体解读。

你能看出来这是一个男人还是女人？你从哪里看出来的？你觉得这个女人特别在什么地方？米罗在这个特别的女人的四周，还画了一些什么？在女人的四周，除了红色的太阳，你还看到了什么？米罗最喜欢的就是这种米字小星星，你知道是什么原因吗？

3. 重点介绍。

在米罗的几十幅星空画中，都有一个特殊的符号——米字小星星。它是一个符号，也是一个标记，米罗把自己想象成了一颗米字小星星，而且是一颗会发光、会发热的小星星，他希望自己像米字小星星一样，能够永远地生活在星星的故乡，散发出自己独特的光芒。

4. 对比欣赏《诗人》和《太阳前面的女人》。

感受米罗画中的色彩美与构图美。

（1）教师引导：第一幅画和第二幅画相比，你更喜欢哪一幅画，为什么？

（2）学前儿童根据自己对两幅画的特殊喜好，说出自己的个性化想法和独特感受。

（3）教师引导：第一幅画和第二幅画比较，有什么不同点？

（4）教师引导学前儿童从两幅画的色彩上进行对比。（《诗人》的色彩绚丽缤纷，色彩之间有相互晕染的效果，显得比较浪漫；而《太阳前面的女人》色彩分明，色块之间区分非常明显，显得干净简洁。）

（5）教师引导：第一幅画和第二幅画比较，它们有什么相同点？

（6）教师引导学前儿童从两幅画的构图上进行对比。（这两个人都处于整幅画的中间，画面中的抽象人形比较大，四周围绕着一些小星星和红太阳，显得这两个人的人物主题非常突出。）

教师引导学前儿童从米罗星空抽象画角度出发进行对比。（这两幅画都是米罗想象出来的星空人物，也就是米罗想象出来的夸张的、变形的人物。）

（7）教师小结，米罗星空抽象画的特点："幻想的幽默"。

延伸活动

教师鼓励学前儿童学习画家米罗，绘画自己想象中的星空人物。

（1）教师引导：老师也为你们准备了画画用的底版，回班以后，你们也可以学着米罗的样子，画一画自己想象中的星空，还可以设计一颗特殊的小星星，悄悄地藏在属于你的星空画里，让大家也来欣赏一下。

（2）教师给每一名学前儿童分发绘画底版后带其离场，背景滚动播放其他班级的学前儿童创作的星空系列画。

第三节　以美术知识为中心设计学前儿童主题活动

一、学前儿童常用美术规律的提取

教师要传递给学前儿童科学、正确的美术知识和理念，调动其多种感官观察和体验，重点是让学前儿童参与多样的操作活动，获得丰富的感知体验，而非单纯的知识讲解或单调的技能训练。所以，教师应选择适合学前儿童特征、有利于其发展的美术活动内容。以绘画活动为例，各年龄阶段学前儿童应掌握的基本美术知识如图6-10所示。

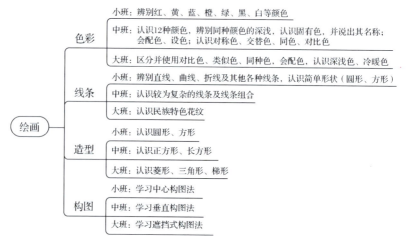

图6-10　各年龄阶段学前儿童应掌握的基本美术知识

二、以美术知识为中心设计主题活动方案

以美术知识为中心设计主题活动方案是指主题活动方案以美术学科知识、技能技巧为主要依据进行设计。此种主题活动方案有助于学前儿童较系统地获得特定的美术知识和技能，便于教师组织和评价教学活动。

（一）"神奇的线条"主题活动

1. 主题设计缘由

点、线、面是构成一幅绘画作品的基本元素，也是艺术表现的关键点。"线"是由点运动形成的，线条又组成面。掌握丰富多样的线条画法，是提高画者艺术表现力的关键方法。线条自身的表现力在很大程度上会影响艺术作品的最终质量。4～5岁学前儿童的美术能力处于象征期向形象期过渡的阶段，他们能够有意识地用所掌握的极简单的图形和线条将事物的特征表现出来。但是，这一时期学前儿童的绘画水平并不十分稳定。因此，帮助学前儿童掌握线条的多样表现形式，激发此年龄阶段学前儿童的美术表现动机和信心十分重要。本部分便围绕线条设计了这一主题活动。

2. 主题活动目标

（1）了解线条的多种表现形式与特点。

（2）掌握刮画的主要工具和材料的用法与使用步骤，养成良好的绘画习惯。

（3）掌握线描画中用线条表现对象形态的绘画技法，追求线条的流畅度。

（4）乐于尝试不同的美术工具和材料，体验指纹画的乐趣和艺术表现方式。

（5）能够大胆地表达自己的情感和想法，按照自己的意愿用线条进行艺术创作。

（6）能够感受美术作品的美，激发美术创作的兴趣和动机。

3. 主题内容框架

主题内容框架如图6-11所示。

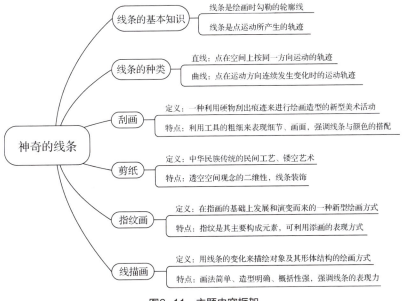

图6-11　主题内容框架

4．具体主题活动方案

案例6.19

会跳舞的线条

活动目标

1. 通过提问、谈话等形式认识并了解线条的特征。

2. 能够跟随音乐节奏运用线条表达自己的感受与情绪。

3. 体验美术创作、欣赏的乐趣，能积极参与活动。

活动准备

1. 物质准备：学前儿童每人1张纸；水彩笔若干盒；音乐若干段，要求包含节奏明快的音乐、安静的音乐，如钢琴曲以及激昂的交响乐。

2. 经验准备：学前儿童能够基本感知并欣赏音乐的节奏感，学前儿童拥有利用线条进行艺术创作的体验。

活动过程

1. 教师组织以谜底为"线条"的猜谜游戏导入活动，引出话题。

（1）教师：老师这儿有一个小小的谜语，请孩子们认真想一想，这个谜语讲的是什么？你又是怎么知道的？教师以此引导学前儿童发现生活中的线条。

（2）教师：那么，请孩子们找一找，在教室里我们能发现哪些线条呢？孩子们，我们知道生活中有很多线条，有一些直直的线条，有一些弯弯的线条。直直的线条就叫作直线，而弯弯的线条就叫作曲线。（教师借助PPT简要介绍直线与曲线。）

2. 教师播放音乐，鼓励学前儿童跟随音乐的节奏用线条在画纸上自由地表达自己的理解与感受。

（1）教师：现在，老师会播放几段音乐，孩子们仔细听，然后随着音乐的节奏用简单的线条在画纸上画出你们的感受。

（2）教师播放一段节奏欢快的音乐，给学前儿童一定的时间用线条画出自己的感受与理解。

（3）教师播放一段安静柔和的音乐，给学前儿童一定的时间用线条画出自己的感受与理解。

（4）教师播放一段激昂的音乐，给学前儿童一定的时间用线条画出自己的感受与理解。

3. 分享活动：学前儿童分享自己的创作，表达自己的感受，教师引导学前儿童思考创作的根据。

（1）教师通过提问、谈论等方式引导学前儿童分享自己的绘画作品。

（2）教师：孩子们，我们画中的线条刚刚随着音乐都跳出了自己的舞步，现在，我们一起来分享画好的作品，好吗？在听到这三段音乐的时候，你画的线条是一样的吗？你在听到第一段音乐的时候画的是哪一幅画？在画这一幅画的时候，你有什么样的感受？

4. 教师和学前儿童在活动室的一角展示自己创作的"会跳舞的线条"美术作品。

教师：我们一起把你们画的"会跳舞的线条"粘贴在我们的墙上，和更多的朋友一起分享吧。

活动延伸

1. 线条创作画展：教师搜集并展示美术名家运用简单线条创作的绘画作品，和学前儿童一起欣赏神奇的线条创作的美术作品。

2. 认识线条：教师通过小故事引导学前儿童认识各种各样的线条，并鼓励学前儿童根据学习体验发现、辨别生活中的线条。

拓展阅读

关于线条的知识

绘画时勾勒轮廓的线，有曲线、直线、折线，有粗线、细线，统称为"线条"。点、线、面是美术创作的基本要素，而线是点的运动轨迹，面是点线结合所构成的。

康丁斯基于1926年出版了专著《点、线、面——抽象艺术的基础》。在书中，他主张以点、线、面、色彩来体现艺术的内在需要，表达艺术家的主观情感。在书中，他着重论述了作为抽象艺术语言要素之一的"线"的内在价值。关于"线"的产生，康丁斯基指出："在几何学上，线是一个看不见的实体，它是点在移动中留下的轨迹。因而它是由运动产生的，或者说它是由破坏点最终的静止状态而产生的，因此，线是与基本的绘画元素点相对的结果，严格地说，它可以称作第二元素。"他从纯粹理性的角度，并以张力与方向的方式分析了几何学中直线的基本类型与性质。

此外，不同种类的线，也具有不同的艺术表现特点。线条经常被用来描绘男性或女性的特征，或精确细密，或自由流畅等，这一切都有赖于其长度、宽度、方向、角度或与曲线结合的度数等因素。竖线条蕴涵着一种对地球引力的稳定的抵制，似乎给空间增添了尊严和正式性。如果有相当的高度，竖线条会激起人们的渴望和奋发向上的情感。水平线往往给人宁静、放松的随意感，尤其在有相当的长度时更是如此；而对角线、斜线相对来说更有活力，因为其显示的是运动和形态特征，能较长且顺利地从对角穿越空间。曲线往往与温柔和放松联系在一起，又可以表示一系列的情感色彩，不过，它们也可能传递坚实稳固以及和大地接近的意思：向上弯的大曲线呈振奋向上的状态，有鼓舞激励人的含义，而小的曲线可显示幽默、滑稽和玩笑等意味。

案例6.20

刮画

活动目标

1. 了解刮画及其基本特点，知道刮画是利用硬物刮出痕迹来进行绘画。
2. 掌握刮画的基本绘画技巧，并学习运用线条表现事物的特征，丰富绘画作品的形象。
3. 体验美术创作的乐趣，对美术创作感兴趣。

活动准备

1. 物质准备：刮画纸若干张，刮画笔若干支，牙签、竹筷等可用于刮画的工具若干，刮画作品若干幅，一段轻柔、欢快的背景音乐。
2. 经验准备：学前儿童有一定的纹样储备，能够用线条表现事物特征。

活动过程

1. 教师展示并引导学前儿童赏析美丽的刮画作品，导入活动。
2. 教师通过提问、谈话等形式介绍与总结刮画的特点，强调线条的表现力。
3. 教师引导学前儿童认识刮画工具，并通过示范帮助学前儿童了解刮画的基本步骤和绘画技巧。
4. 讨论与表达：学前儿童思考并表达自己的刮画主题，教师在必要时提供引导与建议。
5. 绘画创作：基于教师的引导与建议，学前儿童自由创作刮画作品。
6. 分享活动：学前儿童分享自己的创作作品，培养绘画兴趣。

活动延伸

教师进一步帮助学前儿童认识直线、曲线，并了解其各自的特点。

案例6.21

美丽的指纹画

活动目标

1. 通过给指纹印迹添画的形式进行美术创作。

2. 了解指纹画的特点及其艺术表现手法。

3. 体验美术创作的乐趣，勇于尝试不同的美术工具。

活动准备

1. 物质准备：欢快的音乐一段，较为静谧的背景音乐一段；学前儿童每人1张宣纸，印泥（水彩颜料）若干盒，水彩笔、马克笔若干；卫生纸、水、湿巾等快速洁净用品。

2. 经验准备：学前儿童具备良好的聆听、理解和表达能力，学前儿童具有添画的美术创作经验。

活动过程

1. 教师通过开展手指游戏"小小手指"导入活动主题。

2. 教师展示指纹画作品，通过提问、谈论等方式引导学前儿童思考指纹画的特点，认识指纹画的艺术表现形式。

3. 美术创作活动：教师鼓励学前儿童思考指纹画的创作主题，引导其产生有创意的想法，并示范指纹画的美术创作步骤。

4. 学前儿童根据自身生活体验和认识进行指纹画创作，并进行分享与交流活动。

活动延伸

1. 我的身体会作画：教师引导学前儿童思考我们还有哪些身体部位可以成为神奇的绘画工具，并进行探索和体验。

2. 指纹画展览：教师搜集美丽的指纹画作品，把它们和学前儿童创作的指纹画作品一起展出，邀请全园的师生赏析。

3. 特别的指纹：教师结合视频、小故事等教学方式帮助学前儿童认识自己的指纹，知道每一个人的指纹都是独一无二的。

案例6.22

我爱线描画（中班）

活动目标

1. 欣赏利用简单线条创作的线描画作品的美，感知线条的表现力。

2. 通过教师的引导，了解线描画的创作特点，赏析线描画作品的美。

3. 结合自己的生活体验并发挥想象力，尝试创作自己的线描画作品。

活动准备

1. 物质准备：多张不同主题、构图的线描画作品与对应的PPT；学前儿童每人1张画纸、1支美工笔或签字笔。

2. 经验准备：学前儿童具有较好的口语表达能力和理解能力，了解关于线条的基本美术知识。

活动过程

1. 教师展示线描画的优秀作品，导入活动。

2. 教师直接给学前儿童展示线描画作品，并通过进一步提问的方式导入具体的学习内容。

（1）教师：孩子们，我们一起认识了"会跳舞的线条"了，现在老师这里有几幅美丽的作品，这也是线条的一种舞蹈，我们来一起认识并好好欣赏他们吧。

（2）教师根据所展示的线描画作品，引导学前儿童鉴赏画作。

（3）教师展示第一幅线描画作品，给学前儿童足够的时间静静地欣赏线描画作品，教师通过提问引导学前儿童欣赏画面内容。

教师：在这幅画里，你都看到了什么？你喜欢画里面的哪一部分？

（4）教师通过提问引导学前儿童认识线描画的特点。

教师：孩子们，仔细看一看，这个小朋友的辫子是什么样的？这幅画里面有什么样的线条图案呢？（若学前儿童没办法猜出，则教师应根据图画给出示例，以推动学前儿童思考。）

（5）给出第二、三幅线描作品，通过提问、谈论、表达等方式引导学前儿童深入思考线描画的不同艺术表现特点。

教师：这两幅画里面画了什么小动物？它们有什么共同的地方吗？孩子们，仔细想一想，这两幅画中小鱼的鱼鳞有什么特点？教师引导学前儿童闭上眼睛，想象画面内容，表达自己的感受与想法。

（6）教师通过PPT、谈论等方式帮助学前儿童了解关于线描画的相关知识，总结学前儿童对线描画的认识，并绘出线描画的定义。

教师：孩子们都说得很棒！今天我们认识的这些线条很多的画就叫作线描画。线描画是用线条的变化来描绘对象及其形体结构的绘画方式，是最古老、也是最原始的一种绘画方式，是我国传统的绘画方式之一。因此，线条是线描画的主要组成要素。

3. 教师鼓励学前儿童利用线条的变化创作线描画作品，并激发学前儿童的创作兴趣。

教师：孩子们，刚刚我们欣赏了那么多美丽的线描画，我们是不是可以自己用线条去进行创作呢？现在，我们就一起以线描画的形式画一画我们喜欢的小动物吧！

活动延伸

1. 线描画展览：教师可以在教室的墙上开办一个线描画作品展览，展示名家以及学前儿童的线描画作品。

2. 线描画创作：教师培养学前儿童对线条美的感受及对整体造型的初步掌握，引导学前儿童创作以"漂亮的太阳"为主题的线描画。

案例 6.23

剪个"大西瓜"

活动目标

1. 学会认真观察生活中的事物，了解其特点，热爱生活。

2. 掌握剪纸的基本技法，培养美术创作意识。

3. 体验剪纸的乐趣，培养美术创作的意识。

活动准备

剪纸作品若干幅（最好能提供剪法简单的美丽的剪纸作品的实物）、西瓜的照片；学前儿童每人

1张绿色卡片纸、1把刻刀，剪刀若干把；一段轻松、欢快的轻音乐。

活动过程

1. 教师通过谜底为西瓜的猜谜游戏导入活动，并借助相关图片启发学前儿童思考西瓜的外部特征。

2. 教师展示美丽的剪纸作品，引导学前儿童思考剪纸作品的特点和美术技法，激发学前儿童对于剪纸活动的兴趣。

3. 教师讲解剪纸的步骤及注意事项；通过示范、谈话等形式帮助学前儿童熟悉以"西瓜"为主题的剪纸步骤，并强调相关注意事项。

4. 开展剪纸活动：学前儿童在教师的引导下开展主题为"西瓜"的剪纸活动。

5. 作品分享与交流：学前儿童展示、分享自己的剪纸作品。

活动延伸

1. 剪纸作品展：教师用学前儿童的剪纸作品在教室外的走廊上布置一个剪纸作品展，供全园教师、学前儿童和家长欣赏，甚至在可能的情况下开放给社区人员。

2. 民间工艺我知道：教师可采取家园合作的活动形式，让学前儿童在家长的帮助下调查并了解民间工艺，之后在班里进行分享。

（二）"形状变变变"主题活动

1. 主题设计缘由

形状作为美术基本元素，有其独特美感。中班学前儿童在生活中已接触过许多形状和形状组，也认识了一些规则形状。这为开展以形状为核心、对形状进行组合或变化的系列主题活动提供了保障。

学前儿童美术教育中最重要的价值之一就是对学前儿童创造力、想象力的培养。借形想象作为人类最普通、最原始的想象力的表现方式，非常适合运用到学前儿童美术教育活动中，以促进其想象力的发展。尤其是中班学前儿童正处于无意想象向有意想象过渡的时期，其想象力正快速发展，借形想象可促进其有意想象的发展。

如果说借形想象是从抽象到具体的过程，那么形状的组合则是从抽象到抽象，让学前儿童能够注意到形体本身具有的美的过程。因此，本系列主题活动既介绍了几何抽象画派和抒情抽象画派的画作，又设计了用形状组合创作抽象画的区域活动，以便让学前儿童用另一种方式来变化形状、玩转形状。

2. 主题活动目标

（1）体会规则形状和形状组合带来的美感。

（2）大胆发挥想象力和创造力，对平面形状和立体形体进行借形想象。

（3）能够尝试使用特定的材料和方法表现自己的借形想象和形状组合。

3. 具体主题活动方案

案例 6.24

生活中的形状

活动目标

1. 能够辨认物体形状并命名。

2. 能够将各种物体分类并归入一定的形状目录下。

3. 能够欣赏生活中各种规则形状的美。

4. 能够积极参与欣赏活动，能够分辨作品使用的材料。

活动准备

1. 物质准备：4人一组，每组1张空白表格，表格上面已有形状分类（圆形、三角形、长方形）；一些生活中具有美感的规则形状构成的工艺品或景色图片。

2. 经验准备：学前儿童事先在家长的帮助下对生活中的规则形状进行了解，并拍下照片。

活动过程

1. 教师分享自己准备的材料，重点引导学前儿童关注工艺品或景色图片中所包含的规则形状，请学前儿童辨认形状并命名。

2. 教师请学前儿童分组进行活动，将材料分类。材料包括由教师提供的图片以及学前儿童自行准备的材料。

3. 教师请每组学前儿童推选代表进行讲述，将表格贴到白板上，按照表格顺序描述材料中的景物和呈现的规则形状。

4. 教师根据表格进行总结，重点引导学前儿童欣赏规则形状的美，并鼓励学前儿童继续在生活中发现规则形状。

活动延伸

1. 在益智区投放学前儿童和教师收集的材料和空白表格，学前儿童可以进行欣赏，也可以进行分类游戏（要求学前儿童使用自己可以看懂的记号在表格上进行记录）。

2. 过渡环节游戏：学前儿童站着围成一圈，一边拍手一边慢慢走圈。教师突然说出一个形状名称，如"圆形"，学前儿童立刻四散，在教师说"停"之前找到活动室中带有圆形的物体，并轻轻触碰该物体。

案例 6.25

形状大变身

活动目标

1. 结合生活经验，对规则形状进行大胆联想，使其成为其他事物。

2. 在规则形状上添加点、线、面，使其成为富有美感的具体形象。

活动准备

1. 物质准备：每组学前儿童1盒彩笔，每人1张白纸；教师示范用的黑板和粉笔（也可以用大白纸和马克笔代替）；从活动室或其他场所收集到的圆形（大小不一）、三角形（等边三角形、形等腰三角形）、长方形、正方形等模具，保证学前儿童每人1个。

2. 经验准备：学前儿童对生活中的规则形状有一定的认识，能够比较熟练地运用彩笔画出点、线、面。

活动过程

1. 教师请一名学前儿童从各种模具中随意选择一个，在纸上描出形状。在该过程中，教师需注意动作与语言说明相结合，让学前儿童了解模具的用法。

2. 教师与学前儿童进行讨论，一起说说纸上的形状像什么。

3. 教师进行添画，教师应放慢动作，并说明想象的根据。

4. 教师说明活动内容，鼓励学前儿童大胆想象，还可让学前儿童进行小组讨论和交流，以扩展想象空间。

5. 教师将学前儿童分组，然后各组学前儿童自选一个模具进行绘画，绘画前后均可进行交流。

6. 教师请部分学前儿童进行集体展示，重点介绍想象依据和添画细节。

活动延伸

1. 教师将模具投放到美工区，鼓励学前儿童对同一模具拓印的图形进行多次创作，也鼓励学前儿童使用其他模具进行创作。

2. 教师将学前儿童的画作布置到墙面上，鼓励学前儿童在过渡环节与同伴一起欣赏、讨论。

案例 6.26

形状再变身

活动目标

1. 结合生活经验，对不规则形状进行大胆联想，使其成为其他事物。

2. 在不规则形状上添加点、线、面，形成富有美感的具体形象。

活动准备

1. 物质准备：每组学前儿童 1 盒彩笔，每人 1 张白纸；教师示范用的黑板和粉笔（也可以用大白纸和马克笔代替）；从教室或其他场所收集到的不规则形状模具，供学前儿童在纸上描出形状。

2. 经验准备：学前儿童在前两个活动中表现良好，且在区域活动中操作过相关活动材料。

活动过程

1. 教师请一名学前儿童从各种模具中随意选择一个，在纸上描出形状。

2. 教师与学前儿童进行讨论，一起说说纸上的形状像什么；教师进行添画。（注意：教师应放慢动作，并说明想象的根据。）

3. 教师说明活动内容，鼓励学前儿童大胆想象，还可让学前儿童进行小组讨论和交流，以扩展想象空间。

4. 教师将学前儿童分组，然后各组学前儿童自选一个模具进行绘画，绘画前后均可进行交流。

5. 教师请部分学前儿童进行集体展示，重点介绍想象的依据和添画的细节。

活动延伸

1. 教师将模具投放到美工区，鼓励学前儿童对同一模具拓印的图形进行多次创作，也鼓励学前儿童使用其他模具进行创作。

2. 教师将学前儿童的画作布置到墙面上，鼓励学前儿童在过渡环节与同伴一起欣赏、讨论。

案例 6.27

形状的组合

活动目标

1. 欣赏抽象画作，感受单纯的形状组合带来的美感。

2. 发挥想象力，描述自己对画作的理解。

3. 了解抽象画作的主要特征。

活动准备

1. 物质准备：选择康丁斯基部分画作的图片，如《构成第八号》《温和的活力》《组》《构成第十号》《黑色与紫色》《黄红蓝色》《蓝色画》的复制品等和蒙德里安的部分画作的图片，如《构成A》《纽约市》《百老汇爵士舞》布置出抽象画画廊；包含所有展品内容的小型明信片；包含所有展品的PPT。

2. 经验准备：学前儿童对相关画种有一定的了解。

活动过程

1. 教师带领学前儿童参观抽象画展览。

2. 回到活动室，教师请学前儿童翻阅明信片，从中选出自己最喜欢的作品并与同伴分享。教师注意引导学前儿童谈谈自己的感受和理解。

3. 教师请数名学前儿童上台分享，教师投影所有作品，请其他学前儿童根据描述猜测台上学前儿童分享的是哪一幅作品。

4. 教师通过提问"这些画有哪些共同的地方"，引导学前儿童总结抽象画画作的特点。

活动延伸

1. 教师将明信片投放在美工区，鼓励学前儿童在过渡环节与同伴一起欣赏、讨论。

2. 学前儿童可在美工区利用绘画、撕纸或剪纸的方式创造不同的形状组合，创作自己的抽象画，其作品可以被汇集制成作品集或用来举办小型展览。

案例 6.28

形体大变身

活动目标

1. 根据基本立体形体结合生活经验大胆想象。

2. 采用绘画、染色、添加附件、剪裁等方式，将基本立体形体加工成富有美感的具体形象。

活动准备

1. 物质准备：平时收集的各种废旧材料——大小不一的长方体、圆柱体、圆台体（如牛奶盒、矿泉水瓶、纸杯等），彩纸、剪刀、胶水、彩笔等必需的美工材料。

2. 经验准备：学前儿童能够熟练地运用剪刀，有独立完成手工作品的经历。

活动过程

1. 教师向学前儿童呈现一个基本立体形体（如纸杯），与学前儿童讨论这个纸杯可以变成什么。

2. 教师再向学前儿童呈现一个手工完成品，请学前儿童仔细观察并说说它是什么、从哪里看出来的。

3. 教师总结学前儿童所说的内容，并向学前儿童详细说明自己采用的材料和方法。

4. 教师请学前儿童一人选择一个基本立体形体，然后根据所选类别将学前儿童分组，并保证每组学前儿童配备一名教师进行指导。

5. 学前儿童分组进行讨论，教师适时进行引导，帮助学前儿童确定自己想要制作的形象内容。

6. 学前儿童进行制作，教师巡回指导，适时提醒学前儿童一些可以使用的材料和技法。

7. 学前儿童制作完成后，教师可让部分学前儿童进行成果展示和方法描述，要求其重点说明自己的想象依据。

活动延伸

1. 教师对学前儿童作品进行集体展示，鼓励学前儿童在过渡环节与同伴一起欣赏、讨论。

2. 教师将材料投放到美工区，鼓励学前儿童继续完成作品，或者选择新的基本立体形体进行想象加工。

（三）"色彩王国"主题活动

1. 主题设计缘由

在学前儿童的眼里，世界是五彩缤纷的，这一点从他们的画里就可以看出来。学前儿童天生对色彩比较敏感，因此他们的绘画作品常常采用丰富的色彩搭配。学前儿童正处于感受色彩、表现色彩的最佳时期。从《纲要（试行）》中讲述的五大领域与色彩的关系来看，学前儿童对色彩的认知、学习与其他领域的内容息息相关。色彩是通过身体的感官而有感于心灵，进而表现出对美的行为。在对色彩的描绘和欣赏活动中，美丽的色彩可以像诗一样被吟咏，这可以启发学前儿童的语言潜能；同时，音乐的节奏和色彩的美也是相通的。因此，我们围绕色彩设计了这一主题活动。

2. 主题活动目标

（1）了解关于色彩的一些基本知识，如原色、间色等。

（2）能够进行简单的探究活动，并养成良好的记录习惯。

（3）能够体验作品的内容美和形式美，感受作品中蕴含的情感。

（4）能够大胆地表达自己的情感和想法，并将其表现在自己的绘画作品中。

3. 具体主题活动方案

案例 6.29

变出绿紫橙

活动目标

1. 知道间色的形成方式。

2. 掌握色彩混合的技法。

活动准备

1. 物质准备：大开本绘本《小黄和小蓝》，三原色圆形纸片；挤好的三原色颜料、画笔、水彩纸每人1份，记录纸每人3张（空白的记录纸上印了0+0=0的纸条），涮笔筒、毛巾每桌1份，音乐《彩虹桥》，彩虹图片。

2. 经验准备：掌握儿歌《彩虹桥》。

活动过程

师幼共读绘本《小黄和小蓝》，引导学前儿童思考、猜想间色的形成。

（1）教师：孩子们，今天有一对颜色好朋友来到了我们的教室，我们一起来看看他们是谁？

（2）教师开始讲述故事。

（3）教师：小黄和小蓝去哪儿了？

（4）教师总结故事主要情节，引出活动内容。

（5）教师：从这个故事中，小朋友们知道了什么？

（6）学前儿童发言。

（7）教师总结：黄色家族的成员跟蓝色家族的成员抱在一起的时候会变成绿色。（将黄、蓝二色纸片贴在黑板上）

（8）教师：我们知道三原色大家族里还有一个红色家族。小红听说黄色家族和蓝色家族的故事后，也来找他们玩了。（出示红色纸片贴在黑板上）孩子们猜猜看，如果小红和小黄抱在一起，会变成什么样？小红和小蓝抱在一起，又会变成什么呢？

（9）学前儿童进行猜想。

案例 6.30

<h3 style="text-align:center">颜色点点点</h3>

活动目标

1. 学会用手和身体的不同部位按、压、印出不同的图形。

2. 在图形的基础上发挥联想，添画出一幅完整的画。

3. 伴着音乐进行手指画创作，体验手指作画的乐趣。

活动准备

1. 物质准备：手指画颜料、水彩笔、蜡笔、大小不同的画纸、音乐《小叮当》。

2. 经验准备：学前儿童能把日常生活中常见的形状与手指、手掌的形状联系起来；会做简单的手指操，如"手指点点点（双手收拢，食指伸出，在前方点 3 下），拳头捶捶捶（双手握拳，在前方由上往下捶 3 下），手掌拍拍拍（双手张开，在前方由上往下拍 3 下）"。

活动过程

1. 教师通过谜语引出活动内容，激发学前儿童参与活动的兴趣。

（1）教师通过谜语引出今天的活动内容。

（2）教师：孩子们，我们先来猜一个谜语——"两颗小树 10 个杈，不长叶子不开花。会写字来会画画，我们做事全靠它。"（谜底：手）我们的小手用处可多啦，我们吃饭要用到它，穿衣服要用到它，写字画画也要用到它。今天我们就用我们的小手来画画，好不好？

2. 教师引导学前儿童分小组体验手指画创作。

（1）教师将学前儿童分成 3 组，使其围在 3 张铺有画纸的桌子旁（画纸基本铺满桌面）。

（2）教师先示范手指印画的动作。教师一边做动作一边用语言进行指导。

教师：我们先来做做手指操吧。手指点点点，拳头捶捶捶，手掌拍拍拍。现在我们要用我们的手指画画啦！孩子们先看看老师是怎么画的。

教师先将颜料涂在自己的手上，并播放音乐《小叮当》，然后伴着音乐节奏一边说出手指操的指令，一边进行手指画创作。在活动过程中，"手指点点点，拳头捶捶捶，手掌拍拍拍"中的"点、捶、拍"都要落在纸上。

教师：刚刚孩子们看了老师是怎么画手指画的，现在呢，老师想请孩子们自己来试着画一画手指画。除了我们刚刚说的手指、拳头和手掌外，你也可以用身体的其他部位或其他动作来作画。

（3）教师为学前儿童提供手指画颜料，并播放音乐《小叮当》，让学前儿童伴着音乐节奏自由作画。

3. 教师示范添画的过程。

（1）教师将学前儿童的手指画粘贴在黑板上。

（2）教师：像这样用手指画出来的画就叫手指画。它还可以变成许多其他的东西哦，我们一起来看看吧。

（3）教师先指着用拳头捶出来的手印问学前儿童：这个图案是怎么画出来的呀？孩子们觉得这个像什么呀？

（4）学前儿童可能会回答"蜗牛的壳"或者"太阳"。

（5）教师根据学前儿童的回答为其进行适当的添画（如果学前儿童回答"蜗牛的壳"，教师则加上蜗牛的头和身体；如果学前儿童回答"太阳"，教师则加上太阳的光芒）。手掌印和手指印的提问与此类似。

（6）在询问学前儿童"用手指点出的手指印像什么"时，教师可以从一个点可以变成什么、很多点在一起又可以变成什么这两个方面来进行提问。

4. 学前儿童独立创作手指画。

（1）教师为每名学前儿童分发一张画纸，并播放音乐，请学前儿童自己画一幅完整的手指画。

（2）在学前儿童画手指画之前，教师可鼓励学前儿童采用新的动作进行绘画。教师：在画画的时候，除了刚刚的点、捶、拍之外，我们还可以自己发明新的动作，有没有哪位小朋友想出了自己的动作，来为我们介绍一下吧。教师可请 3 ~ 5 名学前儿童上台来介绍自己的动作。

（3）学前儿童在画手指画时，教师应引导学前儿童进行大胆的想象和联想，然后进行适当的添画活动，使之成为一幅完整的画。

活动延伸

1. 教师展示名家的手指画作品，以供学前儿童欣赏。

2. 在手指画的基础上，教师还可以引导学前儿童创作脚印画。

第七单元

学前儿童美术行为
观察与记录

【学习目标】

1. 了解学前儿童美术行为观察与记录的方法。

2. 掌握学前儿童美术行为的观察与记录的操作要求。

3. 掌握学前儿童美术行为观察与记录的基本步骤，学会制订观察方案。

【学习建议】

美术活动是学前儿童艺术活动之一，参与美术活动是学前儿童表达内心世界的途径。为了更好地了解与研究学前儿童，我们需要对学前儿童的各种美术行为进行观察与研究。本单元主要讲解学前儿童美术行为的观察与记录，重点阐述学前儿童美术行为观察的方法、观察方案的设计、学前儿童美术行为的评估原则、学前儿童美术行为的记录方法等。学习本单元，学习者可参考以下建议。

1. 初步了解本单元内容，对比分析各观察方法的优缺点及应用要领。

2. 借助互联网等手段搜集学前儿童美术行为案例，结合本单元案例进行分析，深入理解并掌握本单元内容。

3. 动脑思考并撰写自己的学前儿童美术观察方案。

观察是人类的一种基本认识活动，是人们认识事物、了解世界的基本方式。人们通过对周围各种现象的观察，搜集周围世界的信息，达成认识世界的目的。人在出生之时，认识世界的主要方式就是直接的感知和动作，运用自身的感觉器官来看、听、摸、尝，以此来感受和认识外界环境。因此，作为直接感知方式之一的观察是人类最早和最直接的认知方式。另外，通过观察，人类在科学领域获得了很多重大发现。

观察既是一种认识活动，同时也是当前科学研究领域常用的一种研究方法。观察法是指研究者运用感官或借助一定的仪器设备对处于自然状态中的客观事物进行有目的、有计划的观察和探究，从而获取事实、探究科学规律的一种科学研究方法。科学观察与人们的日常生活观察是有区别的，主要表现在以下3个方面。

1. 观察的目的性

日常生活观察没有事先确定的目的，具有很大的随意性，观察的角度和内容皆是随事实而发生的，是具体的、零碎的、随意的；而科学观察则必须以研究课题为主要核心，在观察活动进行之前就拟定明确而具体的观察目的，并以此确定观察的对象、内容和方法等。

2. 观察的计划性

日常生活观察一般是人们按照自己的经验和喜好进行的，进行过程是随机的，没有预先的安排和设计；而科学观察需要研究者事先制订观察计划，对观察的时间、地点、对象、方法、结果记录和分析等都做出明确计划，在观察的过程中要严格按照观察计划一步一步地进行。

3. 观察的客观性

日常生活观察以人们对观察对象的理解为初衷，在理解过程中，人们经常以个人的经验和认知为基础，带有强烈的主观色彩，而科学观察要求研究者排除主观因素，在观察过程中严格按照观察计划关注观察对象的客观行为，对其行为进行客观真实的记录，再用科学的手段进行客观的分析，尽量保证所搜集资料的真实性和可信度。

科学观察由于具有客观性、计划性和目的性，可以为我们了解学前儿童真实的活动状态和内心世界提供直接的第一手资料，并且可以弥补其理解能力和反应方式等局限，使我们观测到许多用其他方法无法测量的行为。所以，观察法成为学前儿童教育研究领域中最基本、最常用的一种研究方法。

学前儿童行为观察是以学前儿童的行为为观察对象的一种科学观察，是指教育者根据学前儿童身心发展特点，对他们的行为进行观察与记录，从而揭示其行为背后真实的认知、情绪、情感及个性心理特点。学前儿童美术行为观察是学前儿童行为观察的一种，即以学前儿童在美术活动中表现出来的各种行为为观察对象，研究者通过对这类行为进行观察来揭示其美术行为背后的真实认知、情绪、情感和个性心理特点的一种科学研究方法。

第一节　学前儿童美术行为观察的方法选择

观察法是学前儿童美术行为研究中最常用的一种方法。我们在研究过程中，可以根据研究的主题选择合适的观察方法。按照分类角度的不同，观察法可以分为不同的类型，具体的分类方式主要有以下 4 种。

一、直接观察法和间接观察法

根据观察是否借助仪器设备，观察法可以分为直接观察法和间接观察法。

（一）直接观察法

直接观察法是借助人的感觉器官，在现场直接对观察对象进行感知和描述，以获得有价值的第一手资料，此类观察更为直观、具体。

直接观察法由于是直接借助人的感官进行的观察，所以使用比较便利，而且观察所获得的信息是观察者亲耳所闻、亲眼所见的，所获材料更具准确性、直接性和系统性，是我们在学前儿童美术行为研究中使用最广泛的一种观察方法。但是人的感觉器官具有自身的生理局限性，当观察对象较多，所观察的行为较隐晦和复杂时，直接观察法的客观性会受影响。在直接观察过程中，各种信息往往转瞬即逝，研究者对学前儿童美术行为的现场解读也就比较难以把握。大部分学前儿童美术行为都可以采取直接观察法进行观察。

案例 7.1

绘画活动：美丽的蝴蝶

观察老师：董超

观察班级：大一班（白云班）

观察对象：晨晨　　**性别：**女

观察时间：2019 年 4 月 25 日

观察地点：美术区

观察实录

在线描画活动"美丽的蝴蝶"中，我让学前儿童尝试用不同的线条和图形对称地装饰蝴蝶翅膀并感受蝴蝶翅膀对称的美。首先，我出示了一幅有着各种不同点、线、面的"美丽的蝴蝶"范画，让学前儿童观察蝴蝶的结构由几部分组成，先画什么再画什么。然后，我进行示范，让学前儿童了解把纸对折一下，根据中心线画蝴蝶的头、胸、腹、翅膀，这样画出的蝴蝶容易对称，并提醒学前儿童蝴蝶翅膀的外轮廓要尽量画得大一点儿。最后，我让学前儿童用好看的图案装饰蝴蝶。

晨晨对绘画活动非常感兴趣，很快就找到了中心线，画好了蝴蝶的头、胸、腹，并在蝴蝶的胸和腹的两边画上了两对翅膀，但是效果不是很好：翅膀画得太小了，蝴蝶显得有点儿身大翅膀小。"老师，我的翅膀太小了，不好装饰了。"晨晨拿着画纸低着头走到我跟前。"这蝴蝶翅膀这么小，怎么飞得起来呀？"边上的青青看到了热心地对晨晨说。"那怎么办呢？"我假装不知道该怎么办地问晨晨。"能再给我一张白纸吗？"晨晨羞涩地问我。

我又给了晨晨一张白纸，这次她画了一只翅膀很大的蝴蝶，但两边各留了许多空白处，于是我提醒晨晨在空白处多画上一只蝴蝶，让画面更加充实，不会显得过于干净，还引导她用记号笔在空白处画上一些白云或者小草、小花等景物，让画面更加美观。

观察分析

晨晨平时由于种种原因缺勤较多。从本次活动中可以看出，晨晨通过教师对其一年多的引导及对基本技能的学习，非常喜欢参与绘画活动，也有绘画的欲望，且在绘画活动中有自己独特的想法，但由于基础差，手部控制能力较弱，不能较好地表现蝴蝶对称的翅膀。

实施措施及效果

1. 教师和家长联系，让晨晨尽量做到不缺课，并让晨晨在暑期期间继续练习绘画，以掌握各种点、线、面的组合画法，画出画面更加丰富的作品。

2. 教师给晨晨更换一张新的白纸，并在活动中引导晨晨先不要打开记号笔盖子，而是老在白纸上画出大致轮廓，再打开笔盖进行绘画。

案例评析

在本次活动中，教师组织学前儿童参与线描画活动"美丽的蝴蝶"。在学前儿童观赏和创作的过程中，教师以自己的感官为主要的观察手段，对个别学前儿童——晨晨的绘画创作进行了观察与针对性指导，并由此得出了学前儿童不能很好地表现蝴蝶翅膀的对称性是由于其手部肌肉控制差的结论。此次观察，教师主要采用的是直接观察法，获得了第一手资料，但是教师所使用的样本较少，所得结论只适用于该样本，代表性不强。

（二）间接观察法

间接观察法也称仪器观察法，是利用一定的仪器和其他技术手段作为中介对观察对象进行观察的方法。

间接观察法借助了一定的仪器设备和技术手段，突破了人的生理局限性，扩展了观察的深度和广度，使我们获得了那些感官所无法捕获的信息，也大大提高了我们观察的精确性。但是间接观察法所需要的人力、物力和时间成本都较高，仪器本身需要资金投入，仪器的使用也需要提前对相关人员进行培训，而且如果借助一定的仪器设备进行观察很可能会影响学前儿童的自然状态，如情绪状态、表现状态等，从而影响观察结果的准确性。所以在使用间接观察法时，教师一定要确保学前儿童对仪器设备不会产生抵触和害怕的情绪，能够展现真实自然的状态。

案例 7.2

学前儿童水彩教学活动中语言使用和交往状况研究

研究者在进行该研究时所采用的方法是以某幼儿园的小、中、大班学前儿童为研究对象，分别观察不同年龄段的学前儿童在水彩教学活动中的语言和行为表现。在观察过程中，研究者对每次活动进行全程录像，实时关注学前儿童说了什么、做了什么以及与他人的关系与交流情况，并拍照记录。

案例评析

在该次研究中，研究者除了运用自身的感官作为观察手段，还借助了摄像机、照相机等设备，该观察方法属于间接观察法。使用间接观察法，有利于对学前儿童的行为进行完整的记录，减少因样本容量大、观察周期长所带来的观察资料的欠缺和遗漏。

二、自然观察法和实验观察法

根据对观察对象的环境条件是否进行控制和改变，观察法可以分为自然观察法和实验观察法。

（一）自然观察法

自然观察法也称为现场观察法，指在现场自然情景中，对观察对象不加以控制的一种观察方法，通常会使用纸和笔对偶然现象或系统现象做描述性的记录和分析。

自然观察法是在自然状态下进行的，无须对学前儿童美术行为进行人为干预和控制，因此观察到的是学前儿童最自然、最本质的行为表现，获得的是接近于原始的、本质的信息，所获资料具有很强的客观性，而且此方法简便易行。我们对低龄学前儿童的行为观察多使用该方法。低龄学前儿童由于理解能力和听说能力具有生理局限性，限制了其对成人影响的接收，所以对低龄学前儿童的美术行为观察应使用自然观察法。但是，自然观察法具有偶然性，在观察过程中往往会出现意料之外的偶然事件，会干扰观察进程，影响观察结果，而且在自然条件下观察到的，学前儿童美术行为也极具片面性、偶然性，所以自然观察法的结果的代表性较低。在使用自然观察法时，我们要考虑观察结果是否必须要求精确、严密。如需要严谨的结果支撑自己的研究，则我们应慎用自然观察法。在使用自然观察法时，研究者一定要预设一个观察提纲，初步确定自己的观察对象、观察内容和观察时间、观察地点等。大部分的学前儿童美术行为都可以采取自然观察法。

案例 7.3

大班学前儿童美术欣赏活动生活化实践研究
——以 ×× 市第十三幼儿园为例

● 制定方案，对 ×× 市第十三幼儿园美术欣赏活动现状进行调查分析

1. 阅读大量的文献，在导师的指导和帮助下完成论文开题工作，制定《大班审美素质观察记录表》《大班美术欣赏活动开展情况调查问卷》《活动观察记录表》。

2. 对该幼儿园 15 位教学岗教师发放问卷《大班美术欣赏活动开展情况调查问卷》，并对调查结果进行整理，收集并分析"2012 年 9 月—2013 年 7 月集中教学活动安排、区域活动安排"和"幼儿美术欣赏活动教学案例"，形成昆明市第十三幼儿园美术欣赏活动现状调查结果。

3. 对 30 名大班学前儿童的审美素质进行前测，结合现状提出调查分析相关的途径、方法、策略，在教学活动中进行实践探索。

● 组织实施，对昆明市第十三幼儿园大班学前儿童进行美术欣赏活动生活化的实施（2013 年 10 月—12 月）

1. 结合月主题实施大班美术欣赏活动生活化的第一阶段设计。

（1）月主题活动《我生活的环境》中有 4 个每周一次的集中教学活动，分别是大班美术欣赏活动《向日葵》《青花瓷》《漂亮的房子》《大碗岛的星期天》，用摄像的形式全程记录。

（2）在区域活动和生活活动中，用照片和观察记录的形式记录学前儿童自发欣赏或教师引导的欣赏画面。

（3）与教师交流，开展一次在社会领域中渗透美术欣赏的集中教学活动，并进行全程摄像。

（4）与本月主题活动相结合，渗透美术欣赏活动，用照片和观察记录的形式记录学前儿童的欣赏片段。

（5）整理活动记录，撰写研究日志，并对实施策略进行完善，拟定大班美术欣赏活动生活化的第二阶段设计。

2. 在上一阶段设计的经验基础上，实施大班美术欣赏活动生活化的第二阶段设计。

（1）月主题活动《不一样的文化》中设计有 4 个每周一次的集中教学活动，分别是大班美术欣赏活动《梦》《哈里昆的狂欢》《躲进世界的角落》《人投鸟一石子》，用摄像的形式全程记录。

（2）在生活活动和区域活动中，寻找契机不定期地关注学前儿童对环境的欣赏片段并进行观察记录。

（3）与教师交流，开展一次在语言领域中渗透美术欣赏的集中教学活动，并进行全程摄像。

（4）与本月主题活动相结合，渗透美术欣赏活动，用照片和观察记录的形式记录学前儿童的欣赏片段。

（5）整理活动记录，撰写研究日志，并对实施策略进行完善，拟定大班美术欣赏活动生活化的第三阶段设计。

3. 在上一阶段设计的经验基础上，实施大班美术欣赏活动生活化的第三阶段设计。

（1）月主题活动《传统文化》中设计有 4 个每周一次的集中教学活动，分别是大班美术欣赏活动《窗花》《京剧脸谱》《旗袍》《雪花》，用摄像的形式全程记录。

（2）在生活活动和区域活动中，寻找契机不定期地关注学前儿童对环境的欣赏片段并进行观察记录。

（3）与教师交流，开展一次在科学领域中渗透美术欣赏的集中教学活动，并进行全程摄像。

（4）与本月主题活动相结合，渗透美术欣赏活动，用照片和观察记录的形式记录学前儿童的欣赏片段。

（5）整理活动记录，撰写研究日志，并对实施策略进行反思。

● 总结提炼，归纳研究结果，完成论文撰写（2014 年 3 月—4 月）

1. 对 30 名大班学前儿童的审美素质进行后测。

2. 对前、后测所得数据进行统计分析，归纳总结学前儿童美术欣赏活动生活化的实施途径和指导策略。

3. 汇总整理资料，在导师的指导下完成论文的撰写。

案例评析

本研究不仅涉及集中教学活动，还包括区域活动和生活活动。研究者主要是对自然状态下的学前儿童美术行为进行观察与记录，在观察过程中，结合使用了一些电子设备进行记录。对于集中教学活动而言，研究者既是观察者又是参与者，所以需要对活动进行全程录像。活动结束后，研究者要及时对活动记录进行整理，对学前儿童的表情、动作、语言、发生背景、情绪变化，以及组织者的活动组织、活动引导、语言、动作等进行一系列分析，为下一次实践活动的开展做好铺垫，记录以表格的形式呈现。

（二）实验观察法

实验观察法是研究者根据研究目的，在对观察对象的环境和条件加以控制或改变的条件下进行观察的方法。

学前儿童的许多美术行为并不是研究者想了解，学前儿童就能随时随地产生的，研究者往往需要借助一定的外界刺激才能诱发学前儿童产生相关的美术行为。因此，要观察学前儿童某一特定的行为表现，研究者需要创设一种特殊的情境，或在现有的某个特殊的情境下组织活动。在实验条件下，研究者可以根据研究目的人为地控制和调整学前儿童的状态和环境，以保证在最有利的情况下实现对学前儿童某一特定行为的观察，使观察活动的目的性和所获信息的价值性都能得到保证。但是因为实验观察法具有预设性，所以研究者需要制订严密的观察计划，对环境做一定的控制和调整，这就需要花费一定的人力和物力，并且特殊的环境对学前儿童来说应是陌生的，需要排除学前儿童熟悉该环境的情况才能获得较完整的观察结果，所以施行起来相对较复杂。

案例 7.4

以美术语言为框架的学前儿童综合彩墨画活动实践研究
——以上海 ×× 幼儿园为例

笔者在上海 ×× 幼儿园开展了综合彩墨画活动的探索。在实践初期，笔者通过与该园园长、教研组组长以及一线教师进行讨论，初步制订了综合彩墨画活动方案。确定方案后，笔者分别在中班和大班各两个班级中，每班随机抽取 15 名学前儿童作为研究对象，进行美术核心素养前测。在方案实施过程中，笔者每周对中班、大班实验组学前儿童开展综合彩墨画活动，而控制组学前儿童则正常开展日常美术活动。经过 3 个月的教学实验，笔者对实验组和控制组学前儿童进行美术核心素养后测。在教学过程中，笔者对综合彩墨画活动进行全程录像，通过实验观察法对学前儿童美术能力进行对比分析。最后，笔者对研究结果进行统计分析。

实验组和控制组学前儿童来自上海 ×× 幼儿园中班和大班，一共有 60 名学前儿童，其中男生 28 名，女生 32 名。在实验前期，笔者在中班两个班级和大班两个班级中（共 4 个班级）各随机抽取 15 名学前儿童作为研究对象。在开展综合彩墨画活动前，笔者对每位学前儿童进行了美术核心素养前测。前测数据表明，中班的实验组和控制组、大班的实验组和控制组在美术核心素养上差异并不明显，可以进行进一步的实践研究。为了方便阅读，笔者整理被试者基本情况，如表 7-1 所示。

表 7-1　被试基本情况

分组	性别	年龄 / 月	人数 / 名
实验组	男	15	女 15　51.87 ± 5.37　30
控制组	男	13	女 17　52.63 ± 4.95　30

笔者于 2017 年 9 月—11 月，对中班和大班的实验组学前儿童实施综合彩墨画活动，教学的持续时间为 3 个月，每隔 1 ~ 2 周进行一次综合彩墨画活动，一次活动的时长为 30 分钟。在实验组学前儿童进行综合彩墨画活动的同时，控制组学前儿童按照幼儿园的日常教学计划开展美术教学活动，每周进行 30 分钟的集体教学。实验组和控制组学前儿童照常参与其他日常活动。在教育实验前后，笔者根据问卷对学前儿童美术能力进行评测。问卷内容参考胡知凡《美术学科核心素养测试》进行设计。

在兼顾学前儿童生活经验和年龄特点的基础上，笔者选取了9张名画作为测试图片。《学前儿童美术核心素养调查问卷》包括3个维度，分别是图像识读、审美判断以及想象能力，每个维度配有3张测试图片，笔者通过向学前儿童展示图片及提问，对学前儿童的回答进行打分，以此探讨以美术语言为框架的综合彩墨画活动的有效性。问卷调查的测试人员由5名研究生组成，在开展问卷调查之前，均向5位测试人员进行了问卷测试培训，所有测试人员均达到了测试要求。

在实验组学前儿童参与综合彩墨画活动的过程中，笔者对每次课程进行全程录像，以便于观察活动的过程，教师对活动的引导、教学方法，学前儿童在活动中的状态和在美术作品创造过程中的表现，并拍照记录。笔者通过《学前儿童美术能力观察表》，在教学的过程对学前儿童的兴趣性、专注度、操作熟练度和创造性进行观察。

案例评析

在本研究中，笔者设置了控制组和实验组，分别对两组学前儿童进行不同内容的教学，以测定想要观察的变量所引起的学前儿童美术行为的变化。因为使用实验观察法时，研究者可以对观察对象的环境和条件进行人为的选择和控制，所以预期的因变量的呈现较为明显，研究者对研究结果的分析和把握更清晰。

三、参与观察法和非参与观察法

根据观察者是否直接参与观察对象的活动，观察法可以分为参与观察法和非参与观察法。

（一）参与观察法

参与观察法是研究者直接参与到观察对象的群体和活动中，不暴露研究者的真正身份，在参与活动的过程中进行隐蔽性的观察研究，不影响观察对象的原有结构和内部关系。

参与观察法强调研究者以活动者的身份与学前儿童一起参与美术活动，具有很强的即时性和真实性，所获取的资料是深层次的第一手资料，但是在观察活动进行过程中，研究者必须时刻保持头脑清醒，防止自己被观察对象同化而影响观察进程和结果，而且使用参与观察法观察和记录学前儿童美术行为时，观察结果很容易受研究者主观因素所影响，如若处理不当易影响观察的客观性。

案例 7.5

爱陪画的孩子

每个孩子都有他们各自的学习方式，只有允许他们按照自己喜欢的方式去学习、操作与探索，孩子的学习才是主动的，才是积极、有效的。这样我们才是真正做到了尊重学前儿童。

我们小班有个孩子叫康康，他在绘画活动中表现特殊：每当老师讲解完作画要求，孩子们兴致盎然地开始画画时，只有康康呆坐在那里一动也不动。老师上前询问时，他总说："我不会画，老师帮我画。"前几次，我总以"你看别的小朋友都是自己画的，康康也要自己画，好吗？"来回答他。结果他就以不画告终，而当他看到其他学前儿童画出的漂亮的画时又好生羡慕。我就这一情况进行了分析：康康虽然年龄比同班学前儿童小一些，但他在智力、动手能力、学习能力等各方面都不落后于其他学前儿童。他不是不会画画，也不是画不好，关键在于他对绘画缺乏自信心。找到了问题的症结，在组织绘画活动时，我改变了策略：当康康再次要求我帮他画画时，我就对他说："来，老师陪你画。"于是，我一边握住他拿笔的手，一边用语言鼓励他（他运笔时我的手不用力）："小手握住笔，眼睛看好，用点儿力变（画）！变（画）！变（画）！看漂亮的饼干（或其他物体）变出来了！"

初次看到自己也能像同伴一样画出东西来，康康感受到了成功的喜悦——他大声地"哈哈"笑了起来。我也从他的笑容里看到了他对绘画萌发了自信心。我按照上面的方法陪他画了一段时间后，康康就不再要求我帮他画画了，我便开始培养他独立作画的习惯（绘画时不用老师陪在身边）。如今，康康对绘画已有了较浓的兴趣，能像其他学前儿童一样充满自信地画画了。康康的改变让我受到了不小的启发：当学前儿童在集体活动中有特殊的行为表现时，教师要善于发现，及时分析情况，采取措施给予相应的教育，这将在无形之中使其受到支持与鼓励，培养其对活动的自信心和参与活动的积极性，让其得到良好的发展！

案例评析

该研究是学前儿童美术行为的个案观察，教师在绘画活动上观察到康康每次绘画时总是不动笔，为了改变康康的这一行为，教师在每次绘画课的时候都会观察康康，找到他不爱画画的原因，并以此改变了自己的教学策略，最终使康康对绘画产生了浓厚的兴趣。在这个案例中，教师是以直接参与到学前儿童活动中去的方式进行观察的，应用的是参与观察法。在参与学前儿童活动的过程中，教师重点观察康康的行为，进而分析此行为产生的深层次原因。教师所获得的直接的资料，在得出结论的过程中给予了教师极大的指导和参考。

（二）非参与观察法

非参与观察法是不要求研究者直接参与到观察对象的群体和活动中，而要求研究者以旁观者的身份，采取公开的或秘密的方式进行观察的方法。

使用非参与观察法时，研究者采取旁观者的立场和身份进行观察，与参与观察法相比，研究者不容易受观察对象的干扰，观察结果会更加客观。但是研究者不直接参与学前儿童的行为活动，就很难与学前儿童产生共情，所获得资料的层次就不够深入。

案例7.6

大班学前儿童自主绘画的行为表现研究

本研究重点研究大班学前儿童在参与自主绘画活动时的行为表现。学前儿童自主绘画的行为表现主要包括学前儿童自主绘画习惯方面的行为表现，如自主绘画取放材料的行为表现、自主绘画操作的行为表现等；学前儿童自主绘画的计划行为表现；学前儿童自主绘画的意志行为表现，如自主绘画的主动性、专注性、独立性方面的表现等；学前儿童自主绘画兴趣方面的表现；学前儿童自主绘画的认可行为表现；学前儿童自主绘画的言语行为表现；以及学前儿童自主绘画与同伴互动的行为表现。在调查研究中，研究者根据观察收集数据，并结合访谈、案例进行系统分析，了解学前儿童自主绘画行为的特点，识得学前儿童对自主绘画的情感态度，了解学前儿童的行为习惯，明白学前儿童参与自主绘画活动的积极性、主动性、专注度、坚持性、独立性，了解学前儿童在自主绘画活动中具有的学习品质情况，根据学前儿童身心发展特点，结合相关因素得出一定的结论并给予学前儿童相应的建议。

本研究使用了非参与观察法：研究者在学前儿童进行自主绘画的自然状态下，不干扰、介入学前儿童的活动，以旁观者的角色观察学前儿童自主绘画的行为表现。研究者在学前儿童进行自主绘画前做好了进行相关观察记录的准备工作。为了保证收集信息的全面性，研究者在进行观察记录时会录音、拍摄视频，作为补充记录。研究者在记录一些言语时可以依据这些设备记录的内容，为信息的确切性提供一些有力的保证，补充研究者在进行观察时遗漏的一些不确定的细节或是一些重要信息。

案例评析

此研究所采用的主要观察方法是非参与观察法，研究者以旁观者的身份观察学前儿童所表现出来的行为，不对其进行任何干预和控制。本研究的目的在于通过观察学前儿童在自主绘画活动中所表现出来的行为，了解并研究其自主绘画的特点和一些心理因素。使用非参与观察法有利于收集学前儿童的自然行为，探究其本质行为和真实的内心因素，且所收集到的资料更具客观性，对研究者最终结论的形成有极强的现实意义。

四、结构观察法和非结构观察法

根据是否对观察活动进行严格的控制，观察法可以分为结构观察法和非结构观察法。

（一）结构观察法

结构观察法是有明确的目标、问题和范围，有详细的观察计划、步骤和合理设计的可控制的观察方法。结构观察法有完备的观察设计，包括明确的观察对象、逻辑严密的观察事项、具体的观察顺序和步骤、操作性较强的观察记录方案、可行的记录工具、完备科学的统计方法等。结构观察法还可以大量采用实验观察的技术，在人为对某种情境因素进行控制的情况下，系统观察学前儿童的行为表现，从而明确揭示学前儿童的某种行为表现与其相应情境因素之间所存在的关联。

结构观察法的每一个步骤都是经过严密分析和安排的，整个观察过程较为流畅，可以帮助研究者在短时间内获得大量真实的、确定的观察资料，不仅节省了观察时间，而且观察结果也便于统计分析。但是，结构观察法的精确结果的得出有赖于前期大量的投入，前期工作的质量将直接影响最终的观察结果，因此结构观察法对研究者自身的理论和技术水平有较高的要求；还要求观察计划的设计要精细化、系统化；同时，观察过程必须严格按照步骤执行，观察过程略显呆板，缺乏灵活性。

案例 7.7

大班学前儿童自主绘画的行为表现研究

该研究综合使用了两种观察方法，既使用了非参与观察法，又使用了结构观察法。

研究者在编制学前儿童自主绘画行为表现观察记录表之前，通过查找和阅读相关理论和文献，同时结合学者们的相关意见，梳理拟定了观察记录的维度，将大班学前儿童自主绘画的行为表现划分为：学前儿童自主绘画习惯方面的行为表现，如自主绘画取放材料的行为表现、自主绘画操作的行为表现等；学前儿童自主绘画的计划行为表现；学前儿童自主绘画的意志行为表现，如学前儿童自主绘画的主动性、专注性、独立性方面的行为表现等；学前儿童自主绘画兴趣方面的行为表现；学前儿童自主绘画的认可行为表现；学前儿童自主绘画的言语行为表现；以及学前儿童自主绘画与同伴互动的行为表现。

在正式观察之前，研究者进行了两周的预观察，一是为了熟悉教师和孩子们，避免自己的冒昧出现干扰到孩子们的活动；二是为了熟悉观察记录表，能够在预观察时发现实际情况与制订的观察记录表的不符之处，从而做出调整。在正式观察时，研究者根据调整好的观察记录表进行了更好的观察、记录，了解到了哪些方面是需要重点注意并记录的内容。

在资料的收集上，研究者严格遵循观察记录表做记录，以手机、录音笔辅助记录。为获得更加全面、详细的信息，研究者的观察时间为学前儿童每天进行自主绘画的时间，锁定学前儿童自主绘画行为表现的观察、记录，从学前儿童开始选择材料进行自主绘画，到活动结束后对作品的处理，研究者观察的内容是学前儿童自主绘画的一系列行为表现。最后，研究者及时储存、整理并分析每天的观察资料。

案例评析

研究者在观察活动进行前对学前儿童的自主绘画行为表现进行了详细的分类，制订了严密的观察事项以保证观察的全面性，且事先制订好了观察记录表。此研究使用结构观察法有助于研究者对学前儿童自主绘画行为表现进行全面细致的研究和观察，避免了遗漏，保证了观察的完整性。在正式观察之前，研究者进行了预观察，极大地提高了观察结果的准确性。

（二）非结构观察法

非结构观察法是在研究问题的目标范围较为宽松，观察内容或项目和观察结构没有预先确定，也无具体记录要求的情况下采用的非控制性的观察方法。

非结构观察法是一种开放的、可变的观察方法，观察的目的和内容等要素具有随机性，可随具体情境的变化而发生变化，并且可以对同一对象和同一问题进行多次重复的观察，观察的过程是研究者全程参与的，所获得的资料是详细而完整的。但是这种观察方法是在自然状态下使用的，研究者无法排除一些无关的干扰因素，这使得观察结果的可靠性受到影响。

案例 7.8

幼儿园大班美工区观察记录分析

周五的下午，孩子们吃过餐点后，像往常一样高兴地进入了美工区参与活动。进入美工区的孩子有佳俊、志远、欣彤、伟杰和思怡 5 名学前儿童。

活动一开始，5 名学前儿童各玩各的：思怡和欣彤在捏饺子，志远在做饼干，佳俊在捏怪兽，伟杰在捏恐龙。伟杰捏好恐龙后，兴奋地叫起来："你们看，像不像鸭嘴龙？""真的很像，就是脖子有点儿短了。"佳俊说。"那，我再加点儿！"伟杰回应道。志远看到伟杰捏的恐龙很有趣，也有了捏恐龙的想法，他说："我要捏个剑龙"。接着，其他学前儿童也捏起了恐龙。不一会儿，桌子上的彩泥恐龙又多了几只。可是这些恐龙多是趴着的，平面的。只有一只小剑龙是站着的。思怡很委屈地问："老师，为什么我的恐龙站不起来？""对呀，只有小剑龙站得起来，我们的大恐龙都站不起来。"欣彤一脸困惑地说。我启发道："那你们想一想这是为什么呢？为什么小的站得起来，大的站不稳呢？""太重了呗！身体那么大，腿那么细，怎么站得住？"聪明的佳俊叫了起来。"那你们想想办法吧？"我鼓励道。思怡在大家的提示下，把恐龙的腿加粗了。这样，几只"躺"着休息的恐龙都站起来了。

虽然大班的学前儿童的运算思维已经获得较大的发展，但在平时的活动中，其具体形象思维还是发展得不好。伟杰捏出了恐龙，接下来其他学前儿童也加入了捏恐龙的行列，这是模仿行为，也是学前儿童自发的行为，可以满足学前儿童在认识了解了许多恐龙知识后的表现需求。

在讨论为什么恐龙站不起来时，学前儿童能认识到大小、轻重、身体与腿的比例关系，并且能自己想办法解决问题。如果教师在美工区里再新加些材料，如牙签、一些塑料小棒、各色的小珠子，以及一些彩色卡纸等，学前儿童便能够在需要的时候自主地取用并摸索尝试其用途，这样就有旧的经验的运用，也能激发一些新的创意。

在美工区中，教师要关注学前儿童，观察学前儿童，尊重学前儿童的自主探索，发挥学前儿童学习的主动性。当学前儿童遇到困难时，教师要走在学前儿童的前面，组织学前儿童集体讨论，挖掘学前儿童的潜能，并让学前儿童尝试独立解决问题。这时候，教师要有引导者的角色意识，可以用简单的言语提示去引导学前儿童的探索行为，开拓学前儿童的思路。

案例评析

此次观察学前儿童，教师并未制订预设观察计划，而是在活动过程中随机进行观察，使用的是非结构观察法，主要是在自然情境下观察学前儿童在美工区呈现的自然而然的行为表现，也是自然观察法。非结构观察法和自然观察法观察到的学前儿童美术行为是学前儿童真实的内心想法和情感的表现，是直接的第一手资料，为教师的教学提供了可靠的指导。

第二节　学前儿童美术行为观察的方案设计

学前儿童美术行为研究除了教师的日常随机观察，更多的是有目的、有计划地进行的科学研究活动。为了保证我们对学前儿童美术行为有完整细致、科学深入的了解，在进行观察之前，我们必须对观察活动进行设计，确定观察的目的、对象、内容，选择观察类型，设计观察实施步骤等，以将观察过程具体化。

一、学前儿童美术行为观察方案设计的内容

学前儿童美术行为观察方案设计对观察活动的顺利实施具有重要意义。首先，制订观察方案是研究顺利进行的保证。观察方案明确规定了研究的范围和目标，具体规定了整个观察的步骤，这样研究者就能按照观察方案系统地、有计划地进行研究。如若没有研究方向，研究者只是盲目地胡乱进行观察，所获得的结果既不系统也不科学，研究也就无法顺利进行。其次，制订观察方案是研究课题具体化的保证。观察研究是一项具体的活动，由一系列的操作步骤组成，必须通过实施系统的活动来完成，制订观察方案的过程就是将活动步骤具体化、现实化、操作化的过程。最后，制订观察方案是课题研究成果质量的保证。观察方案是对观察活动的全过程的规划设计，既包括明确观察目标、对象和内容，还包括规定具体的实施步骤和记录结果的统计分析方法。对观察结果的记录分析进行预先考虑和设计，可以保证最终结果的科学性和准确性，如若是在观察过程中临时起意、随机选择记录方法，很难保证所选方法对研究要素的完整反映，会影响观察结果的客观性和完整性。

总之，学前儿童美术行为观察方案是活动研究的开始和基本纲领。制订观察方案是研究工作极为关键的一环，观察方案制订得越详细周密，研究就可能顺利进行并取得成效。一个好的观察方案可以避免研究者陷入无从下手的窘境，也可以在研究过程中为研究者指引方向，保证研究有条不紊地顺利进行。一个好的观察方案应该包括以下内容。

（一）明确的观察目的和内容

研究者首先应该根据研究主题明确以下几点：为什么进行本次观察？本次观察预期达到什么样

的目标？本次观察的内容是什么？本次观察从几方面进行观察？在活动过程中，学前儿童做了什么事情？活动中有没有特殊情况发生？学前儿童为什么会产生这些行为？学前儿童在什么时间做的这些事情，持续时间有多长？这个思考过程是观察活动发生前必不可少的环节。只有明确了观察目的和内容以后，我们才能选择最适宜和有效的观察方式。完成这个思考过程需要研究者对自身的研究有一定的了解并结合实际查阅相关资料。以"小班学前儿童绘画发展的特点"为例，根据研究主题，我们可以确定本次观察的目的是了解学前儿童在绘画方面所呈现出的一般的、稳定的特点，观察内容可以是学前儿童在不同时间创作的作品、绘画活动中学前儿童的行为表现、语言表现等方面。

（二）选择并确定观察对象

根据研究目的和内容，我们需要确定观察的样本，即"观察谁"的问题。我们的主题是学前儿童美术行为观察与研究，因此我们的观察对象就是学前儿童，但是学前儿童的发展阶段又包括 0 ～ 3 岁和 3 ～ 6 岁两个阶段，并且学前儿童又按照不同的年龄编成了不同的年级和班级，因此我们还需要进一步选择我们的观察对象。研究者需要考虑：本次研究的观察对象是谁？本次研究需要多少观察对象？本次研究用什么样的方法抽取观察对象才具有代表性？

（三）适当的观察类型

研究者需要根据已确定的观察目的、对象和内容选择恰当的观察类型。观察类型的选择十分重要。在一个观察活动中，我们可以根据需要选择多种观察类型，只要它有利于实现研究目的。例如，在"小班学前儿童绘画发展的特点"研究中，我们可以选择结构观察法、参与观察法和直接观察法作为主要观察类型。

（四）详细的观察记录表

观察记录表是帮助研究者获取观察资料的重要工具，也是帮助其形成观察结果的重要依据。观察记录表应详略得当，因为它会影响我们对观察结果的分析和最终结论的得出。

二、学前儿童美术行为观察的具体步骤

学前儿童美术行为观察是一种科学观察。为了使观察活动获得良好的效果，达成研究目的，在观察活动开始前，我们必须做好相应的准备工作，具体包括以下 5 个方面。

（一）制订严密的观察计划

观察计划就是我们前文所述的观察方案，它是对观察活动做出的全面而系统的规划，包括观察对象、观察的时间与地点、观察内容、观察类型和方法、观察结果、观察资料、观察报告等内容。在制订观察计划的过程中，研究者要充分考虑学前儿童美术行为的特点，如学前儿童在绘画、手工、欣赏等方面所呈现出来的阶段和年龄差异，选择具有研究价值的行为表现作为研究对象。在进行内容设计时，研究者应尽量做到全面细致，处理好观察内容与观察时间、地点等的关系。如若观察是由不同的观察人员共同完成的，观察计划应一并说明，并且详细说明每个人应承担的任务和达到的标准要求。最后，观察计划要以文本的形式展现出来，以便观察人员按计划进行观察。

（二）对观察人员进行培训

科学观察是一个系统的工程，其观察人员需要具有专业的素养，且观察人员的素养会直接影响

观察结果的信度和效度，因此研究者需要对观察人员进行集中培训，使观察人员领会、理解观察目的、任务，明确其责任，熟悉并熟练使用观察工具，特别要着重强调认真负责、科学严谨的观察态度。

（三）实施现场观察

做好以上准备工作以后，观察人员就应进入观察现场进行观察了。现场观察是关键环节，它关系研究者能否收集到系统的、真实可信的资料。在实施现场观察时，研究者应注意把握以下几点。

1. 注意观察计划的生成性

在使用结构观察法的时候，我们往往预先制订了严密的观察计划，一般只需按照计划进行观察即可，但在实际的观察过程中，总是会暴露观察计划的一些缺陷，此时就需要研究者根据实际情况对观察计划进行修订和完善。在使用非结构观察法时，我们往往只有大致的研究规划，该规划也应随实际情况而进行修正和完善。

2. 保证观察的全面性

我们在实际观察的过程中往往会确定多个观察内容。在实际观察的过程中，研究者一定要注意选好观察视角和观察情境，确保要观察的内容都能被呈现和观察到。

3. 合理组织观察对象

当观察对象较多时，研究者要注意对观察对象进行合理组织，以便于观察，如可以使用分组的方式进行观察，分组时研究者要注意为每个组指明具体的任务。

4. 聚焦主要观察因素

观察是在自然状态下进行的研究，呈现在我们面前的行为往往是自然而然发生的日常行为和现象，大多是琐碎繁杂的，这就要求研究者善于辨别日常行为和现象中隐藏的重要信息。在整个观察过程中，研究者要时刻保持清醒的头脑并进行积极的思考，自觉排除无关因素的干扰。

（四）做好观察记录

观察记录要及时、全面、详尽，记录文字要简要。研究者可以制订各种记录表格，或利用照片和录音、录像等技术手段进行记录。一份好的观察记录应该是准确真实、全面完整、系统详尽的。

（五）整理、分析观察资料，撰写报告

在观察活动结束后，研究者要对所记录和收集到的资料进行全面系统的整理和分析。对研究资料进行分析可以帮助研究者把握研究方向，是形成研究结论的重要环节，研究者一定要及时、客观地对所收集到的资料进行分类、归纳、整合、分析，并在此基础上形成观察报告。观察报告是对观察活动全面、客观的描述和总结，是观察研究成果的主要表现形式。写好观察报告有利于使研究成果得到社会的公认，使研究成果指导实践活动。

三、学前儿童美术行为观察中的注意事项

（一）严格执行观察计划

严格执行观察计划是保证观察活动具有统一性和客观性的基本条件，因此在现场观察时，观察

人员应该严格按照观察计划进行，按照计划的要求进行观察、记录和分析研究对象的行为表现和相关事件。如果在现场观察时，某些现象或情况与观察计划不一致或有冲突，观察人员也不要轻易地放弃或调整计划，而应先将观察到的情况如实地记录下来，留待观察后专门进行思考或讨论。当观察计划和现场情况出现较大差异，导致研究无法进行时，观察人员可暂时中止观察，重新回到研究设计上去。在使用非结构观察法时，研究者往往只有一个大致的计划，在现场观察时，可在明确把握观察目的的前提下，根据现场情况灵活地调整观察内容与方法，调整的目的是最大限度地获取真实可信的、符合研究要求的资料，加深对研究对象和有关事件的认识。

（二）选择最佳观察方位

观察方位的选择对能否全面地观察到研究对象的行为表现有着重要意义，观察方位的选择要根据观察内容而定。就观察内容来说，如果要观察学前儿童在美术行为中的语言（尤其是自言自语）、细小动作、面部表情等，那观察人员就必须选择一个离学前儿童较近且面对面的方位；如果观察对象较多或者是对一个小组或整个班级进行观察，那么观察人员就必须选择一个无死角、可以观察到所有学前儿童的方位；在使用非参与观察法时，观察人员应选择一个既不引起学前儿童注意、又可以清楚观察到其行为和活动变化全过程的方位；使用参与观察法时对方位的选择尤其重要，观察人员既要参与学前儿童的活动，又要观察记录学前儿童的美术行为，同时还不能干扰其活动等。总之，在选择观察方位时，观察人员一定要遵循既要保证观察结果的客观性，又要全面准确观察到学前儿童的行为原则。

（三）合理使用仪器设备

在使用间接观察法和实验观察法的时候，观察人员往往要借助一定的仪器设备来进行观察。为了保证观察结果的客观性和记录结果的准确性，观察人员应正确合理地使用这些仪器设备。首先，观察人员要认真学习仪器设备的使用说明，确保其在观察过程中不会出现不必要的故障或人为的中断；其次，在使用仪器设备时，观察人员要提前做好观察对象的思想工作，确保在观察过程中，观察对象不会因仪器设备的使用而导致其行为受到影响；最后，研究者可以在取得相关人员许可的前提下，将仪器设备事先隐蔽放置，使其不干扰观察过程，或在条件许可的情况下，让使用仪器设备成为观察对象习惯了的"平常事"而不致引起其感到新奇或抗拒。

（四）客观地进行观察

观察人员对学前儿童所表现出来的各种行为和活动的观察总是伴随着主观的认知和思考进行的，在进行观察记录和分析时难免会带有主观色彩，甚至产生主观偏见，如认为学前儿童随意的涂鸦行为既不符合教师要求，又不利于学前儿童绘画技能的发展。主观偏见来自观察人员自身所秉持的教育观念和思想的既有影响。在观察学前儿童美术行为的过程中，我们观察的基本目的之一是研究学前儿童的自然状态行为所揭示的学前儿童的发展规律，所以主观偏见不利于我们对事物本质的认识。在观察过程中，我们应该有意识地防止主观偏见对观察结果的影响，将主观因素带来的影响降到最低，对学前儿童的美术行为进行客观的观察与记录。

（五）机智地应对和处理突发事件

突发事件是指在观察现场出现的预料之外的对观察活动产生不利影响的事件。学前儿童在心理活动和行为动作方面具有极大的活跃性，对自己行为的控制能力也较低，所以在学前儿童的活动中出现一些计划外的情况相对比较正常。在出现预料之外的情况时，观察人员首先要做到冷静应对，分析该意外事件对观察活动所造成影响的程度，然后根据自己的判断机智地采取应对措施。如果意外事件对整个观察活动影响并不大，观察人员可以选择忽略此事件，继续进行研究，例如，在观察手工活动的类型与学前儿童积极性的关系时，个别学前儿童在大多数手工活动中总是表现得不积极、不愿意做，这样的学前儿童如果人数较少则不会对研究结果产生太大影响，观察人员可以忽略此事件。如果意外事件已经在很大程度上影响了观察活动的进行，那么观察人员应该暂停或中止观察活动。

（六）及时处理观察资料

在观察结束后，观察人员往往对观察情境的印象还较为深刻，此时应该及时分析和处理所收集到的观察资料。观察人员同时，应根据观察时出现的问题对观察的内容、方法等进行及时的调整，保证所收集资料对研究主题有价值。

第三节 学前儿童美术行为评估

为深入了解学前儿童美术行为的功能与特点，检验美术教育对学前儿童发展的作用，我们有必要对学前儿童美术行为进行评估，进而调整美术教育措施，提高美术教育质量。学前儿童美术行为评估是学前儿童美术教育系统中的一个关键环节。我们要系统地收集学前儿童美术能力发展方面的信息，全面了解学前儿童的技能水平、情感动机与实际能力，归纳学前儿童美术行为发展的基本特征与一般规律，充分反思教育内容与活动的组织过程，总结经验教训，进一步制订新的与学前儿童发展相适应的教育组织策略，进而推动学前儿童美术教育的全面发展。

一、学前儿童美术行为评估的总体原则

（一）客观性原则

学前儿童美术行为评估的客观性原则，指的是在评估过程中要注意把握美术教育与教育评估的客观规律，要从客观角度出发获取真实信息，依据科学的标准，以客观事实为依据，实事求是地对学前儿童美术行为的过程与结果进行分析。

贯彻学前儿童美术行为评估的客观性原则时，我们在评估过程中使用的评价标准要客观，我们要克服主观随意性和个人感情因素的影响；评估指标要适合评估目的与要求；评估方案要与评估内容相适应。这样才能使评估结果更真实可靠，更有参考性。

（二）激励性原则

学前儿童美术行为评估的激励性原则，指的是要让评估对象在评估活动中提升活动意愿，要培养评估对象继续参与活动的积极性，要激励评估对象前进，促进其能力的全面发展。

为贯彻学前儿童美术行为评估的激励性原则，我们需要保证美术行为评估过程客观公正。在制订评估标准时要依据评估对象的实际出发，充分考虑评估对象的环境与条件。另外，在评估过程中，我们要注意评估对象的心理状态，尊重其想法和意见，及时反馈评估结果，激励评估对象进一步参与教学活动，积极发挥自己的优势，弥补不足之处。

（三）实效性原则

学前儿童美术行为评估的实效性原则，指的是要让评估对教学活动产生实际效用。一方面，它要帮助学前儿童更好地了解其优势与不足，激励其在活动中提升自己，掌握新的技能，进一步发展学习；另一方面要对促进美术教学活动，改善美术教学教法提供有价值的帮助。

（四）尊重性原则

学前儿童美术行为评估的尊重性原则指的是要在美术行为评估的实施过程中处处体现对评估对象的尊重。教学活动与评估活动都要以学前儿童为中心，一方面要坚持客观公正的态度，在积极肯定学前儿童的前提下，激发其参与活动的主动性，帮助其扬长避短，持续发展；另一方面要充分肯定教师在教育活动中付出的辛劳与汗水，激发其教学热情，促使其加强教学反思，提高美术教育活动质量。

二、以促进为目标的评估结果应用

进行学前儿童美术行为评估的目的一方面是了解学前儿童美术行为，把握学前儿童美术行为的发展规律，激发学前儿童参与美术活动的热情；另一方面是调整美术教育措施，改善美术教育质量。归根结底，学前儿童美术行为评估是以促进学前儿童身心全面发展为目标，因此我们就要坚持做到以促进学前儿童发展为基本导向。我们需要在评估过程中做到以下3点。

（一）评估对象过程化

学前儿童美术行为评估要贯穿于学前儿童美术教育活动的每一个环节。我们要通过关注学前儿童美术行为的过程，激发学前儿童的参与感，凸显其在教学活动中的主体性。

（二）评估主体多元化

教师、家长和学前儿童都应该参与评估。多元化的评估主体能够带来更全面、客观、真实的评估结果，可以促进评估者与评估对象之间的沟通交流，增加双方乃至多方的有效互动，有利于提高学前儿童参与活动的积极性，同时增强其沟通能力与理解能力。

（三）评估内容全面化

我们要对学前儿童美术行为的各个不同方面做出综合评估，如技能水平、认知策略、情感态度、审美能力等，充分体现评估结果哦对学前儿童全面发展的引导作用。

总之，学前儿童美术行为评估的出发点与落脚点在于学前儿童的发展。通过学前儿童美术行为评估，我们可以充分收集数据，合理进行论证，设置更加适宜的教育活动，选用更加行之有效的教育方式，最终促使评估对象受到更适宜自身发展的教育。

第四节　学前儿童美术行为观察的实施与记录

一、学前儿童美术行为观察方案的拟定

学前儿童美术行为观察方案的拟定是一个科研设计的过程，这一过程要遵循科学研究的一般过程和要求，一般包括提出研究假设、分析研究变量、确定观察对象、选择恰当的观察方法、观察工具和材料的准备等。

（一）提出研究假设

假设又称假说，是研究者根据已有的知识、经验对所研究的问题预先赋予的某种答案，是对研究结果的预测，是对课题涉及的主要变量之间相互关系的设想。科学研究的任务是探索未知，形成理论。假设则是理论建构和发展最重要的基础，也是教育研究的重要环节。在确定课题后，研究者应该根据课题的研究内容提出研究假设。假设常由论题、关系陈述、推论3个要素组成。论题就是研究所要回答和解释的问题，关系陈述就是关于问题可能的答案和解释，推论是提出这种假定性答案的理论依据。

假设一般采用两种表述模式：一是阐述两个或多个变量之间的期望关系，二是以陈述句的形式描述假设。例如，在"教师反馈和学前儿童绘画积极性的关系"研究中，涉及的变量有两个，即教师反馈和学前儿童绘画积极性，这两个变量之间的关系就可以假设为"教师反馈和学前儿童绘画积极性之间呈现正相关"。如若涉及多个变量，则在进行假设时要区分层次进行假设，即对每两个相关的变量进行假设，形成假设组，在组内进行测量，形成最终的假设。

一个好的假设必须符合以下特征。

（1）科学性。假设要以事实和科学理论做依据，要合乎逻辑，理由充分。

（2）预测性。假设应该有预测性，假设的结论对因果的解释不一定是正确的、必然的，但两个变量之间的关系是非真即假的，不存在第三种可能，即该假设是可以被验证的。

（3）可行性。假设涉及的概念、变量应该是可操作、可测量的。

（4）简明性。假设在表述上要简明扼要、明确清晰。

（二）分析研究变量

研究变量是指研究者感兴趣的、所要研究与测量的、随条件和情境的变化而变化的因素，即变量是会变化的、有差异的因素。学前儿童美术行为观察研究探讨的就是变量之间的关系。

在探讨变量之间的关系之前，研究者首先要明确变量的类型及作用。一般而言，变量包括自变量、因变量、干涉变量、控制变量等。自变量又称独立变量，是我们要研究的造成结果变化的量，是由研究者选定并操纵的能产生所研究现象的因素，例如，在"工具和材料的操作复杂程度与学前儿童剪纸活动频率之间的关系"研究中，自变量是工具和材料的操作复杂程度。自变量可以是一个，也可以是多个。因变量是假定的结果变量，即由于自变量的变化而引起的结果的变化，这个变化的量就是因变

量，如在上例中，学前儿童剪纸活动频率就是因变量。干涉变量又称调节变量，是为研究自变量和因变量之间的关系而选择的次要变量。控制变量又称无关变量，是研究中能影响因变量的变化，但研究者并未选择、确定和操纵的因素，如在上例中，学前儿童自身的动机也可影响剪纸活动的频率，但研究者在研究中并未考虑该因素，所以它是无关变量。

在观察过程中，研究者首先要确定自变量及其数量，然后确定因变量，并排除无关变量的干扰。

（三）确定观察对象

在学前儿童美术行为的观察与研究中，我们的研究对象可以是个别学前儿童，可以是一组或者一个班的学前儿童，也可以是成千上万的学前儿童。根据研究的内容和目的，我们首先要确定研究对象的样本容量，在对个别学前儿童、一组学前儿童和一个班的学前儿童进行研究时可以直接选择个、组或班的学前儿童作为样本，但是如果研究要求有更多的研究对象时，就涉及样本选择的问题。在进行大容量对象观察时，为了使观察结果和所得结论更具科学性，我们就要选择具有代表性的样本进行研究。在选择样本的时候，我们一般需要考虑以下 4 点。

1. 抽样的总体范围要明确

抽样的总体范围要依据观察的目的和内容进行确定。例如，在进行"武汉市学前儿童美术欣赏水平研究"时，课题明确指出所研究的总体范围是武汉市，不包括其他省市的学前儿童。如果研究课题没有明确所研究的总体范围，如"学前儿童美术兴趣和行为关系的研究"，此课题并未明确指出要对哪些学前儿童进行研究，就需要研究者在抽样前对总体范围做出明确规定。在此需要注意，研究者打算把结果推广到哪一范围，就应该在那个范围内抽样。

2. 抽取样本要随机化

随机化是指总体中每个个体被选入样本的概率不为零，即每个个体都有均等的机会被选入样本。只有这样才能保证样本与总体保持相同的结构域，使样本最大限度地体现总体特征，从而由样本去推论总体，所获结果更有代表性。例如，在"武汉市学前儿童美术欣赏水平研究"中，研究者在选择样本时要充分了解武汉市幼儿园的内部结构，如公立幼儿园与私立幼儿园的比例、城市幼儿园和农村幼儿园的比例等，要按比例抽选各个层次和类型的幼儿园学前儿童作为研究对象。

3. 抽取具有代表性的样本

抽取的样本要尽可能代表总体，即样本应具备总体的特征或本质。样本的代表性会影响研究结论的可靠性，影响研究结论的推广程度。如前所述的明确抽样的总体范围和随机抽取样本都是提高样本代表性的重要手段。

4. 合理设置样本容量

样本容量是指抽取样本的具体数量。样本容量既要符合研究目的、内容，满足教育统计的要求，又要考虑抽样的可能性，并使误差减少到最低限度。一般而言，样本容量越多代表性越强；样本容量过少，抽样误差较大，代表性也较差。另外，如果抽样的方向发生了偏差，遗漏了总体的某些部分，样本越多就意味着偏差更大。

适宜的样本容量的选择一般应考虑以下几个方面：（1）研究的类型、范围；（2）统计分析的精确程度；（3）允许误差的大小；（4）总体的同质性程度；（5）抽样的方法；（6）研究的成本，包括时间、人力、物力等；（7）分析类别的多少。

（四）选择恰当的观察方法

科学的观察方法是取得研究成功的保证。学前儿童美术行为观察的方法多种多样，研究者应根据研究需要灵活地进行选择。在观察研究中，研究者选择观察方法一般要考虑以下几点。

（1）研究目的。如观察目的是控制某些条件下研究对象的反应情况，研究者就需要使用实验观察法；如研究教师情绪变化对学前儿童美术行为参与度的影响，教师应该人为地展现多种情绪状态以便于观察。

（2）观察环境。一般在时间、空间比较集中的现场情境中，适合采用直接观察法；如果现场空间较大，则可以采用间接观察法来提高观察效率。

（3）观察对象。观察是直接针对观察对象所采取的措施和手段，所以在选择观察方法时，研究者一定要考虑观察对象的行为和心理特征。

（五）观察工具和材料的准备

在观察过程中，研究者使用的工具和材料要科学、适宜。当采用现代化仪器设备作为辅助工具时，研究者应尽量避免对观察进程和观察对象产生干扰。观察的结果记录要采用文本的形式，所以研究者要提前备好观察记录表等。

二、学前儿童美术行为观察记录方法

科学观察的最终目的是为科学研究服务，它也是获取研究资料的一种重要手段。观察活动要想最终形成资料，就必须依靠记录。在学前儿童美术行为研究领域，我们一般采用时间取样法、事件取样法、日记描述法、档案袋评价法等方法记录学前儿童美术行为。

（一）时间取样法

时间取样法是观察人员事先确定所要观察的行为的维度，然后据此有选择地在某些时间段内观察某一特定行为是否出现及出现的频率，并把所观察到的结果记录到事先拟定的记录表上的一种方法。时间取样法最早是由美国明尼苏达大学幼儿心理学家沃尔森于 20 世纪 20 年代提出来的，这种观察方法有两个主要的适用条件。一是所观察的行为是经常发生或出现的。一般来说，某种行为至少平均每 15 分钟出现一次才适合采用时间取样法进行观察。二是所观察的行为应是容易被观察到的外显行为。

时间取样法的具体实施要求研究者事先做大量的准备工作，如确定所要观察的行为；抽取具有代表性的时间，确定观察时间的长度、间隔；规定观察行为的操作定义及其维度；制作观察记录表格等。这些工作在一定程度上克服了观察人员的主观偏见，使观察结果具有客观性。另外，时间取样法可以收集到关于行为频率的资料，供定量分析之用。时间取样法的不足之处在于：研究范围只限于出现频率较高的外显行为和事件；只能获取行为的频率资料，不能保留行为的具体内容；观察内容较为零碎，难以从整体上揭示行为的因果联系。学前儿童绘画活动记录表示例如表 7-2 和表 7-3 所示。

表 7-2 中班学前儿童绘画活动记录表之行为对照表

时间: 9:00-9:30	活动: 绘画《春天》

（一）对环境的一般反应

1. 乐意进入环境（美工区）。2. 勉强进入环境。3. 拒绝进入环境。

（二）对绘画工具和材料的一般反应

1. 自由选择并使用绘画工具和材料。2. 有限制地使用绘画工具和材料。3. 不使用绘画工具和材料。

（三）社会交往情况

1. 主动与他人交流。2. 主动寻求教师的帮助。3. 避免与他人交流。4. 避免与教师交流。

（四）专注于绘画活动的情况

1. 动机明确强烈且专注程度高。2. 动机一般且专注程度有起伏。3. 缺乏动机且不专注于当前活动

表 7-3 中班学前儿童绘画活动记录表

学前儿童代号：　　　　记录时段：

1	2	3	4	5	6	7	8	9	10

（二）事件取样法

事件取样法是以特定的行为或事件的发生为取样标准进行观察的一种方法。事件记录表适用于记载某件事发生的过程、环境条件、原因、结果等情况。它与时间取样法的区别体现在以下 3 个方面。

（1）时间取样法考虑的是事件发生的时间区间，而事件取样法考虑的是事件本身。使用事件取样法没有时间限制，只要所研究的行为事件发生，研究者就可以对其进行详细的观察与记录。

（2）时间取样法只能研究经常出现或发生的事件与行为，而事件取样法则可以研究各种各样的行为，不受行为发生频率的限制。

（3）时间取样法研究的是事件是否出现和出现的频率，而事件取样法研究的是事件或行为的特征。

事件取样法的优点在于，既可以获取有代表性的行为样本，又可观察行为事件的全过程，还可以得到与事件相关的背景资料，有助于分析事件的因果关系。其不足在于，学前儿童在不同时间、不同场合发生的同类行为具有不同的含义，这就需要研究者特别注意记录与分析行为事件发生的情景与背景。事件记录表示例如表 7-4 所示。

表 7-4 小班手工活动中的争执事件记录表

姓名	年龄	性别	持续时间	发生背景	行为性质	做了什么和说了什么	结果	影响

（三）日记描述法

日记描述法是最早研究学前儿童行为的主要方法之一，又称儿童传记法，是对观察对象进行长期跟踪，以日记的形式记录观察对象行为表现的方法。日记描述法一般可以分为两种类型：一是综合性日记，常常用来记录学前儿童在各方面发展过程中具有里程碑意义的新动作或行为现象；二是主题日记，主要记录学前儿童语言、认知、社会情绪等特定方面的新进展。

日记描述法是在日常生活中边观察边记录的方法，其操作比较简便，能够进行详细而长期的记录，所获资料系统而完整，能够使研究者了解学前儿童行为发展的确切顺序和行为的连续性，且观察是在自然情景中进行的，因而观察结果的客观性和可靠性较强。但是日记描述法也存在一定的局限性。日记描述法往往是对个别观察对象进行观察，所得结果的代表性不强，且使用这一方法的前提是研究者与观察对象之间具有较为亲密的联系，研究者能够与学前儿童经常接触。研究者一般以自己的孩子或亲属作为观察对象。由于研究者与观察对象之间关系的特殊性，研究者在做出结论时往往会带有个人强烈的主观色彩和倾向性，这又在一定程度上影响了观察结果的客观性。另外，使用该方法时，研究者需要进行长期的跟踪观察，需要花费大量的时间和精力。

（四）档案袋评价法

档案袋评价法兴起于 20 世纪 80 年代后期的美国，主要是指教师用档案袋的形式有目的地、系统地和有组织地收集学前儿童在真实情境中表现出的信息，包括学前儿童的作品、照片或录像等，成人对学前儿童做的观察记录，以及学前儿童自评、同伴互评或教师、家长的评语等，它反映了学前儿童在一定时期内取得的进步与存在的不足，展示了学前儿童的成长历程。

档案袋评价法是将学前儿童的表现用档案的形式记录下来，它可以清楚地记录学前儿童随着时间推移所体现出来的学习历程，还便于学前儿童对自己的作品和表现进行纵向对比，促进学前儿童发展，也为教师客观公正地评价学前儿童提供了重要参考，是当前教育教学评价中非常重要的一种方法。

为了更好地展现档案袋评价法的优势，在使用该方法的过程中，教师需要注意以下事项。

（1）放入档案袋内的内容除了学前儿童的作品外，还应该有一系列与作品有关的内容，特别是教师的评语和后续活动计划等。

（2）放入档案袋内的学前儿童作品，要能代表学前儿童在某一或某些领域内的发展历程，特别是"开始发展""发展着""发展了"3 个阶段的基本状况。

（3）教师要能了解并评价学前儿童美术能力发展的情况，并能进一步规划学前儿童后续的发展。

三、学前儿童美术行为记录方法练习与案例分析

（一）时间取样法

使用时间取样法的教学活动统计表示例如表 7-5 所示。

表 7-5　某大班 2019 年第一学期教学活动统计表

月份	绘画活动		美工活动		美术欣赏活动		合计
	次数	占比	次数	占比	次数	占比	
2 月							
3 月							

续表

月份	绘画活动		美工活动		美术欣赏活动		合计
	次数	占比	次数	占比	次数	占比	
4月							
5月							
6月							
7月							

（二）事件取样法

使用事件取样法的行为表现观察记录表示例如表 7-6 所示。

表 7-6　大班学前儿童自主绘画取放材料的行为表现观察记录表

观察人员：　　　　　　　自主绘画人数：

时间：　　　　　　　　　地点：

幼儿姓名 ＼ 行为类型	能够按照工具和材料的原位置取放，用时取出，用后放回	大致按照工具和材料的原位置取放，放错工具和材料后能找回	工具和材料一片混乱，用后乱放、丢弃，取时找不到	不会取放工具和材料，拿到什么用什么，用后乱放、破坏

注：采用打"√"方式进行记录，各学前儿童每有相应行为类型出现，在相应行为类型对应的单元格内打"√"。

（三）日记描述法

乐乐的快乐生活

观察地点：智慧树幼儿园

观察时间：2019 年 5 月 8 日—2019 年 5 月 9 日

观察对象：乐乐

观察方法：日记描述法

2019 年 5 月 8 日　　　星期三　　　　　晴

今天早上乐乐的妈妈送乐乐来幼儿园时，我发现乐乐有一些抵触情绪，不是很开心。

课间休息时，乐乐的同桌朵朵拿着一幅涂色卡找乐乐玩儿，没一会儿乐乐就和她一起玩起了涂色的游戏，乐乐刚来幼儿园的消极情绪烟消云散了。两个小朋友你一笔，我一笔，你涂一块红色，我涂一块绿色，边涂边说"这是一朵红色的花""绿色的草地"等，边说边笑，开心极了。

在今天的绘画课上，乐乐表现得可积极了。老师布置了"美丽的小燕子"绘画主题，乐乐施展她那熟练的涂色功夫，不一会儿就完成了一幅作品：一只穿着五彩斑斓衣衫的小燕子。老师夸奖了她，乐乐既高兴又有一些害羞。

学前儿童的情绪表现与行为表现具有明显的协调性，学前儿童开心就笑，不开心就不笑，情绪内容也很简单，情绪的转变也较快。

2019 年 5 月 9 日   星期四   晴

今天，乐乐与同桌的小朋友在做游戏的时候发生了不愉快，原因是同桌的小朋友不小心把乐乐的新蜡笔摔断了，乐乐委屈地哭了。老师安慰了乐乐几句，乐乐的情绪才稍微有了好转。之后，乐乐又开始投入活动当中去了，她试图参与别的学前儿童的谈话，一个学前儿童说："今天我家里的花开花了，有那么大。"乐乐也赶紧说："我们家有一朵花比你家的花还大。"乐乐边说边比画，脸上洋溢着自豪之情。

活动开始了，乐乐依旧不能集中注意力，一会儿玩儿自己的手指头，一会儿看着别的学前儿童发呆，一会儿又开始撕纸玩儿。到了活动结束的时间，她立马就活泼了，叽叽喳喳地说个不停。

（四）档案袋评价法

期待花开——幼儿成长档案制作的实践与探索

作者：许玲英 陈燕芳   来源：苏州市吴中区木渎中心小学幼儿园

夹在书页里的／一篇篇幼稚的作品和淡淡的文字／犹如一枚枚花瓣／它有天空的香味／还洋溢着／阳光的温暖／愿这小小的花瓣记载成长的足迹／记载感恩的情谊／并把那清晰明丽的成长记忆／长久地保留在心底。

这是一首美丽的小诗，也是我们小班学前儿童成长档案扉页上的一段话。这首小诗表达了我们幼儿园全体老师对制作幼儿成长档案的一种理解、一种期盼。我们觉得孩子的成长档案应该记录孩子童年中的所有美好，包含我们老师、家长浓浓的爱，我们更希望这份成长档案能伴随着孩子成长，并能成为其人生中最美好的回忆。

1. 成长档案的具体内容

我们幼儿园的成长档案以"花"为主题，小、中、大班成长档案分别以"花儿朵朵""静听花开""花开四季"进行命名。

（1）小班成长档案——《花儿朵朵》。

"花儿朵朵"的寓意是孩子们就像那朝着阳光开放的一朵朵太阳花。这个名字既表现出小班孩子的天真可爱，又寄托着我们的美好愿望，祝愿每个孩子一直拥有像花儿一样灿烂的笑脸，永远健康快乐。

小班成长档案中的每一项内容我们都以"朵朵的 ××"命名，主要有 9 个板块。

"朵朵的个人信息"，包括孩子的姓名、年龄、身高、体重和父母的姓名、联系方式等。

"朵朵的足迹"，主要展示孩子在幼儿园成长足迹的照片。

"朵朵的留言板"，家长、老师用文字书写自己眼中的孩子。

"朵朵的趣事"，老师和家长记录孩子生活中的趣语、乐事。

"朵朵的精彩"，以图文结合的形式记录孩子平时的表现。

"朵朵的收藏"，以图片的形式展示孩子最喜欢的东西。

"朵朵的作品"，孩子的美术手工作品等。

"朵朵的收获"，孩子和家长一起做的调查反馈表。

"朵朵的评估"，老师对孩子的各个方面的表现所做的评估。

（2）中班成长档案——《静听花开》。

"静听花开"的寓意是孩子到了中班后，会慢慢地进步、成长，我们用一种美丽的心情，静静地看着孩子的成长，分享着那份幸福与喜悦。

中班成长档案的每一项内容我们都以一种花朵来命名。以中班成长主题"荷花初绽"为例，共有4个子栏目："静听花语"（教师和家长用简要的文字记录孩子某天的特殊心情，或运用照片和文字讲述关于孩子的一个个小故事），"静闻花香"（教师对孩子某一事件的阐述，然后针对该事件对孩子做出适宜的评价），"静待花开"（展示孩子的美术、美工作品以及孩子在主题活动中收集的各种资料，有动动手、动动脑等栏目），"花香四溢"（每个主题结束后，教师和家长对孩子的总体评价）。

由此可以看出，中班成长档案突出了孩子的心情倾诉，这些内容可以让我们更多地走近、走进孩子的心里，记录孩子成长变化的过程。

（3）大班成长档案——《花开四季》。

"花开四季"的寓意是孩子在成长过程中有所收获，也表达了我们对孩子的美好期望，希望他们像花儿一样灿烂绽放。

在大班成长档案中，我们注重的是成果的展示，例如展示孩子在各方面出色的表现、获得的成绩等。我们分别用春、夏、秋、冬代表4个方面的内容。

"春"——点点春光引发无限遐想：子栏目有"别人眼中的我"（家长和老师用文字记录"眼中的孩子"），"开心煲仔饭"（家长用文字记录孩子的童言、趣事）。

"夏"——花开灿烂抒发无限快乐：子栏目有"精彩拍一下"（用照片展示孩子在各类活动中的表现），"我进步了"（教师用文字记录孩子在一段时间内的突出进步）。

"秋"——硕果累累展示无限可能：子栏目有"小有成就"（记载着孩子在各方面活动中的精彩表现，如孩子参加幼儿园运动会、故事比赛等），"我的绘画作品""我的评估表""我的调查表"等。

"冬"——皑皑白雪孕育无限希望：子栏目有"我的心愿卡""送给朋友们的礼物"（主要是孩子的手工作品，寄托着孩子的美好祝福）等。

2. 制作成长档案的注意事项

在给孩子制作成长档案时，教师应特别注意以下几个方面的内容。

（1）每一次记录都要有确切的时间和地点。

孩子的进步是在不知不觉中发生的，也许他昨天还不会拉拉链，今天就会了；也许他昨天还不懂什么是"相亲相爱"，今天听了《三只蝴蝶》的故事，就理解或感悟了"相亲相爱就是快快乐乐地在一起，永远不分手"。所以，我们要时刻关注孩子，关注孩子的点滴变化和发展，并及时做好记录。

（2）每一张照片都要有文字阐述。

成长档案中的照片，记录了孩子成长过程中的精彩瞬间。每张照片下都应有文字阐述来再现当时的情景，图文结合的方式可以让一张照片成为一个故事。

（3）记录每一件事件后都要有评价。

评价使我们客观地看到事件的本质。例如中班的"聆听真心话"，先是事件阐述，然后教师进行评价，这样的记录方式可以使记录内容更为完整。

（4）每一份成长档案都要由孩子、家长、老师共同来完成。

成长档案是孩子的精神财富，也珍藏着孩子、家长和老师所有美好的记忆。孩子用自己稚嫩的小手表现对这个世界的看法，家长用美丽的心情抒发对孩子的爱，老师用心去书写孩子的成长过程，只有这样，成长档案才会更加多姿多彩。

（5）每一份成长档案都应是真实和具有特色的。

成长档案的内容应该是孩子真实发生的事情，应是每个学前儿童现实发展的表现。同时，每个孩子都是独立的个体，有其特殊的个性，因此成长档案要注重特色性。